AF190370

FSC
www.fsc.org

MIX

Papier aus ver-
antwortungsvollen
Quellen
Paper from
responsible sources

FSC® C105338

Business Science

Praxistipps direkt zum Umsetzen

By Tom Illauer

Bibliografische Informationen der Deutschen Nationalbibliothek:

Die Deutsche Nationalbibliothek verzeichnet diese Publikation in der deutschen Nationalbibliografie, detailliertere bibliografische Daten sind im Internet über http://dnb.dnb.de abrufbar.

© 2018 Tom Illauer

Herstellung und Verlag:
BoD Books on Demand, Norderstedt

ISBN: 978-3-746-068-176

Inhaltsverzeichnis

Über den Autor:

Tom Illauer ist 27 Jahre alt als er dieses Buch schreibt, 29 Jahre alt als er sein zweites Buch namens „New Work vs. Deep Work 4.0" schreibt. Dieses Buch konzentriert sich auf die Gründung von Unternehmen, das zweite Buch um die Optimierung von erfolgreichen Unternehmen.

Herr Illauer ist gelernter Bankkaufmann, absolvierte sieben Jahre lang, nebenberuflich zu einer Vollzeitaufgabe als Manager, samstags die Studien Bankfachwirt, Bankbetriebswirt, Diplom Bankbetriebswirt und Diplom Betriebswirt. Seit fünf Jahren konzentriert er sich auf digitales Marketing und Verkaufspsychologie und lehrt derzeit als Dozent für neuronales und digitales Marketing an einer Privatuniversität in Hamburg. Zusätzlich erwarb er die rechtlichen Erfordernisse der Bundesfinanzaufsicht um ein deutsches Kreditinstitut als Vorstand führen zu dürfen (25c Abs. 1 KWG).

Hauptberuflich und als Passion leitete er mit nur 23 Jahren das Marketing und den Vertrieb eines Industriesoftwareunternehmens, mit 26 Jahren das Marketing eines ex-börsennotierten Unternehmens in der Gesundheitsbranche mit 500 Millionen Jahresaußenumsatz und aktuell mit 29 Jahren das Marketing eines deutschlandweiten Konzerns mit acht Unternehmen, 80 Filialen, 2.000 Mitarbeitern und 200 Millionen Umsatz.

Privat liebt er es Zeit mit seinem Hund zu verbringen, bis zu neun Mal pro Woche Sport zu treiben (Rad, Kraft- und Kampfsport), mit seinen Freunden zu Grillen und mit smarten Leuten coole Projekte aufzubauen.

E-Mail tom.illauer@gmx.de

Liebe erfolgreiche Unternehmer,

falls Sie sich wie ich damals damit schwertun, Zeit zu finden um wöchentlich ein Buch zu lesen und sich weiterzubilden, damit Ihr Unternehmen und Ihr Business noch viel erfolgreicher wird und noch mehr Umsatz generiert, dann habe ich die Lösung für Ihren Engpass! Egal ob Marketingverantwortlicher, Unternehmer, Gründer, Selbständiger oder angehender Entrepreneur, ich verspreche Ihnen mit diesem Buch die höchste Contentdichte, die Sie jemals in einer Literatur finden werden!

Sie finden die besten Praxistipps aus den renommiertesten 132 Management-, Business-, Marketing- und Verkaufspsychologiebüchern seit den letzten 150 Jahren, aus den 20 wertvollsten Büchern über Persönlichkeitsentwicklung, aus 1.500 Stunden Podcasts, aus 4.000 Stunden Seminarvorträgen, aus persönlich geführten Interviews, eigenen Erfahrungen als Berater von Großkonzernen, als Gründungsbeirat von Start Ups und als ehemaliger Leiter Marketing von einem börsennotierten Unternehmen.

Vielleicht kennen Sie meine Erfahrung? Keine Zeit um verbindlich ein Buch pro Woche zu lesen? Fehlende Motivation die Tipps umzusetzen? Viel zu viele theoretische Tipps ohne praktische Umsetzbarkeit? Ärger darüber, dass man das Buch auch auf zwei Seiten hätten zusammenfassen können?

Was denken Sie, wenn Sie jemanden aus einem Ferrari steigen sehen? Gehören Sie zur ersten Gruppe, die sich eifersüchtig denkt, was das für ein Angeber sei oder zur zweiten Gruppe, die die Person direkt anspricht, wie sich der Fahrer diesen erarbeitet hat und welche Tipps er für Sie hat?

Warum Sie JETZT so richtig durchstarten sollten

Falls Sie sich fragen, wie wichtig dieses Kapitel ist, dann seien Sie sich sicher, die folgenden Seiten sind die aller Wichtigsten. Egal ob Gründer, Selbständiger, Angestellter oder Unternehmer, ohne das richtige Mindset brauchen Sie wirklich nicht anzufangen. Sie benötigen Power, Geduld und Durchhaltevermögen. Damit Sie diese Skills für sich nutzen können, ist es wichtig, sich dieses Kapitel wieder und wieder durchzulesen, es zu verinnerlichen und umzusetzen. Bevor Sie starten müssen Sie wissen, was Sie können, wohin Sie wollen, was Sie motiviert und für welche Ideen Sie wirklich brennen. Daher habe ich es mir nicht nehmen lassen, Sie im Folgenden so zu motivieren, dass Sie am liebsten dieses Buch weg legen wollen, damit Sie direkt starten können.

Als aller erstes möchte ich Ihnen den Tipp mitgeben sich von dem Glaubenssatz zu verabschieden, eine hoch innovative Technik erfinden zu müssen. Nicht alle Geschäftsmodelle basieren auf hochmoderner Software oder Hardware. Die Technik entwickelt sich so extrem schnell, dass diese Geschäftsmodelle meist nie länger als acht Jahre bestehen. Auch unter diesem Aspekt sollten Sie sich auf andere Inhalte konzentrieren. So zum Beispiel stand den Amerikanern bei der Mondlandung weniger Rechenleistung zur Verfügung als das heutige iPhone beinhaltet. Eine Happy-Birthday Geburtstags-Grußkarte hat heutzutage eine höhere Rechenleistung als den Alliierten im Zweiten Weltkrieg zur Verfügung standen.

Bevor Sie Ihr Business starten, müssen Sie erstmal wissen wohin Sie wollen. Was ist Ihr Ziel? Wollen Sie unabhängig sein, eigene Erfahrungen sammeln, finanziell frei sein oder Geldmillionär werden? Sie müssen sich ganz genau und detailliert verinnerlichen warum Sie diesen Schritt tun wollen, was Sie motiviert die nächsten zwei Jahre jede Woche 60 Stunden für dieses Ziel hart zu arbeiten. Sie müssen von Anfang an das Ziel vor Augen haben. Möchten Sie ein Unternehmen mit mehreren hunderten Mitarbeitern besitzen? Wollen Sie nur der Besitzer sein und einen Manager einstellen, der Ihr Unternehmen für Sie führt? Wollen Sie mit Ihrem Unternehmen an die Börse gehen? Wollen Sie ortsunabhängig arbeiten können oder später einen Exit anstreben, dessen Erlös Sie nutzen um die Welt zu bereisen?

Sie nehmen sich nun einen Zettel und schreiben genau auf, schriftlich fixiert, was Ihr Ziel sein soll und warum es so wichtig für Sie ist dieses Ziel zu erreichen. Schreiben Sie ebenfalls Teilschritte und Teilerfolge auf. Nehmen wir als Beispiel an, Sie wollen finanziell frei sein, dann könnte ein Ziel sein, dass Sie mit Ihrem Businessmodell so viel Geld automatisiert verdienen wollen, dass Sie Ihre Arbeitszeit bei Ihrem Hauptjob bei gleichem Haushaltseinkommen reduzieren können, um mehr Zeit für Ihre Kinder zu haben. Damit haben Sie ein Ziel verfasst, genau detailliert beschrieben wann es mit Hilfe von Messdaten erreicht wird und warum es so wichtig für Sie ist alles für dieses Ziel zu tun. Diesen Traumzettel hängen Sie nun dort auf, wo Sie ihn mehrmals am Tag sehen werden. Dies könnte die Tür vom Büro sein, die Küche oder auf der Toilette. Wichtig ist nur, dass Ihr Unterbewusstsein die Chance hat, Ihren Traumzettel mehrfach am Tag wahrzunehmen.

Studien beweisen, dass Sie mit einer Million Euro auf dem Konto nicht glücklich sein werden. Was Sie wirklich glücklich machen kann, ist es, nicht Geldmillionär zu werden, sondern Zeitmillionär.

Natürlich befriedigt eine festgelegte Summe auf dem Konto die Gewissheit, sich keine Sorgen machen zu müssen, aber stellen Sie sich folgendes vor: Wie wäre es monatlich eine Summe von 4.000€ zu verdienen? Ich kann Ihnen hunderte Beispiele nennen wie Sie es schaffen, solche Summen mit Ihrem eignen Business zu verdienen, aber die Frage ist nicht wie viel Sie verdienen, sondern mit wie viel Arbeitseinsatz.

Als Beispiel nenne ich in meinen Seminaren und Coachings immer gerne unseren Vorstandsvorsitzenden der örtlichen Sparkasse mit einem Gehalt von 450.000€ pro Jahr. Jeder von uns, da sind wir uns wohl einig, würde gerne das gleiche Einkommen erzielen wollen, die Frage ist nur mit welchem Arbeitseinsatz. Der Herr Vorstand leistet eine Arbeitszeit von ca. 70 Arbeitsstunden pro Woche. Hinzu kommen Außerhaus Termine bei Veranstaltungen als Repräsentant der Sparkasse und wöchentliche fixe Termine bei Gremien usw. So erhöht sich die Arbeitszeit gerne auf bis zu 100 Stunden pro Woche.

Dabei möchte ich ebenfalls erwähnen, dass es auch eine Frau bedarf, die dieses unterstützt und Lust hat den Herrn Vorstand beim Dinner zu begleiten, da dieses die Gesellschaft verlangt. Jetzt frage ich Sie: Wie wäre es für Sie monatlich 4.000€ zu verdienen, aber für 20 Stunden Arbeit pro Woche? Wie wäre es, wenn Sie nicht wie der Rest der Gesellschaft mit einem Wecker geweckt werden, sondern Sie morgens die Ruhe haben nicht im Stau zu stehen und dafür gemütlich um 09:00 Uhr morgens mit der Ehefrau zu frühstücken, nachmittags ohne Zeitdruck einen Spaziergang zu machen oder zum Sport zu fahren, um sich danach bei einer Massage entspannen zu können?

Was ich Ihnen damit sagen will, genau für sich zu hinterfragen, was Sie wirklich glücklich macht, ohne sich von gesellschaftlichen Normen ablenken zu lassen. Betrachten Sie nicht das Einkommen pro Jahr, sondern das relative Einkommen.

Ein Angestellter mit einem Einkommen von 2.500€ monatlich und einer Arbeitswoche von 45 Stunden netto hat ein relatives Einkommen von 13,88€ pro Stunde. Ihr Ziel ist es 2.000€ monatlich mit 20 Stunden die Woche zu generieren. Daraus ergibt sich ein monatlich kleineres Gehalt als der Angestellte, jedoch ein um 11,12€ pro Stunde höheres relatives Einkommen als der Herr Kollege im Angestelltenverhältnis. Ihr Ziel müssen Sie selbstverständlich selber festlegen.

Ich kann Ihnen jedoch als ersten Step empfehlen, ein für Sie angenehmes fixkostendeckendes Einkommen zu erzielen, für zum Beispiel der Hälfte der aktuellen Arbeitszeit. Genau dieses Ziel, auch finanzielle Freiheit genannt, wird Sie glücklich machen. Sie werden nicht warten müssen bis Sie eine Summe auf dem Konto haben, von der Sie erwarten, nun alles kaufen zu können was Sie sich jemals kaufen wollten, sondern das Ziel des Zeitmillionärs wird Sie wirklich langfristig glücklich machen.

Ein Havard Absolvent verdient nach neuesten Studien durchschnittlich 80.000€ pro Jahr mit einem Arbeitseinsatz von 70 Stunden pro Woche. Wollen Sie wirklich 70 Stunden die Woche arbeiten? Ist es wirklich Ihre Motivation die beste Universität zu besuchen um Ihre gesamte Lebenszeit mit Arbeit zu verbringen, nur um ein höheres Gehalt zu verdienen als Ihre Nachbarschaft und Ihre Freunde? Wollen Sie wirklich 50 Stunden die Woche arbeiten, sparen und sparen, 43 Prozent Ihres verdienten Einkommens an den Staat abdrücken, damit Sie den kleinen Rest Ihres Einkommens dann für hohe Kreditschulden ausgeben müssen? Wollen Sie mit 70 Jahren noch zur Arbeit fahren um dann mit 71 Jahren eine Rente zu erhalten, von der Sie jetzt schon wissen, dass diese nicht ausreichen wird um Ihr Leben zu finanzieren?

In meiner Nachbarschaft wohnte ein verwitweter Exsoldat. Dieser hat für Deutschland in zwei Weltkriegen gedient und sein Leben für das Wohl der Regierung riskiert. Wissen Sie was der Herr an Rente für seinen Dienst erhält? Er erhält genau 450€ monatlich und soll nun mit 89 Jahren ausziehen, da das Amt die Miete für zu hoch ansieht. Ist das gerecht? Wollen Sie tatsächlich Ihr Leben lang für eine andere Person arbeiten, die sich mit dem Unternehmen ein schönes Leben machen kann, während Sie warten Ihre Träume mit Rentenbeginn zu verwirklichen, wo Sie eventuell schon so schwer krank oder am Rollator gebunden sind, Ihre lang ersehnte Weltreise gar nicht mehr antreten zu können? Meine Vorstellung von meinem Leben sieht anders aus und ich weiß, Ihre auch!

Warum Sie in kleinen Schritten denken sollten? Stellen Sie sich vor, Sie möchten ein Unternehmen aufbauen, welches genau eine Million Euro pro Jahr umsetzt. Zuerst sollten Sie wissen, dass dieses Ziel, die Grenze der einen Million eine fiktive und völlig überbewerte Grenzumsatzzahl darstellt. Sie denken, wie soll ich es jemals schaffen eine Million Euro umzusetzen? Fangen Sie an in kleinen Schritten zu denken und nicht schon vor der Zielhürde zu kapitulieren. Setzen Sie sich einen Zeitrahmen. In unserem Beispiel wollen Sie es schaffen eine Million Euro in einem Jahr umzusetzen. Klingt unrealistisch? Wenn Ihr Produkt einem Wert von 100€ entspricht, dann bedarf es 28 Käufer am Tag um Ihr Ziel zu erreichen. Das klingt schon mal realistischer als eine Million Euro umzusetzen. Ist es Ihr Ziel pro Jahr 500.000€

Umsatz zu generieren, dann ist es Ihr Teilziel, 14 Käufer mit Ihrem Produkt zu begeistern. Ich finde diese Anzahl an Käufern ist sehr realistisch. Finden Sie auch?

Das erste was ich jemals im Segment Business gelernt habe war das Ferrari Beispiel. Stellen Sie sich vor, Sie trinken gemütlich einen Kaffee am Straßenrand und sehen einen Ferrari anfahren. Der Ferrari parkt vor dem Kaffee, der Herr im Jackett mit Sonnenbrille und Schal steigt aus, geht in das Kaffee, läuft an Ihnen vorbei und begrüßt den Besitzer freundlich mit einer warmherzigen Umarmung. Was denken Sie? Welche Gefühle löst diese Situation bei Ihnen aus? Es gibt genau zwei Arten von Menschen. Die erste Gruppe denk: „Was ist das für ein Angeber, ein Arschloch, was für ein Lackmeier". Diese Gefühle sind oft Hintergrund von Neid und Neugier. Genau diese Art von Menschen werden es niemals schaffen das gleiche zu erreichen wie der Ferrari Fahrer. Warum? Sie müssen zur zweiten Gruppe der Menschen werden.

Diese Gruppe entspricht ca. fünf Prozent der Bevölkerung und steht für den Enthusiasmus und für das Selbstvertrauen was man benötigt, um erfolgreich zu werden. Angehörige dieser Gruppe stehen auf, gehen direkt auf den Herrn zu und fragen: „Entschuldigen Sie, mein Name ist Tom Illauer, ich würde Ihnen gerne einen Kaffee ausgeben und Ihnen fünf Minuten Ihrer Zeit stehlen, denn ich bin mir sicher, dass Sie mir ein paar Tipps für meinen weiteren beruflichen Werdegang mitgeben können. Natürlich bezahle ich Ihren Kaffee mit". Genau dieser Typ müssen Sie werden, saugen Sie alle Informationen auf, seien Sie selbstbewusst und versuchen Sie sich Tipps von erfahrenden Unternehmen einzuholen oder Netzwerk zu betreiben. Seien Sie immer hungrig und machen Sie sich Freunde.

Aus meiner Erfahrung kann ich Ihnen folgende Schlussfrage ans Herz legen: „Ich bedanke mich nochmal vielmals für Ihre Zeit und weiß dies sehr zu schätzen. Sollte ich mal an eine für mich schwierige unternehmerische Entscheidung gelangen, ist es möglich, Sie eventuell ein oder zwei Mal im Jahr zu kontaktieren, um von Ihrer Erfahrung profitieren zu können?" Seien Sie sicher, er wird sich so geschmeichelt vorkommen, dass er Ihnen seine Kontaktdaten aushändigt. Vielleicht ergeben sich aus diesen Kontakten neue Freundschaften, Business Partnerschaften oder im schlimmsten Fall erhalten Sie bei Problemstellungen eine Hilfestütze von jemanden, der Ihnen eventuell einen guten Rat geben kann, damit Sie viel Geld sparen nicht den gleichen Fehler zu machen wie er.

In Deutschland ist es leider noch Gegenstand, dass das Bild des Unternehmers sehr negativ belastet ist. Entweder du hast es geschafft, dann bist du ein Arschloch, oder du bist gescheitert, dann bist du ein Versager. Wie Sie es drehen, Sie werden es nicht jedem recht machen können.

Stellen wir uns die Frage warum die meisten nicht Ihr eigenes Unternehmen aufbauen? Die Antwort lautet aus Angst und aus Unwissenheit. Die meisten Menschen der Bevölkerung haben Angst zu versagen und es fehlt Ihnen an Wissen, wie Sie das Konzept umsetzen können. Wenn Sie eine tolle Idee haben, diese jedoch nicht umsetzen wollen, weil sie Angst haben, dann kann ich Ihnen sagen, das ist das Bescheuertste was ich immer wieder zu hören bekomme. Es fehlt Ihnen an Wissen? Dann müssen Sie sich dieses Wissen aneignen. Lesen Sie Bücher, besuchen Sie Seminare oder informieren Sie sich Stunden lang im Internet, damit Sie das Wissen anwenden können, welches Sie benötigen, um die ersten Schritte zu tätigen.

Ich kann Ihnen versichern, dass fast jeder erfolgreiche Unternehmer eines seiner Unternehmen in die Insolvenz gesteuert hat. Ob es Richard Branson, Donald Trump oder Elon Musk war. Jeder dieser Persönlichkeiten war an dem Punkt wo er aufgeben musste. Das Wichtigste ist es, seine Gedanken zu sortieren und weiter zu machen.

Thomas Eddison hat damals 10.008 Versuche gebraucht, um eine Glühbirne zum Erhellen zu bringen. Hätten Sie das Durchhaltevermögen dieses Experiment so weiter zu führen, bis es nach tausenden Versuchen endlich klappt?

Ein befreundeter Unternehmer hat mir mal gesagt, dass er sich als aller erstes im Monat sein eigenes Gehalt auszahlt, unabhängig von der Finanzsituation seines Unternehmens. Warum er dies tut? Da er sich selber zuerst auszahlt, wusste er, dass er diesen Monat sich keine Sorgen um seine Familie machen muss. Da er sich selber zuerst auszahlt, weiß er, dass er den Monat Power geben muss, kreativ und engagiert sein muss, um sein Unternehmen finanziell gut aufgestellt zu führen. Angst ist ein chemischer Mechanismus, um uns vor physischen und geistigen Schmerz zu schützen. Was ist, wenn Sie diese Angst jedoch bestens beherrschen? Nehmen Sie Ihren Traumplan, entwerfen Sie nun einen Angstplan. Was ist das schlimmste was passieren kann, wenn Sie scheitern würden? Es hört sich skurril an, aber ich garantiere Ihnen, es wird Ihnen so helfen, wie es mir geholfen hat. Schreiben Sie Ihr Worst Case Scenario auf und danach, was Sie dagegen tun können.

Wenn Sie sich als Beispiel selbständig machen wollen, ist das schlimmste was passieren kann, dass Sie scheitern könnten.

Ihr Unternehmen wäre zahlungsunfähig, das Unternehmen müsste Insolvenz anmelden und Sie? Sie wären arbeitslos und würden Arbeitslosengeld beziehen. Sie müssten sich einen neuen Job im Angestelltenverhältnis suchen und dann? **Lassen Sie es einen Augenblick sacken. Der schlimmste Fall ist doch, dass Sie genau dastehen wo Sie jetzt eventuell stehen?** Wenn Ihr Unternehmen in fünf Jahren pleitegeht, dann ist es doch genau das gleiche Risiko, als wenn Sie es nicht versuchen würden? In beiden Fällen müssten Sie sich einen neuen Job suchen, nur, dass Sie nun eventuell vorweisen können, erfolgreich ein Unternehmen zwei Jahre geführt zu haben, was Ihre Mitbewerber nicht vorweisen können oder? Reduzieren Sie Ihr Risiko. Wenn Sie wissen, dass Sie im schlimmsten Fall Sozialleistungen erhalten werden, dann informieren Sie sich über die Höhe und reduzieren Sie schon jetzt Ihre Kosten so, dass diese sich decken. Ziehen Sie in eine kostengünstigere Wohnung, verkaufen Sie Ihr teures Auto, machen Sie sich einen monatlichen Budgetplan. Nun wissen Sie, egal was passiert, im schlimmsten Fall werden Sie arbeitslos, aber die Transfergelder werden reichen, damit es Ihnen weiterhin gut geht. Was hindert Sie nun noch los zu legen?

Was Sie benötigen um durchzuhalten ist unabhängig von Ihrem Traumplan ein Motivator. Gibt es etwas in Ihrem Leben was Sie zu Hochleistung motiviert?

Ich möchte Ihnen ein weiteres Beispiel dafür nennen, dass oft nicht die Angst aus uns spricht, sondern ein Informationsdefizit. Ein paar Freunde von mir wollten an einem örtlichen Pokerturnier mitmachen. An diesem nahmen 245 Pokerspieler teil. Gespielt wurde an Tischen mit acht Spielern, wer den Tisch gewann, erhielt einen Punkt. Die Spieler mit den meisten Punkten nach sechs Stunden zogen an den Final Table, bis einer übrig war. Drei Mal dürfen Sie raten, wer das Turnier gewonnen hat. Ich nicht, aber hey, ich wurde zweiter. Nicht weil ich Experte war, weil ich ein Naturtalent war, sondern weil ich mir Informationen verschafft habe. Ich las nach Anmeldung drei Bücher: Die Poker Schule, Die Poker Uni und die Theorie of Poker. Somit erlernte ich die Basics, Wahrscheinlichkeitsberechnung, Mimik und Gestik zu lesen und Standartzüge auszuführen. Hinzu sah ich mir Stunden Videomaterial auf YouTube von Poker Turnieren an, in denen Spieler deren Hände und Spielweisen erklärten. Somit war ich mir sicher, dass ich, wenn ich mich an diese Regeln halten würde, mehr Wissen habe als der durchschnittliche Pokerspieler und so mit hoher Wahrscheinlichkeit in die Top 20 einziehen werde. Wenn Sie etwas unternehmen wollen, wovon Sie keine Ahnung haben, beschaffen Sie sich Informationen und besorgen Sie sich einen Vorteil gegenüber Ihren Mitmenschen.

Bevor wir das Tipp- Spiel für die WM in unserem Unternehmen gestartet haben, habe ich mir zwei Bücher über Fußballwetten und Wahrscheinlichkeiten im Sport bestellt und gelesen. Dadurch lernte ich zum Beispiel, dass das statistisch am häufigste Ergebnis im Fußball das 1:0 oder 1:1 ist. Wenn alle Spiele so getippt werden würden, liegt die Wahrscheinlichkeit schon mal höher, mehr richtig als falsch zu tippen. Weiterhin habe ich mir im Internet vor jeder Spielbegegnung einen Bericht zum Spiel mit Daten über Verletzungen, Aufstellung, Taktiken usw. angesehen um aktuelle Defizite in einer Mannschaft erkennen zu können. Das richtige Ergebnis zu tippen, ist sehr unwahrscheinlich, höher jedoch ob eine Mannschaft siegt, verliert oder unentschieden spielt. Nach Ende des Tippspiels habe ich zwar nicht gewonnen, aber von 570 Spielern landete ich auf Platz drei. Sie müssen erkennen, dass Sie in wenigen Schritten mehr Wissen als Ihre Mitmenschen erlangen können, wenn Sie sich nur damit beschäftigen. Bevor Sie an einem Golfturnier teilnehmen, lesen Sie alles über Techniken und buchen Sie eine Stunde beim Golfprofi. Gehen Sie mit Ihrem Unternehmen zum Kegeln, üben Sie vorher und schen Sie sich bei YouTube die Techniken an. Wollen Sie einen Marathon mitlaufen, lesen Sie sich Bücher von Profis durch, die Ihnen genau beschreiben können, wo die größten Hindernisse liegen um die Erfahrung für Ihren Nutzen zu übernehmen.

Nicht Wissen ist Macht, sondern Handeln ist Macht!! Wissen ist nur potentielle Macht. Man ist nur dann klug, wenn man weiß, was man nicht weiß, denn wenn Sie wissen was Sie nicht wissen, wissen Sie, was Sie tun müssen, um aus Ihrem Wissen ein Handeln abzuleiten.

Neben Ihrem Traumplan, Ihrem Angstplan, bitte ich Sie nun, Ihren persönlichen Glücksplan anzufertigen. Sie fragen sich was ein Glücksplan ist? Es geht darum schriftlich zu fixieren, was genau Sie in Ihrem Leben glücklich macht. Gibt es Aktivitäten, die Sie schon immer machen wollten, Orte, wo Sie schon immer hinreisen wollen, Dinge, die Sie sich schon lange kaufen wollen? Notieren Sie Sie auf einem weißen Blatt Papier, auf dem Sie Glücksplan schreiben. Falls Sie sich fragen, warum Sie dies aufschreiben sollen, möchte ich Ihnen gerne die Autosuggestion vorstellen. Es ist empirisch bewiesen, dass es möglich ist, sein eigenes Unterbewusstsein zu beeinflussen. Ein gutes Beispiel für Autosuggestion sind Supermärkte. Die meisten dieser Märkte werden in der rechten Tür betreten und durchlaufen den Supermarkt von rechts nach links. Der einzige Hintergrund dafür ist, dass wir lieber nach links gehen als nach rechts, da die Mehrheit der Bevölkerung rechtsfüßler sind und der Schritt nach links für uns einen einfacheren Weg darstellt, da das Auftreten mit unserem starken Fuß eine höhe Kraft ausstößt, als mit dem schwachen Bein. Dies ist ebenfalls der Grund, warum verirrte Menschen immer im Kreis laufen. Am Anfang des Marktes finden Sie die Obstabteilung, die Ihnen Frische suggerieren soll. Sie hören Musik, die Sie beruhigen soll. Und zum Schluss: Ist Ihnen schon mal aufgefallen, dass Sie am Anfang oft Dinge finden wie Grillkohle, Grillanzünder, Bier im Angebot? Der einzige Grund dafür ist, die Männerwelt direkt am Anfang des Einkaufs zufrieden zu stellen, damit diese nicht den Einkauf so drängeln, dass die Frau die Lust verliert. Sie sehen, dass ein Supermarkt psychologisch so aufgebaut ist, dass Ihre Suggestion von vorne bis hinten beeinflusst wird.

Das gleiche können Sie jedoch auch mit Ihrem Unterbewusstsein machen um Ihr Leben positiver zu gestalten. Schreiben Sie alle Dinge auf, die Sie jemals machen wollten. Hängen Sie auch diesen Plan an einen Ort, an dem Sie öfter am Tag vorbeikommen und den Zettel erblicken können. Dieses System nennt man *Affirmation*. Ziel ist es, die Dinge so oft in Ihr Unterbewusstsein zu rufen, dass Ihr Handeln von diesen Werten bestimmt wird. 90% der täglichen Handlungen werden unterbewusst durchgeführt, ein Beispiel dafür ist die morgendliche Routine inklusive Zähne putzen.

Um einige Beispiele zu nennen, datier ich nun Wünsche aus meinem Glücksplan. Klavier spielen lernen, Obdachlosen Essen ausgeben, im Tierheim ehrenamtlich arbeiten, spontan Mitmenschen deren Einkäufe bezahlen, eine Weltreise unternehmen, Spanisch lernen und mein handwerkliches Können verbessern. Was Sie nun tun, ist es, aufzuschreiben wie viel es kosten würde diese Träume zu verwirklichen. Anschließend stellen Sie sich vor, Sie werden genau in einem Jahr sterben. Was davon wollen Sie unbedingt innerhalb eines Jahres bevor Sie sterben umsetzen? Teilen Sie Ihre Wünsche so auf, dass Sie diese nun ordnen, welche davon Sie in einem, drei, fünf und zehn Jahren umsetzen wollen. Diesen Zettel hängen Sie nun wie beschreiben neben Ihre anderen Pläne und notieren sich in Ihrem Kalender eine wöchentliche Erinnerung an einem festen Tag, an dem Sie die Umsetzung der Pläne überprüfen. Wenn es Ihr Ziel ist, eine Sprache zu lernen, dann laden Sie eine App herunter und lernen Sie täglich 15 Minuten.

Wenn es Ziel ist, dass Sie Klavier spielen lernen, kaufen Sie sich Bücher darüber und buchen Sie sich eine Probestunde.

Nun, falls Sie sich immer noch fragen, warum der Glücksplan so wichtig ist, möchte ich Ihnen dieses an zwei weiteren Aspekten darstellen. Jeder von uns hat Träume, die er gerne verwirklichen würde. Wir reden uns ein, dass wir viele nur umsetzen können, wenn wir Rentner sind oder im Lotto gewinnen. Aber wie wahrscheinlich ist es, im Rentenalter noch so fit zu sein, unsere Lebensträume zu verwirklichen, beziehungsweise wie wahrscheinlich ist es, tatsächlich im Lotto zu gewinnen. Die meisten unserer Träume werden aufgeschoben, obwohl Sie finanziell tragbar wären. Fangen Sie an Ihr Leben zu nutzen, um glücklicher zu werden. Eine Studie von Havard Absolventen soll Sie nochmals motivieren.

Ein gewisser prozentualer Anteil aller Absolventen wurde gebeten, einen Glücks- und Traumplan schriftlich zu fixieren und diesen täglich zu verinnerlichen. Sie sind auf das Ergebnis gespannt? 25 Jahre später wurden die Ergebnisse gemessen. Die Testgruppe mit Plänen hat sich nicht nur glücklicher gefühlt als die Vergleichsgruppe, nein, diese haben auch ein um durchschnittlich 40% höheres Einkommen generiert. Es ist eine Frage des Willens und der Umsetzung. Sie haben kein Geld um Klavier zu lernen, sind aber fit in sozialen Medien? Bieten Sie dem Musiker an seine sozialen Medien für ihn zu verwalten. Hören Sie auf Geld für Rauchen auszugeben und nutzen Sie es, sich Träume zu verwirklichen.

Wir warten unser Leben lang drauf, Gehaltserhöhungen oder Jobs mit besseren Einkommensmöglichkeiten zu ergattern, nur, um im Anschluss höhere Ausgaben zu tätigen, für Dinge, die wir gar nicht brauchen. Ein neues Auto, ein teureres Haus, höhere Fixkosten. Sind das Dinge, die Sie langfristig glücklich machen? Ihre Bedürfnisse steigen potentiell mit Ihrer höheren Kaufkraft an, Ihre Fixkosten steigen. Sollten Sie nun arbeitslos werden, haben Sie sich hohe Fixkosten generiert, sodass Die wieder einen Job brauchen, der ein gleiches Einkommen mit sich bringt, obwohl dies eventuell gar nicht die Position sein wird, die Sie mit Glück erfüllt.

Der Unterschied zwischen glücklichen und unglücklichen Menschen ist, dass diese wissen, was Sie glücklich macht. Reiche und glückliche Menschen arbeiten um zu lernen, arme und unglückliche Menschen lernen um zu arbeiten. Bei dem WM Spiel Deutschland gegen Brasilien erinnert sich jeder an das Endergebnis 7:1, jedoch weiß nur die Hälfte noch das Zwischenergebnis. Wissen Sie was in der Halbzeit passiert ist? Der Bundestrainer ging in die Kabine und sagte: „Jeder, der gleich noch ein Tor schießt, wird nicht jubeln. Wir wollen gewinnen, aber nicht respektlos sein." In der zweiten Halbzeit haben Sie keinen Spieler mehr gesehen, der sein Tor übermäßig gefeiert hat. Das hatte zur Folge, dass die deutsche Nationalmannschaft in den brasilianischen Medien am nächsten Tag darauf nur mit positiven Kommentaren geschmückt wurde. Wir sammelten Empathie Punkte auf der ganzen Welt für unsere Demut. Wissen Sie, wie die Nationalmannschaft motiviert wurde?

Der Sportpsychologe entwarf ein Banner, welches er in der Kabine platzierte. Auf diesem stand: „Anfang braucht Feuer und Ende braucht Disziplin". Es ist Ihr Leben, Sie müssen anfangen nicht Ihre Mitmenschen glücklich zu machen, sondern sich selbst. Nur wenn Sie glücklich sind, können Sie Ihre Mitmenschen glücklich machen.

Wenn Sie derzeit noch nicht wissen, was Sie mit Ihrem Leben anfangen sollen, dann fangen Sie an herauszufinden was Sie nicht wollen. Stellen Sie sich vor, heute ist der Tag Ihrer Beerdigung. Wer würde kommen, was würden die Menschen über Sie sagen? Wären Sie sich bei dieser Vorstellung im Reinen, oder ging es Ihnen wie mir, in dem mir klar wurde, dass ich einige Dinge anders machen muss. Wenn Sie sich diese Frage täglich stellen, werden Sie Ihre Handlungen so steuern können, dass Sie Ihre Mitmenschen besser behandeln und einen bleibenden Eindruck in der Gesellschaft hinterlassen.

Kommen wir nun zu dem Punkt, dass Sie sich selbständig machen wollen, dass Sie Unternehmer oder Manager sind, oder nicht wissen, welchen Schritt Sie als nächstes tun sollen. Ich möchte Ihnen einige Anekdoten aus meinem Leben mitgeben. In der Schule wird uns suggeriert, dass es essentiell ist einen guten Abschluss zu erlangen, damit wir entweder eine gute Ausbildung durchlaufen können oder die Chance haben studieren gehen zu können. Ich will keinesfalls sagen, dass diese Wege nicht Ihren Sinn haben, jedoch auch aufzeigen, dass es andere Wege gibt. Natürlich bedarf es auch den regulären Weg der Bildung, unsere Gesellschaft benötigt Polizisten, Ärzte und Richter. Ich möchte nur darauf aufmerksam machen, dass diese Wege kein Muss sind um im Unternehmen erfolgreich und glücklich zu werden. Mir hat damals leider in der Schule niemand gesagt, dass ich auch die Möglichkeit habe mich selbständig zu machen. Wurde es Ihnen beschrieben? Wir werden alle zu Arbeitnehmern erzogen, niemand bringt uns bei was man tun muss, um sich selbständig zu machen, wie eine Steuerklärung einzureichen ist, wie ein Kreditvertrag aussieht oder welche Versicherungen ich benötige. Diese Dinge sind daher enorm wichtig im Elternhaus anzusprechen, denn ich kenne genug Freunde und Verwandte, die es nicht länger als ein Jahr in einem Job ausgehalten haben und nun die Erfüllung in der Selbständigkeit gefunden haben.

Leider besteht unsere Gesellschaft immer noch aus dem Druck der Leistung. Diese wird nicht nur in Arbeitsproben anerkannt, sondern durch Abschlüsse und Zertifikate. Ein Dr. Titel ist dabei das Maß aller Dinge. Wir leben in einem Arbeitsumfeld, in dem ein Mensch mit einem Dr. Titel, der in seinem Leben jedoch noch nicht einmal gearbeitet hat, einem Mitmenschen bevorzugt wird, der eventuell nur seinen Bachelor gemacht hat, aber dafür erste Erfolge im Berufsleben vorweisen kann. Natürlich hat der Dr. Titel eine gewisse Macht, dass Menschen Ihnen zuhören. Nicht ohne Grund haben von 512 Angeordneten im Bundestag 312 einen Dr. Titel, auch wenn diese nicht immer genannt werden. Frau Merkel ist Dr. in Physik, Herr Gabriel in Rechtswissenschaften usw. Ein Dr. Titel kann Türen öffnen, ist jedoch kein Garant und Must Have für Erfolg.

Sie wollen sich selbständig machen, dann tun Sie das! Sie sind Unternehmer und wollen Ihr Unternehmen wiederaufleben lassen, dann tun Sie genau das! Lassen Sie sich nicht von anderen beirren, die Ihnen sagen, das geht doch nicht, oder gibt es sowas nicht schon. Jedes große Unternehmen mit tausenden von Mitarbeitern fing mit einem Schreibtisch und maximal drei Gründern an. Jedes Unternehmen hat so gestartet und das können Sie auch! Meinen Sie, dass Manager und Unternehmer von großen Dax Konzernen klüger sind als Sie? Ich sage Ihnen mit Sicherheit nicht! Diese Personen kennen Ihre Ziele und setzen alles daran, diese auch umzusetzen. Meinen Sie, dass diese Menschen einen höheren IQ besitzen als Sie? Vielleicht einzelne Manager ja, aber es gibt auch Gewiss Unternehmer mit einem geringeren IQ als Ihren! Warum sollten Sie es denn dann nicht auch schaffen? Unser Gehirn kennt keine Unterschiede in schwierigen Situationen, ob ein ganzes Unternehmen insolvent gehen kann oder eventuell nur Sie. Das Gehirn erkennt eine Situation und vergleicht deren Alternativen. Es ist die gleiche Entscheidung die Sie treffen müssen wie der Herr Dax Vorstand, denn für unser Gehirn ist die Entscheidung mehrerer Alternativen gleich schwer, ob diese einen Euro beeinflusst oder eine Million Euro.

Ist es verwunderlich, dass 70% aller vermögenden Menschen Unternehmer sind? Aber was unterscheidet gute und schlechte Unternehmer voneinander? Die Antwort ist einfach: Selbständige wollen etwas tun, Unternehmer wollen etwas erreichen. Wenn es Ihr Ziel ist, dass Sie sich selbständig machen wollen, dann sind Sie ein physischer Macher und müssen sich dessen bewusstmachen. Wenn es Ihr

Ziel ist, dass Sie etwas im Leben hinterlassen wollen, dann sind Sie ein Unternehmer.

Egal ob arbeitslos, Top Manager, Unternehmer oder Selbständiger, jede Krise bieten Ihnen die Chance auf etwas Neues. Krise bedeutet im Chinesischen: Chance und Gefahr. Sie müssen sich dessen nur bewusstmachen. In den weiteren Kapiteln werde ich diesbezüglich noch einige Beispiele nennen wie man aus bisherigen Unternehmen, die in einer Krise standen, neue Absatzstrategien entwickeln kann. Mir geht es erst Mal darum, dass Sie dieses tief in Ihr Unterbewusstsein verankern. Sollten Sie arbeitslos werden, nutzen Sie dies als Chance endlich Ihren Traum der Selbständigkeit in die Tat umzusetzen. Fangen Sie jetzt damit an! Sie sind Friseurin und Sie werden aufgrund fehlenden Umsatzes gekündigt. Was können Sie tun? Sie könnten sich ein neues Angestelltenverhältnis suchen. Ich an Ihrer Stelle würde mich an meinen Schreibtisch setzen und mir überlegen wie ich aus meiner Leidenschaft Glück generieren kann. Es wäre möglich, im Rhythmus von zwei Wochen Seminare in Ihrem Ort anzubieten, in dem Sie den Frauen beibringen, sich Hochsteckfrisuren eigens anzufertigen. Sie könnten eine Partnerschaft mit einer Kosmetikerin und mit einer Hochzeitsplanerin aufbauen, in dem Sie anbieten, gemeinsam die Braut vor Ort zu stylen. Sie könnten einen Blog starten und Haarprodukte testen. Das gleiche geht übrigens auch auf YouTube. Sie könnten sich auf Altersheime spezialisieren, in denen Sie wöchentlich vor Ort Haare schneiden fahren. Sie könnten eine Website aufbauen, in der sich Friseure positionieren können, um deren besten Arbeitsergebnisse zu präsentieren. Das waren nur einige

Beispiele eines zehnminütigen Brainstormings. Natürlich könnten Sie sich ein neues Angestelltenverhältnis suchen, aber seien Sie sich sicher, es gibt durchaus auch potentielle Alternativen als die Gesellschaft verlangt.

Gehe nie einen Schritt zurück, außer um Anlauf zu holen, denn wer mehr macht als die anderen, wird auch mehr zurückerhalten als die anderen. „Es überleben nicht die stärksten und intelligentesten Menschen auf unserem Planeten, sondern die, Sie sich am besten anpassen können", sagte Leon Megginson. Wenn Sie denken, Sie können sich auf dem Ausruhen, auf dem was Sie sich bis jetzt erarbeitet haben, dann liegen Sie falsch. Durch die immer weiter entwickelte Technologie wird es zukünftig nur noch einen Bruchteil an unterschiedlichen Jobpositionen geben. Es ist eine Frage der Zeit bis Sie mit einem Master nur noch als Taxifahrer arbeiten können. Aber was können Sie tun? Fragen Sie sich immer wieder, was kann ich gut und werden Sie darin Experte. Sie wollen sich selbständig machen? Fangen Sie an, in dem Sie Ihre Arbeitszeit reduzieren und gleichzeitig ein eigenes Business aufbauen. Wenn der Tag gekommen ist, an dem Sie mit Ihrem Business Ihre Lebenshaltungskosten decken können, kündigen Sie. Jedem Arbeitnehmer steht es dank dem Teilzeitgesetz zu, seine wöchentliche Arbeitszeit reduzieren zu dürfen. Fangen Sie mit 20% an und prüfen Sie ob Ihr Business die gewünschten Früchte zum Erfolg trägt, bevor Sie alles auf eine Karte setzen. Wie Sie genau starten sollen, dass verrate ich Ihnen in den weiteren Kapiteln mit Denkanstößen und genauen Schritt für Schritt Anleitungen.

Es ist alles eine Frage des Willens und des Handelns. Wissen Sie was der Unterscheid zwischen einem Top Verkäufer zu einem schlechten Verkäufer ist? Die Einstellung des Top Verkäufers zu anderen Verkäufern ist die innere Haltung. Es geht darum zu wissen wer der Kunde ist, was ihn antreibt, was seine Hobbys sind und wie seine Werte sind. Der Top Verkäufer hat immer Hunger. Nicht Hunger auf Verkaufen, sondern Hunger sich stetig verbessern zu wollen. In unserer Gesellschaft werden Versicherungsvertreter noch mehr gehasst als Knöllchenverteiler. Aber warum ist das so? Weil wir das Gefühl und die inneren Werte teilen, dass dieser uns nur etwas verkaufen will. Aber sind alle Verkäufer schlechte Menschen? Jeder will Ihnen etwas verkaufen! Der Metzger, der Media Markt Berater, die Kellnerin und auch der Tierarzt. Es sind unsere Erfahrungen die uns leiten lassen, nur die Versicherungsvertreter sind schlechte Menschen, aber es ist doch unsere Entscheidung den Kauf zu tätigen oder nicht. Top Verkäufer wissen, dass Menschen nur durch Erfahrungen und Bedürfnisse entscheiden. Es geht nicht darum alle Vorteile eines Produktes abzuspulen, es geht darum ein Gespür zu bekommen, wessen Werte er mit dem Kunden teilt und nur das eine Vorteil zu nennen, welches das Bedürfnis den Kunden befriedigt.

Wenn ich damals auf potentielle Kunden mit Skepsis traf, habe ich folgendes gesagt: „Ich merke, dass Sie mir gegenüber einer gewissen Skepsis mitbringen und das nehme ich Ihnen keinesfalls übel. Viele meiner Kunden haben solche Erfahrungen gemacht, die es mir schwermachen, Ihr Vertrauen zu gewinnen. Daher möchte ich Ihnen folgenden Vorschlag machen. Wir setzen uns zusammen, ich berate

Sie nach meinem Ansatz einer professionellen Beratung und Sie entscheiden danach ob ich Ihr zukünftiger Berater sein soll, oder ob Sie jemand anderen möchten. Sollten Sie jedoch Interesse zeigen, möchte ich Sie nicht zum Kauf beeinflussen. Mir geht es primär darum Ihnen zu zeigen, dass sich meine Beratungsansätze von denen anderer unterscheiden. Sollten Sie eine Kaufabsicht zeigen, dann können Sie den Vertrag unterschreiben, ich nehme diesen mit und Sie rufen am nächsten Tag nochmal an ob ich den Vertrag wieder zerreißen soll. Erst, wenn Sie mir am nächsten Tag den Auftrag erteilen den Vertrag zu versenden, werde ich dieses tun. Im schlimmsten Fall haben Sie keinen Vertragsabschluss, aber die Gewissheit, dass es mein Ansatz der Beratung ist, Ihr Vertrauen und Ihr Wohlhaben an erster Stelle stehen zu haben." Würden Sie nun diesem Berater Vertrauen schenken? Was ich Ihnen damit sagen will ist, egal in welcher Situation Sie sich befinden, Sie haben immer die Möglichkeit sich abzuheben und sich neu zu positionieren.

Gerne möchte ich Ihnen noch einen persönlichen Rat mitgeben. Glück lässt sich meiner Meinung nach in drei Unterkapitel selektieren.

1. Business, Geld und Arbeit,

2. Familie, Freunde und Hobbys und

3. Gesundheit und Fitness.

Auch Sie kennen mit Sicherheit Kollegen die wöchentlich 50 Stunden arbeiten, damit sogar noch angeben, aber sind diese Personen wirklich glücklich. Für mich macht Glück aus alle drei Bausteine zu befriedigen. Sie kennen vielleicht das magische Viereck der Volks- und Betriebswirtschaft? Ich nenne mein System das magische Dreieck der Glückseligkeit. Nur, wenn alle Bausteine regelmäßig befriedigt werden, ist man in der Lage wirklich glücklich zu sein. Es wird immer einen der drei Punkte geben, der mehr Zeit in Anspruch nimmt als die anderen, aber Sie dürfen die anderen niemals ganz vergessen. Verinnerlichen Sie sich dieses System des Glückes und planen Sie die Bausteine in Ihre wöchentlichen Kalender mit ein.

Business - Von dem Geschäftsmodell zur Millionenbewertung

Das Geschäftsmodell:

Im jetzigen Kapitel beschäftigen wir uns mit der Findung einer für Sie optimal geeigneten Geschäftsidee, wie Sie diese planen, das Konzept auf Umsetzbarkeit und Erfolg prüfen, welche ersten Schritte Sie tätigen müssen und worauf Sie achten müssen. Weiterhin werde ich von vielen Erfahrungen berichten, die Sie nutzen können um direkt durchzustarten oder gleiche Fehler zu vermeiden.

Es gibt hunderte Möglichkeiten eine Geschäftsidee zu finden. Einige davon werde ich Ihnen detailliert beschreiben, aber einige nur leicht anschneiden. Es geht mir nicht darum, dass Sie ein Konzept erstellen mit dem Sie in drei Jahren Millionär werden, mir geht es darum, dass Sie Ihr Business aufbauen, durchziehen und vor allem eine Leidenschaft bzw. ein Feuer dafür entfachen. So werden Sie erfolgreich.

Warum es mir so wichtig ist, dass Sie eine für sich optimale Geschäftsidee finden, möchte ich Ihnen am Beispiel des Amazon Partner Programmes aufzeigen. Es war wirklich noch nie in der Geschichte der Menschheit so einfach sich ein eigenes Business aufzubauen wie in der heutigen Zeit. Es klingt fast zu schön um wahr zu sein, aber es ist möglich. Was Sie dafür tun müssen? Sie besuchen die Website eines Suchmaschinenanbieters und suchen nach den Worten Amazon Top 100 verkaufte Produkte. Hier können Sie nach bestimmten Produkten und Produktgruppen selektieren. Als Beispiel dient uns das Schlagwort *Küchenutensilien*. Nun gucken wir uns die Produkte an, die von Amazon als Bestseller gekennzeichnet sind und die am häufigsten verkauft wurden.

Wir haben uns nun gemeinsam für den Kochlöffel entschieden, da dieser unter der Rubrik am meisten verkauft wurde. Nun überprüfen wir die Theorie und recherchieren weiter im gleichen System, welche Arten von Kochlöffeln am häufigsten verkauft wurden und gleichen dies mit unserer eigenen Erwartung ab. Als weitere Überprüfung der Theorie dient uns die 999-er Methode. Als nächsten Schritt fügen Sie diesen Artikel Ihren eigenen Warenkorb genau 999-mal hinzu. Dies entspricht der maximalen Anzahl an möglichen Käufen für Produkte. Im letzten Schritt der Überprüfung sehen Sie genau 24 Stunden später Ihren Warenkorb an. Amazon zeigt Ihnen die noch maximal verfügbaren Artikel des Kochlöffels an. So erhalten wir einen genauen Wert wie oft dieses Produkt innerhalb eines Tages verkauft wurde. Entspricht diese Umsatzrate unserer eigenen Erwartung, werden wir nun als eigener Hersteller auftreten.

Sie entscheiden Sie für zum Beispiel den Holzkochlöffel und suchen in einer Suchmaschine nach Herstellern in Drittländern wie China. Geeignet dafür ist die Plattform Alibaba oder Aliexpress, welche sich auf diese Dienstleistung spezialisiert hat.

Sie schreiben zehn Hersteller an, beschreiben detailliert was Sie benötigen und bitten um ein Angebot. Danach vergleichen Sie die Angebote, holen sich Informationen über Zollvorschriften ein und kalkulieren die Kosten pro Stück und vergleichen ob diese mit dem aktuellen Angebot bei Amazon kompatibel ist. Können wir uns mit dem Preis anfreunden, bestellen wir eine Erstmenge von zum Beispiel 5.000 Stück für den Preis von 0,42€ pro Stück. Ich würde Ihnen raten sich ebenfalls bei den Herstellern zu informieren was es für Sie extra kosten würde, wenn dieser Ihnen noch ein Logo (White-Label) auf die Produkte setzt. So haben Sie die Möglichkeit eine eigene Marke aufzubauen. Sie melden sich beim Amazon Partner Programm (FBA) an und werden als Partner registriert. Sie erhalten die bestellte Ware, prüfen diese und senden diese direkt an die erhaltene Adresse vom Amazon Lager weiter. Ich glaube Sie verstehen nun warum es so leicht ist. Die Vorteile sprechen für sich.

Anstatt eine eigene Website aufzubauen und kostenintensiv bei Google AdWords zu werben, damit potentielle Kunden die Internetadresse unter den ersten drei finden, nutzen Sie stattdessen lieber Amazon selber, da der Kunde hier sowieso nach vergleichbaren Produkten sucht. Der Kunde bestellt und Amazon übernimmt den Versandt. Aber nicht nur das. Das Team von Amazon übernimmt auch komplett die Kundenbetreuung bei Verlust und das Retourgeschäft. Natürlich ist der Service nicht gebührenfrei und Sie müssen die Kosten mit in die Preiskalkulation übernehmen, aber der Zeit- und Stressvorteil überwiegt die Kosten bei weitem. Im schlimmsten Fall haben Sie die Kosten für die Erstbestellung in den Sand gesetzt, daher ist es am Anfang wichtig, ein Produkt zu finden, welches mindestens eine Marge von 6:1 aufweist.

Eine weitere Möglichkeit wäre es Nachrichten mit zielgruppengeeignetem Content zu erstellen. So einfach ist das? Ja, ist es! Im Januar 2016 konnten Sie im Radio hören, dass ITunes mit allen großen Autoherstellern Verträge abgeschlossen hat, die es zukünftig möglich machen, dass jedes Auto die ITunes Podcast App vorinstalliert hat. Zukünftig werden Kunden nicht mehr Nachrichten hören, sondern Podcasts. Ein Podcast ist eine Show wie im Radio mit eigenen Inhalten. Der Kunde kann sich seine Podcasts nach Themen die ihn interessieren selektieren. Für mich wäre interessant: Start Up News, Wetter, Stau und Wirtschaft. Nun hören Sie nur noch das, was Sie interessiert. Daraus ergibt sich eine Vielzahl an möglichen Businesskonzepten. Sie könnten einen eigenen Podcast erstellen und diesen bewerben und so Reichweite aufbauen, um später Produkte zu verkaufen. Sie könnten eine Werbeagentur aufbauen, in der Sie Unternehmen unterstützen eigene Podcasts aufzubauen. Sie sehen, aus einfachen Änderungen können Sie viel Umsatz generieren. Lernen Sie aufmerksam zu sein.

Derzeit arbeite ich gerade ebenfalls an der Veröffentlichung eines Podcast mit gleichen Inhalten des Buches, speziell Verkaufspsychologie für Webseitenbetreiber. Suchen Sie gerne nach „Neuro-Marketing & Web-Science".

Nun, warum stelle ich Ihnen diese Möglichkeiten als erstes vor? Weil ich hoffe, dass Sie diese nicht nutzen. Keine Frage, Sie können damit Geld erwirtschaften und kurzfristig Erfolg haben, aber wäre es nicht viel angenehmer sein Geld langfristig mit einem Thema zu erwirtschaften, wofür Sie brennen?

Die wichtigste Regel lautet daher: Bauen Sie Ihr Business auf etwas auf was Sie kennen. Es macht kein Sinn mit Immobilien zu handeln, wenn Sie darin kein Experte sind. Das Problem ist, dass Sie Durchhaltevermögen aufbauen müssen, damit Sie erfolgreich werden. Täglich zehn Stunden und an sechs oder sieben Tage die Woche an Ihrer Idee zu arbeiten bedarf Disziplin. Daher ist es essentiell, dass Sie eine Vision entwickeln, ein Thema haben welches Sie als Hobby ausüben und wofür Sie brennen. Alles andere wird Sie nicht langfristig zum gewünschten Erfolg führen. Das wichtigste, worauf wir später nochmal zu sprechen kommen, ist es, die Zielgruppe in und auswendig zu kennen. Wie diese tickt, deren Interessen, Verhalten, Wünsche und Emotionen. Wenn Sie für Ihr eigenes Produkt brennen und es als eigener Kunde nutzen würden, werden Sie von Anfang die Zielgruppe viel besser verstehen und so schneller und flexibler auf Änderungen reagieren können.

Zuerst wollen wir gar nicht auf Businesspläne zu sprechen kommen, denn kein Plan übersteht den Feindkontakt. Worum es mir geht ist, dass Sie als erstes darüber Gedanken machen für welche Themen Sie brennen. Sie nehmen sich einen weißen Zettel Papier und starten eine Mind Map. Sie notieren sich bis zu fünf Themen, wofür Sie wirklich und ich meine wirklich brennen.

Daraus bilden Sie dann eine Kausalkette mit möglichen Optionen, die sich ableiten lassen und denken darüber nach, was Sie daran wirklich im Alltag ärgert.

Hier ein Beispiel ohne Mindmap:

1. Hund:

    Futter → schwere Säcke → keine Ahnung wie viel er essen darf → Mikronährstoffbedarf des Hundes

    Ergebnis:

    Eine Webseite, die Tierfutter für Hunde in genormten 50 kg Säcken im Abo Modell anbietet und nach Hause liefert. Vor jedem Abo nimmt ein Tierarzt Kontakt auf und überprüft anhand einer Beratung das optimale Futter und die optimale Futtermenge. Weiterhin erhält der Kunde Checklisten um mögliche Nebenwirkungen und Symptome zu erkennen und zu melden. Durch das Umgehen von Zwischenhändlern und durch neutrale und preisgünstige einfache Verpackungen können die Großmengen preisgünstig angeboten werden. *Prof. Faltin Technik*

2.   Kraftsport:

Klamotten → Spintschlüssel wohin? → fällt ständig raus

Ergebnis:

Ein Handtuch für den Fitnessbereich mit einem Reißverschlussfach für den Spintschlüssel

Wie Sie sehen bin ich kein Genie. Aber ich versuche heraufzufinden bei welchen meiner Tätigkeiten, die ich liebe, ich mich täglich über irgendetwas ärgern muss. Daraus entwickelt man dann ein eigenes Konzept. Sie kennen die Zielgruppe, Sie haben die Möglichkeit leicht mit der Zielgruppe Kontakt aufzunehmen, um die Theorie zu überprüfen? Dieses Problem, welches die Zielgruppe aufweist, wird auch als **Engpass** bezeichnet.

Sollten Sie ein Konzept entwickeln können, bedarf es einer Monetisierungsstrategie. Hier kann ich Ihnen nur das *Senseo Prinzip* nahelegen. Üblich ist es, dass Sie ein Produkt herstellen und vertreiben, welches eine Marge von mindestens 5:1 aufweist. Es gibt aber natürlich auch andere Alternativen. Das *Senseo Prinzip* basiert darauf, die eigene Kaffeemaschine für einen Endpreis zu veräußern, der alle Kosten deckt und einen geringen Gewinn aufweist. Aber womit verdienen die dann das Geld? An den Zusatzprodukten! An den Kaffee Pads. Sie finden die Pads für 4,99€ für 12 Stück im Laden. Hergestellt werden diese für 0,02 Cent pro Stück. Eine Marge von 20:1. Wer sich einmal die Kaffeemaschine gekauft hat ist auf die Pads angewiesen und kauft diese Woche für Woche. Ziemlich genial oder?

Eine weitere Option wäre die geheime Discounter Methode. Das Prinzip ist sehr banal aber einfach. Das System wird angewandt, wenn Sie mehrere Produkte im Sortiment führen. Hierbei bilden Sie Produktkohorten. Sie ordnen Produktpaare an, die häufig zusammengekauft werden, wovon eines ein Grundprodukt sein muss. Als Beispiel nehmen wir Eier und Kartoffeln. Nun bewerben Sie Eier mit einem Preis, der genau Ihre notwendigen Kosten entspricht und addieren die Differenz für die Gewinnmarge dem anderen Gut des Produktpaares zu. Kunden lesen Ihr Angebot vom örtlich preisbestem Produkt der Eier und gehen bei Ihnen einkaufen. Sie werden mit dessen Hilfe geködert. Da die Kunden schon mal da sind, werden diese auch weitere Produkte kaufen, mit großer Wahrscheinlichkeit das zweite Produktpaar. Dadurch erhalten Sie den gleichen Gewinn wie vorher, locken aber mehrere Kunden zum Kauf an.

Haben Sie eine Idee für sich entdeckt, erfolgt nun die Umsetzung. Sollten Sie in der gleichen Situation sein, in der ich mich befunden habe, mit keinem Kapital und keiner Erfahrung, fangen Sie an nach zu denken. Sie brauchen eine Website? Sie benötigen ein Impressum, den Gesellschaftsvertrag und die Datenschutzbestimmungen? Sie haben kein Kapital? Dann gehen Sie auf die Personen, Agenturen und Anwälte zu und erklären Sie Ihr Konzept. Bringen Sie diese dazu, dass Sie die Gebühr erst zahlen, wenn erste Umsätze generiert werden oder versuchen Sie die Personen an Ihrem Unternehmen mit sehr geringen Prozentsätzen zu beteiligen.

Die vier größten Fehler im Erfolg des Unternehmens:

In der Theorie ist es ein nicht ganz leicht zu erklären, warum manche Unternehmen erfolgreich sind und andere nicht. Wichtig zu verstehen ist dabei ist die Definition von Geld. Was ist Geld? Früher war es so, dass Güter und Dienstleistungen miteinander bzw. untereinander getauscht wurden. Wer Kühe besaß hat Milch bei einem Hühnerbesitzer getauscht. Irgendwann haben Fürsten bzw. Königreiche Steuern erhoben und es mussten Abgaben geleistet werden. Geld wurde anschließend allgemein als anerkanntes Tausch-bzw. Zahlungsmittel ernannt. Karl Marx beschreibt in seinem Hauptwerk *Das Kapital* die Funktion des Geldes als spezifische äquivalente Ware, also als Maß der Werte im Prozess der Warenzirkulation. Geld hat also eine Zahlungsfunktion, eine Wertbewahrungsfunktion und dient als Wertmaßstab oder Recheneinheit. Der Wert einer Geldeinheit wird als Kaufkraft bezeichnet. Auf letzteres kommen wir im Kapitel Marketing zu sprechen.

Entwickelt hat sich die heutige Geldform aus dem sogenannten Primitivgeld, zum Beispiel aus Muscheln oder Reis, die im Geschäftsleben als Tauschmittel akzeptiert worden. Erst nach dem 14. Jahrhundert nahm es seine aktuelle Bedeutung als geprägtes Zahlungsmittel an. Ab Mitte des 19.

Jahrhunderts existierte in vielen Ländern der Goldstandard bei dem der Umtausch von gesetzlichen Zahlungsmitteln in eine feststehende Menge Gold versprochen wurde. Ab dem Jahr 1930 herum haben fast alle größeren Staaten den Goldstandard aufgegeben. An die Stelle eines solchen Standards traten geldpolitische Maßnahmen der Notenbanken. Nehmen wir an, dass die Geldmenge, unabhängig von der realen Volkswirtschaft und der Geldwertschöpfung, begrenzt ist.

In der Theorie müssten Sie ja eigentlich nur eine Ware oder Dienstleistung anbieten, die für Menschen so attraktiv ist, dass Sie dafür bereit sind Geld gegen Ihr Angebot zu tauschen.

Doch wie schaffen Sie es, Ihr Angebot so zu erarbeiten, dass möglichst viele Menschen Ihr Geld gegen Ihr Angebot tauschen oder besonders viel Geld gegen Ihr Angebot tauschen?

Die vier häufigsten Fehler in Unternehmen sind:

1. Falsch definierte Zielgruppe
2. Sie lösen nicht den größten Engpass Ihrer Zielgruppe
3. Falsche Positionierung
4. Unbekanntheit

Wenn ich in einem Unternehmen nach der Zielgruppe-frage, so wird oft beispielsweise geantwortet: Frauen, 25-45 Jahre alt, Region im Umkreis von 10 km.

Ist dies Ihrer Meinung nach eine treffende Zielgruppe? Meine erste Frage lautet immer: „Also alle Frauen in Ihrer Region zwischen 25-45 Jahren sind Ihre Kunden? Dann müsste Ihr Unternehmen ja vor Nachfragen platzen oder?"

Die meisten Unternehmen definieren Ihre Zielgruppe anhand von demographischen Daten. Daten wie Alter, Geschlecht oder Region.

Der Unterschied zu einer idealtypischen Zielgruppe ist die Ergänzung von psychografischen Maßstäben. Wenn Sie einen Kosmetikladen führen, dann wird mit Sicherheit nicht jede Frau in Ihrer Region im obigen Beispiel der Kunde sein oder? Nur mithilfe der genauen Definition Ihrer Zielgruppe können Sie sich überhaupt positionieren, das Problem Ihrer idealtypischen Zielgruppe herausfinden, sich anhand dieser Zielgruppe überhaupt positionieren und ohne Streuverluste werben. Dies nennt man Kunden-Avatar.

Um ein Geschäft bzw. ein Unternehmen erfolgreich zu führen, müssen Sie die hohe emotionale Intelligenz besitzen, sich in Ihre Zielgruppe hineinversetzen zu können. Sie müssen wissen was die Interessen sind, mit welchen Problemen sich Ihre Zielgruppe beschäftigt, wie diese Personen denken, für was diese Personen bereit sind Geld auszugeben und wie Ihr Alltag aussieht. Eine der wichtigsten Aufgaben um überhaupt Ihr Angebot platzieren zu können ist es, bis ins kleinste Detail zu verstehen wie Ihre Zielgruppe tickt. Ich gehe davon aus, dass nicht jede Frau in dem obigen Beispiel sich für Kosmetik bzw. Ihr Aussehen interessiert.

Und schon funktioniert Ihre bisherige Zielgruppendefinition nicht mehr. Eine richtige Zielgruppendefinition Ihres Kosmetikstudios könnte lauten:
Frauen im Alter von 17-45, die einen Teil Ihres Selbstwertgefühls durch Ihr Aussehen kreieren, welche in Kosmetik, Friseurdienstleistungen und Fashion interessiert sind, die gerne bereit sind monatlich 100-200 € in Ihr Aussehen zu investieren, regelmäßig zum befreundeten Friseur oder der befreundeten Nageldesignerin gehen, im Umkreis von 15 km leben, ein Einkommen von ca. 1.250-2.650 € netto erzielen und ein überdurchschnittliches Konsumverhalten im Verhältnis zum realen Haushaltseinkommen bzw. zur eigentlich realen Kaufkraft aufzeigen.

Stellen Sie sich auch immer die Frage, ob diese Zielgruppe der Käufer oder der Entscheider des Kaufes ist. Dies kann ein riesiger Unterschied im Umgang Ihrer Zielgruppe sein.

Es gibt viele Strategien, aber keine ist so gut, wie Sie Ihre Zielgruppe genauestens kennen. (BCG Matrix von MC Kinsey oder Market Activated Corporate Strategie von Kinsey).

Das größte Problem der Zielgruppe lösen:

Wenn Sie nun dieser Zielgruppe ein Angebot machen, welches eines der Probleme löst, dann müsste diese Zielgruppe ja bereit sein Ihnen dafür eine Geldeinheit zu geben? Oft entwickeln wir Produkte oder Dienstleistungen und suchen erst im Anschluss nach einer passenden Zielgruppe. Das kann Ihnen nun nicht mehr passieren, weil Sie sicher zukünftig intensiv mit Ihrer Zielgruppe beschäftigen. Wenn Sie nur ein kleines Problem Ihrer Kunden lösen, hat der Kunde immer noch ein größeres Problem im Hinterkopf, wofür er primär eine Lösung sucht und daher bereit ist für die Lösung des priorisierten höchsten Problems mehr Geld auszugeben, als zur Lösung eines anderen Problems.

Wenn ein Mensch bzw. eine Person Geld ausgibt, dann vergleicht er in diesem Moment, ob es ihm wert ist einen Betrag X auszugeben, damit sein Bedarf bzw. sein Bedürfnis gestillt wird. Der Bedarf ist also die Suche nach einer Lösung eines Problems. Das Bedürfnis dahingehend ist die Suche zuzüglich potentieller Kaufkraft. Er vergleicht also vor Kauf, ob das Angebot seinen Grenznutzen erfüllt. Probleme die akut sind, werden im Unterbewusstsein viel höher priorisiert und mit einer viel höheren Intensität versucht zu lösen, als untergeordnete Probleme. Wenn Sie es also nun schaffen genau dieser Zielgruppe ein Angebot zu unterbreiten, welches ein reales Problem löst, bei dessen sich die Person schon monatelang auf der Suche begeben hat, dann wird er ihnen mit Sicherheit einen höheren Geldbetrag zuwenden, als wenn Sie versuchen das Angebot einer Person nahezulegen, welchen diesen Engpass nicht als höchste Priorität einordnet.

Nehmen wir an Sie sind in einer Wüste. Nun treffen Sie eine Person innerhalb der Wüste, die kurz vor dem verdursten steht. Sie bieten dieser Person eine Flasche Wasser an, welche Sie für einen Euro eingekauft haben und nun für 200 € verkaufen wollen. Der Grenznutzen bei Ihrer Zielgruppe ist extrem hoch und er wird dafür bereit sein diese 200 € zu zahlen. Das Problem dabei ist, dass es sich hierbei um einen einmaligen Verkauf handelt. Ein kluger Unternehmer würde das Problem der Zielgruppe erkennen, vor der Wüste einen Verkaufsstand bauen und ein Schild beschriften, auf welchem steht, dass es sich hierbei um die letzte Möglichkeit handelt Wasser zu kaufen, damit Sie nicht verdursten. Letztere Aussage basiert übrigens auf die geistige Brandstiftung, entwickelt von Dirk Kreuter.

Im Übrigen ist es wissenschaftlich bewiesen, dass die Annahme, dass der Mensch als Homo Economicus rationale Kaufentscheidung trifft, falsch! Menschen kaufen anhand von Emotionen und rechtfertigen die Käufe anschließend durch rationale Begründungen. Meine Freundin ist ein Paradebeispiel dafür. Warum sonst sollte sich meine Freundin Schuhe kaufen, die schön anzusehen sind, aber zwei Nummern zu groß sind?

Sie müssen mit Ihrem Angebot Emotionen schaffen, einen Wert bzw. einen Mehrwert generieren, ein Bedürfnis bzw. einen Engpass lösen, Leidenschaft erwecken und nicht nur die Nummer eins im Kopf Ihrer Kunden sein, sondern auch bleiben.

Menschen kaufen anhand der bestehenden Maslow-Pyramide, aufgrund von: Prestige, Wirtschaftlichkeit, Bequemlichkeit, Technik, sozialem Bedürfnis, der Förderung von Umwelt, der Verbesserung der eigenen Gesundheit oder der Befriedigung des eigenen Sicherheitsanspruches.

Falsche Positionierung:

Nun, wenn Sie Ihre Zielgruppe erarbeitet haben und den größten Engpass Ihrer Kunden lösen, müssen Sie nur noch auf sich aufmerksam machen. Wichtig dabei ist es, dass Sie vom Kunden positioniert werden! Wenn Sie sich selber nicht positionieren, dann wird es irgendwann Ihr Kunde machen. Aber was ist Positionierung?

Die Positionierung bezeichnete das gezielte, planmäßige Schaffen und herausstellen von Stärken und Qualitäten, durch die sich ein Produkt oder eine Dienstleistung in der Einschätzung der Zielgruppe klar und positiv von anderen Wettbewerbern unterscheidet. Das Problem ist, wenn Sie sich nicht positionieren, also folglich nicht als Experte eines bestimmten Angebotes wahrgenommen werden, dass dann der Kunde die Chance hat Preise zu vergleichen. Entweder sind Sie Qualitätsführer und werden so beim Kunden wahrgenommen oder Sie sind Preisführer. Letzteres führt dazu, wenn alle Wettbewerber das gleiche anbieten, dass Ihre Monopolstellung in eine Polypolstellung wandert und Sie als einzigen Hebel die Anpassung des Preises nutzen können um Ihre Kunden zu gewinnen. Wenn Sie dahingehend der einzige mit einem unvergleichbaren Angebot sind oder Ihr Kunde Ihr Angebot so wahrnimmt, dass Sie der aktuelle und führende Qualitätsführer bzw. Experte sind, dann wird er bereit sein Ihren Preis zu zahlen.

Sie können es nicht allen recht machen. Wollen Sie alle Deutsche als Kunden gewinnen? Versuchen Sie lieber sich so zu positionieren, dass Sie eine Monopolstellung innerhalb Ihrer Zielgruppe erhalten. Denn wenn Sie Ihre Produkte erweitern, die Customer Livetime Value verlängern wollen, Cross-Selling betreiben wollen, Selling Up betreiben wollen oder Ihre Wertschöpfungskette erweitern wollen, dann ist dies deutlich effektiver Ihrer Zielgruppe als führender Monopol zu verkaufen, als in einen ganzen neuen Markt in eine bestehende Wettbewerbssituation hinein zu treten. Selbst wenn Ihr Produkt oder Ihre Dienstleistung nur zu 80 % fertig ist, was sogar nach der Lean Management Methode deutlich effektiver ist, dann sind Sie in den Köpfen Ihrer Kunden die Nummer eins und erhalten die Chance Ihr Produkt mit dem Feedback Ihrer Zielgruppe sogar noch zu verbessern. Diese Methodik wird FMA genannt und bedeutet *First Mover Advantage* und wurde 1988 von Prof. David Montgomery entwickelt.

Stellen Sie sich vor die eine Zielgruppe ist gelb, die andere es rot und die letzte ist blau. Wenn Sie nun eine Webseite aufbauen, wird diese dann bunt?

Die *Engpass konzentrierte Strategie (EKS)* wurde von Wolfgang Mewes im Jahr 1970 begründet. Das Fernlehrwerk wurde von 1971-1989 unter der Bezeichnung Kybernetische Managementlehre herausgegeben. Die Ergebnisse basieren ursprünglich aus der Biologie. Das Wachstum von Pflanzen wird durch den Minimum Faktor eingeschränkt. Wird dieser Minimum Faktor beseitigt, entwickelt sich die Pflanze ohne Einschränkung weiter. Die Pflanze benötigt beispielsweise vier Nährstoffe. Erhält die Pflanze nur einen Nährstoff nicht, kann Sie nicht wachsen. Erhält Sie jedoch alle vier Nährstoffe, wovon zwei nicht ganz optimal Nährstoffe zuführen, kann die Pflanze trotzdem wachsen. Schaffen Sie es also Ihren Minimum Faktor zu beseitigen, kann dies dazu führen, dass Ihr Unternehmen exponentiell wächst.

Dabei gibt es vier Grundprinzipien:

1. Konzentration der Kräfte auf das Stärkenpotenzial
2. Orientierung der Kräfte auf eine eng umrissene Zielgruppe
3. Diese markttechnische Lücke platziert und positioniert angehen
4. Die Problemlösung entwickeln und Marktführerschaft anstreben

Unbekanntheit:

Wenn Sie die ersten drei Punkte richtig umgesetzt haben, können Sie folglich keinen Auftrag an einem Wettbewerber verlieren. Sie verlieren Aufträge nicht an Wettbewerber, sondern ausschließlich an Ihre eigene Unbekanntheit! Daher sollten Sie sich ebenfalls intensiv mit dem Kapitel Marketing beschäftigen.

Analyse des Wettbewerbes:

Wenn Sie erweiterte Kenntnis besitzen, könnten Sie die sogenannte *SWOT-Analyse* nutzen. *SWOT* ist dabei ein Akronym für Stärken, Schwächen, Chancen und Bedrohungen. Sie dient der Positionsbestimmung und der Strategieentwicklung von Unternehmen und anderen Organisationen. Sie wurde an der Harvard Business School im Jahr 1960 entwickelt. Henry Mintzberg hat dabei versucht, den Prozess der Strategieentwicklung visuell zu formulieren. So sagte schon der chinesische General, Philosoph und Militärstratege Sunzi im Jahr 544-406 vor Christus: „Wenn du den Feind und dich selbst kennst, brauchst du den Ausgang von 100 Schlachten nicht zu fürchten. Wenn du dich selbst kennst, doch nicht den Feind, wirst du vor jeden Sieg eine Niederlage befürchten. Wenn du weder dein Feind noch dich selbst kennst, wirst du in jeder Schlacht unterliegen".

Nutzen Sie dafür Ihre Suchmaschine und suchen sich die passende visuelle Vorlage. Was viele jedoch vergessen ist, diese vier Attribute zu verbinden. Also sich nicht nur auf die Stärken bzw. die Chancen zu konzentrieren, sondern diese zu verbinden. Welche Stärken passen zu welchen Chancen?

Welche Gefahren können wir mit welchen Stärken begegnen? Wie können vorhandene Stärken eingesetzt werden, um den Eintritt bestimmter Gefahren abzuwenden? Wo können aus Schwächen Chancen werden? Wo befindet sich unsere Schwäche und wie können wir uns vor Schaden schützen? Externe Chancen werden dabei häufig mit internen Stärken verwechselt. Die Analyse beschreibt aktuelle Zustände, die Strategie dahin gegen Aktionen. Denken Sie dabei bei den Chancen an günstige Bedingungen und bei Risiko an ungünstige Bedingungen. Vergessen Sie anschließend nicht Ihre Ergebnisse zu priorisieren.

Wenn Ihnen dies zu theoretisch ist, beschäftigen Sie sich mit folgenden Fragestellungen und suchen Sie dabei nach Lösung: Wer sind meine Mitbewerber? Welche Webseiten betreiben diese? Wie werben diese? Welche Produkte und Dienstleistungen werden verkauft? Gibt es die Möglichkeiten diese Dienstleistungen Produkte zu testen? Welche Verkaufskanäle werden genutzt? Welche Preise rufen meine Mitbewerber auf? Was zeichnet das Unternehmen aus?

Praxis-Tipp:

Melden Sie sich bei einem E-Mail Anbieter unter einem Pseudonym an und melden sich bei Ihren Wettbewerbern im Newsletter an.

Oft stellt sich die Frage ob es effektiver ist, wenn Sie ein innovatives unbekanntes Produkt auf den Markt bringen oder sich mit einem Produkt beschäftigen, welche Lösung ähnlich auf dem Markt angeboten wird. Das Problem bei einem innovativen Produkt ist, dass es zwar eine Zielgruppe bzw. potentielle Kunden gibt, die aber noch gar nicht wissen, dass Ihr Engpass gelöst werden kann. Dies führt kausal zu erheblichen Marketingsaufwendungen und extrem teurer Aufklärungsarbeit.

Ein bestehender Markt dahingehend weist deutlich bessere Vorteile auf. Sie wissen schon wie Sie das Angebot besser machen können, Sie kennen schon die Zielgruppe und haben sich intensiv mit den Engpässen beschäftigt, es gibt einen bestehenden Markt, auf welchem Geld gegen Ware oder Dienstleistung getauscht wird, das Konzept wurde schon erprobt und Sie können anhand des bestehenden Marktes leicht herausfinden was schlecht lief, um daraus zu lernen.

Wenn Sie sich schon mal mit der Inflationsrate beschäftigt haben, dann wissen Sie, dass die Preissteigerung anhand eines fiktiven Warenkorbes berechnet wird. Die Inflation ist ein Erkenntnisobjekt der Volkswirtschaftslehre, speziell der Makroökonomie. Dabei kann natürlich Ihre subjektive wahrgenommene Inflation höher sein als die statistisch erhobene Inflationsrate. In dem Warenkorb spiegelt sich das durchschnittliche Konsumentenverhalten eines deutschen Bürgers wieder. So finden zum Beispiel Innovationen im Warenkorb nur teilweise Berücksichtigung. Ebenfalls wird nicht berücksichtigt, dass verteuernde Produkte im Konsumverhalten schnell durch ähnliche Güter ersetzt werden, diese sind also anhand Ihrer Preiselastizität nachrangig. 50 der Dienstleistung bzw. Waren wurden von dem Forscher Peter Golder im Jahr 1993 untersucht. Er stellte fest, dass ganze 500 Marken 50 gleiche Produkte herstellen. Sie sehen also, dass es nicht immer um Innovation und neue Marktbegebenheiten gehen muss, um ein Geschäftsmodell zu entwickeln. Oftmals reicht es aus, bestehende Angebote zu erweitern, zu verbessern oder diese effektiver zu bewerben. Auch die Kombination bestehender Angebote spielt dabei eine wichtige Rolle.

Professor Faltin ist mit seiner Teekampagne Experte darin. Mit seiner Teekampagne hat er es geschafft ein ganz neues Geschäftsmodell zu etablieren und große Firmen vor riesiger Bedrängnis zu stellen. Seine Idee war es, die Retailer, also die Zwischenhändler für gewisse Produkte, zu eliminieren und die Produkte dem Kunden als Endverbraucher direkt zu liefern. Das führt dazu, dass die Produkte wesentlich günstiger angeboten werden können, weil Zwischenmargen entfallen. In seiner Teekampagne hat er eine Webseite gebaut, indem er Endverbraucher angeboten hat, Tee in riesen Abnahmegrößen ohne Zwischenhändler direkt zum Endverbraucher zu schicken. Er legte keinen großen Wert auf die Verpackung, es dienten lediglich anfangs einfache belabelte Plastiktüten als Schutz. Anstatt sich der Endverbraucher nun 500 g beim Discounter oder beim Supermarkt holt, bestellte er sich viel gunstiger fünf Kilogramm auf der Webseite. Dieses Modell wurde von vielen Unternehmen adaptiert. Zum Beispiel für Produkte wie Golfbälle, Kaffee, Müsli, Trockenobst und Nüsse.

Manchmal trifft die Innovation aber auch den falschen Zeitpunkt. Protecter und Gambler erfanden zum Beispiel die erste Windel und wollten diese auf dem Markt etablieren. Es gab jedoch noch keinen Markt. Keiner kannte die Produkte und wusste, dass es eine Lösung für den Engpass der Zielgruppe gab. Immer wieder haben Sie versucht die Windel auf dem Markt zu etablieren, bis Sie aufgegeben haben und jemand anderes Sie fünf Jahre danach erfolgreich am Markt platziert haben, nachdem die Kunden eine Akzeptanz aufgebaut hatten.

Festzuhalten ist also, dass es nicht immer eine Erfindung sein muss. Entweder nutzen Sie das vorhandene Potenzial im Markt, indem Sie neue Dinge kombinieren, mehr als nur eine Funktion erfüllen, Probleme als Chance sehen oder die Funktion statt Konvention generieren.

Ist der Markt noch so klein, bringt er mehr als Arbeit ein.

Meinen idealtypischen Kunden finden:

Um herauszufinden, wie Ihr idealtypischer Kunde unter Ihrem bisherigen Standard Kunden aussieht, können Sie folgendes Modell nutzen. Dabei nehmen Sie sich eine Liste aller bestehenden Kunden und führen ein gewichtetes Ranking ein. Sie bilden Zeilen für Name, Branche, Produkt, einmaliger Wert oder mehrmaliger Wert, das Verhältnis am

Gesamtumsatz, Sympathie, gestellte Anforderung des Unternehmens im Vergleich zum Standard und analysieren die Werte nachdem Sie diese bewertet haben. Danach priorisieren Sie Ihre Gewichtung und definieren Ihren neuen idealtypischen Kunden.

Wenn Sie dies gemacht haben, nehmen Sie den Hörer und rufen Sie diese Kunden an. Ein Fehler der immer wieder gemacht wird ist, seine Stärken eigens subjektiv zu bewerten, obwohl diese vielleicht ganz anders beim Käufer wahrgenommen werden. Fragen Sie die Unternehmen, warum diese mit ihnen arbeiten. Warum nicht mit anderen? Was funktioniert bei uns gut? Erarbeiten Sie danach ein Konzept wie Sie mit mehr solcher Kunden arbeiten könnten.

Angst vor dem Versagen:

Das Problem in Deutschland ist immer noch, dass gescheiterte Unternehmer nicht als Helden gefeiert werden. In Amerika ist das ganz anders. Dort ist es normal, dass Gründer oder Unternehmer von Ihrem Scheitern erzählen. Die besten Unternehmer sind zwei bis drei Mal gescheitert und haben die Unternehmen in die Insolvenz geführt, bevor ein Einhorn bzw. ein Milliardenunternehmen entstanden ist. Wenn Sie als Deutscher das Scheitern Ihres Unternehmens als Reputation Ihres Lebenslaufs nutzen, wird dies immer noch negativ wahrgenommen. Aber warum?

Es gibt die sogenannten drei Tierstufenmodelle. Die Mäusestufe, die Gazelle und den Elefanten. Die Maus macht einen Umsatz unter 1 Million €, die Gazelle macht bis zu 500 Million Umsatz und nur der Elefant mehr als 500 Million

Umsatz pro Jahr. Wenn etwas nicht wächst, dann stagniert es! Aber Sie brauchen keine Angst haben versagen zu können. 96 % aller Unternehmen weltweit kommen nicht über die Stufe der Maus hinaus. Weiterhin müssen Sie ja gar nicht das nächste DAX Unternehmen gründen. 50 % aller jetzigen Gewerbeanmeldung sind nebenberufliche Projekte.

Es ist sogar wahrscheinlicher, dass Sie mit einem kleinen Unternehmen erfolgreicher sind als mit einem großen Unternehmen. 99 % aller Unternehmen in den USA haben weniger als 500 Mitarbeiter beschäftigt, nur 6.000 Unternehmen haben mehr als 250 Mitarbeiter beschäftigt, aber fünf Millionen Unternehmen haben weniger als 49 Mitarbeiter beschäftigt.

Was mir wahnsinnig gut geholfen hat, ist meine Affinität für Risikomanagement. Natürlich sollten Sie Ihr Geschäftsmodell testen und dies wirklich unter realen Gegebenheiten und nicht in dem Sie Ihre Zielgruppe befragen, aber wenn Sie vor der Entscheidung stehen, nutzen Sie meine Risiko Formel.

Was Sie machen ist ganz einfach. Sie haben Angst, dass Ihr Unternehmen nicht erfolgreich wird. Im schlimmsten Fall führt das dazu, dass Ihr Unternehmen bzw. Sie als Geschäftsführer für das Unternehmen Insolvenz anmelden müssen. Wenn Sie nun eine Kapitalgesellschaft, also eine KG, eine Mini GmbH also eine UG oder eine GmbH gegründet haben, so sind Sie als Geschäftsführer nach Paragraf 43 Abs. 1 deutsches GmbH-Gesetz nicht für kaufmännische bzw. unternehmerische Fehlentscheidung haftbar, sondern nur lediglich bei der Verletzung Ihrer Pflichten als Vertretungsorgan.

Sollten Sie tatsächlich Insolvenz anmelden müssen, nehmen Sie sich zwei bis drei Monate Auszeit und reflektieren die tatsächlichen Ursachen, nicht die Symptome, des Scheiterns. Halten Sie sich immer wieder vor Augen, dass es sich hierbei um Lehrgeld handelt und Sie nur dann gescheitert wären, wenn Sie nicht aus den Fehlern lernen und somit die Fehler ein zweites Mal machen. Informieren Sie sich in Ihrem jetzt aufgebauten Unternehmernetzwerk, wer ebenfalls gescheitert ist und treten Sie mit diesen in Kontakt. Dies wird Ihnen helfen, diese Tatsachen nicht persönlich anzukreiden.

Machen sich schon vor der Gründung damit vertraut, was passieren kann, wenn Ihr Unternehmen insolvent geht. Oft ist die Angst einfach nur die Unwissenheit vor nicht bekannten Dimensionen. Wenn Sie sich im Vorwege schon damit vertraut machen wie eine Insolvenz ablaufen könnte, haben Sie nichts zu befürchten.

Sie nehmen sich einen Zettel und ein Stift und schreiben darauf was Ihre größte Sorge wäre. Meine größte Sorge war damals, dass ich keinerlei Einkommen mehr besäße. Aber ist das jetzt so schlimm? Wenn das Ihre größte Sorge ist, wie meine damals, dann können Sie im Vorwege zwei bis drei Monatsgehälter ansparen. Sie können sich wieder wie früher bewerben. Im schlimmsten Fall können Sie sich Transferleistungen beantragen, müssen sich mit einfacheren Tätigkeiten vertraut machen oder einen 450 € Job annehmen. Aber dies im Verhältnis zu dem Gewinn, der darin besteht, Ihre unternehmerische Freiheit zu erhalten, ist jedoch so gering, dass Sie sich keinerlei Sorgen machen müssten.

Wenn Sie Freunde und Familienmitglieder nach Ihren Geschäftsplänen fragen bzw. Sie dies erzählen, dann wird immer wieder die gleiche Frage gestellt werden: „Gibt's das nicht schon?". Wenn dies der Fall ist, brauchen Sie gar nicht erst antworten. Natürlich gibt es ähnliche Angebote schon. Aber Sie können es besser machen. Sie brauchen sich nicht rechtfertigen, denn Menschen fragen immer zuerst „Warum du es machst", bis du Erfolg hast und Sie dann fragen, „wie hast du das geschafft?". Wenn Sie also ein Freund fragt, ob es Ihre Ideen nicht schon gibt, dann fragen Sie als Gegenfrage: „Denkst du, du könntest einen Burger leckerer selber machen als Mc Donalds?" Die meisten Befragten werden mit ja antworten. Nun haben Sie den Aufhänger: „Also es gibt schon Burger Läden und Du könntest es besser machen, was hindert dich also?"

Schlussendlich müssten Sie eigentlich mehr Angst haben, dass Sie das Risikomanagement des Erfolges unterschätzt haben. Denn viel wahrscheinlicher ist es, nach heutigen Statistiken, dass Ihr Unternehmen an dem organischen Wachstum, an der Logistik oder aufgrund der zu hohen bzw. nicht annehmbaren Nachfrage scheitert. Das Wachstum wurde daher als eines der häufigsten Ursachen für das Scheitern genannt. Mittlerweile gibt es sogar die *Self Financeable Growth Rate* von John Mullins seit dem Jahr

2001, mit dessen Hilfe er das Controlling dieser Zahl bekannter machen möchte.

Auch müssen Sie nicht der intelligenteste Mensch auf Erden sein um zu gründen. Denken Sie, dass Bill Gates oder Steve Jobs einen deutlich höheren IQ als Sie besitzen? Unser Gehirn kann nicht unterscheiden, ob es sich um ein Problem für ein Euro handelt oder für 100 Millionen Problem. Manchmal ist es einfach gut zu wissen, dass selbst die erfahrensten Manager und Unternehmer auf Hilfe von Dritten angewiesen ist. So hatte der damalige Prime-Markt-Gründer resigniert aufgegeben, bis seine Assistenten eine geniale Idee hatte. Bevor Sie die Kette schlossen, empfahl Sie dem 70-jährigen Manager, jungen Frauen die Verantwortung zu übertragen und diese entscheiden zu lassen wie das Geschäftsmodell aussehe. Seit 2000 ist das Unternehmen eines des führenden Wachstumschampions im Filialsegment.

Falls es wirklich passiert und Sie für Ihr Unternehmen Insolvenz anmelden müssen, dann nehmen Sie sich bitte folgende Statistik zu Herzen und schwören sich, nächstes Mal erfolgreich zu werden! Neun von zehn Unternehmen melden innerhalb der ersten fünf Jahre Insolvenz an. In den nächsten fünf Jahren melden davon wieder neun von zehn Insolvenz an. Sie sehen also, dass Sie kein Versager sind, sondern lediglich der Statistik unterliegen. Aufstehen, reflektieren und wieder Gas geben! Gehe nie ein Schritt zurück, außer um Anlauf zu holen!

Immer wieder ist in der Management Literatur zu lesen, dass Sie sich ein Produkt aussuchen sollten, welches eine Marge von 1-7 beinhaltet. Es sollte leicht innerhalb von zwei Wochen produziert und geliefert werden usw.

Hohe Preise bedeuten volkswirtschaftlich bzw. betriebswirtschaftlich weniger Kunden und geringe Preise eine erhöhte Nachfrage und mehr Kunden, jedoch weniger Marge. Bei zu tiefen Preisen suggeriert dies ein Billigprodukt. Das allerwichtigste ist es jedoch herauszufinden, was der Kunde denkt was Ihr Produkt kostet.

Also die Frage: Preisgünstig oder Premium?

Diesbezüglich wurde eine Studie durchgeführt. Es wurden zwei Pralinen zum Verkauf angeboten. Praline eins kostete ein Cent und Praline zwei 0,15 €. 70 % der Kunden kauften Praline zwei, weil Sie das Produkt für höherwertig hielten. Nun wurde der Studienverlauf geändert. Praline eins kostete nun null Cent, Praline zwei 0,14 €. Beide Preise der Pralinen wurden somit um genau einen Cent reduziert. Das Ergebnis war proportional. Nun griffen 70 % auf die Praline eins zurück. Dies stützt die These, dass Sie Ihre Produkte oder Dienstleistungen so bepreisen müssen, dass diese extrem günstig bzw. preiswert sind oder sich extrem im Premiumbereich befinden.

Natürlich dürfen Sie die bisherigen und historischen Kalkulationen nicht unberücksichtigt lassen. So ist es auch weiterhin essenziell wichtig, dass Sie Ihren Preis kalkulatorischen errechnen. Was kostet die Herstellung, die Verpackung, Versand, Overheadkosten, Steuern, Gewinn und weitere Faktoren? Aber ist dies nun der Preis den Sie wirklich anbieten wollen?

Im nächsten Schritt würden viele Unternehmen nun den Preiskampf anregen, nach den Preisen der Wettbewerber recherchieren und das Produkt gegenüber dem Wettbewerb reduziert anbieten.

Es gibt jedoch auch andere Alternativen. Eines der genialsten Instrumente die ich jemals kennenlernen durfte hat Calvin Hollywood kreiert. Er sagt „schaffe ein Produkt extrem preiswert oder extrem Premium teuer. Alles was dazwischen liegt, kann vom Kunden nicht eingeordnet werden". Entweder kauft der Kunde, weil es extrem günstig ist bzw. auf Marketingmaßnahmen wie künstliche Verknappung oder Herdenmanagement oder er sieht es als tatsächlichen Löser eines Problems im Premiumbereich.

Unabhängig vom jeweiligen Preis Ihres Produktes, sollten Sie sich definitiv überlegen, ob Sie Ihr Produkt für einen Euro anbieten sollten. Wie bitte? Ihr Produkt kostet weiterhin beispielsweise 500 €. Nun haben wir gelernt, dass Produkte im Internet bis zu 480 € ohne Beratung gekauft werden. Daher reduzieren Sie Ihr Produkt auf einem Preis von 430 €. Nun weist Ihre psychografische Zielgruppe nicht die höchste monatliche Kaufkraft auf. Mit dem Wissen bieten Sie nun an, dass sich Ihr Kunde das Produkt für einen Euro kaufen kann und der Rest der Forderung im Folgemonat beglichen wird. Dieser Ansatz ist mehr als genial, weil Sie den rechtlichen Kaufabschluss erhalten, der Kunde nicht den Kaufprozess bzw. die Conversion abbricht, Sie Geld für das Rückgewinnen bzw. das Retargeting einsparen und Ihr Kunde das Produkt erhält, obwohl er dieses Budget für diesen Monat gar nicht eingeplant hat. Da Ihr Kunde das Produkt aber unbedingt haben möchte, kann er sich das Budget in den nächsten Monat einplanen. Denken Sie mal drüber nach.

Weiterhin gibt es viele Ansätze wie zum Beispiel Apple. Apples durchschnittliches iPhone 5 kostet 151 € im Einkauf. Witzig dabei zu erfahren ist, dass die meisten Teile sogar von Samsung stammen. Nun hätte Apple 30% oder 100 % Gewinn aufschlagen können und so den Preis festlegen können. Was diese jedoch gemacht haben, ist durch Neuromarketing herauszufinden was:

1. Der Kunde bereit ist zu zahlen und
2. Was der Kunde denkt was es kostet.

Jeder Mensch hat eine Vorstellung was ein Produkt kostet. Egal wie günstig es ist. Wenn das Produkt über die eigene subjektive Einschätzung liegt, wird er das Produkt, auch bei positivem Grenznutzen, nicht kaufen! Um das Produkt jedoch nicht zu billig anzubieten, können Sie sich ebenfalls an der oberen Grenze orientieren was der Kunde maximal bereit wäre zu zahlen.

Um Ihren Preis rechtfertigen zu können, benötigen Sie einen Benefit. Ein Benefit ist etwas, womit der Kunde entweder nicht gerechnet hat, dass er dies zusätzlich erhält oder Ihnen an Glaubwürdigkeit schenkt. Anstatt also mit dem

Kunden um den Preis zu verhandeln, bieten Sie dem Kunden zum Beispiel als Fotograf fünf Extrafotos an. Wenn Ihr Kunde etwas bestellt hat und der Kauf abgeschlossen ist, liefern Sie trotzdem einen weiteren Mehrwert, damit der Kunde positiv überrascht wird. Wenn Sie also eine Yogamatte verkaufen, schenken Sie dem Kunden eine DVD mit einem Trainingsvideo. Treten Sie in verschiedene Verbände ein, um die Glaubwürdigkeitsidentifikation zu erhöhen. Auch können Sie die Lieferung kostenlos anbieten, nachdem Sie natürlich im Vorwege die Kosten für die Lieferung kalkulatorischen in den Preis mit hinein berechnet haben. Nutzen Sie immer Garantien, die Sie gegenüber Ihren Kunden aussprechen können. Nutzen Sie künstliche Verknappung um Ihr Angebot begrenzt zu machen. Bieten Sie Rabattaktionen nur dann an, wenn diese unangekündigt sind oder wenn es die Mengen betrifft, zum Beispiel drei für einen.

Wenn Sie online unterwegs sind und ein Produkt anpreisen wollen, so nutzen Sie das *3-Paket-Modell bzw. die Ankerfunktion.* Wahrscheinlich kennen Sie dies schon, wenn Sie sich einen neuen Mobilfunktarif zugelegt haben. Wie Sie nun wissen habe ich mich auf Verkaufspsychologie spezialisiert sowie auf die Verbesserung von Webseiten in Bezug auf Usability und Neuromarketing.

Bieten Sie immer drei Pakete an. Es ist zwar richtig, dass wir Menschen ungern Entscheidungen treffen, aber zumindest gerne die Chance haben möchten, eine Entscheidung treffen zu können. Daher werden oftmals drei Pakete angeboten, die nebeneinander angepriesen werden. Das Produkt, welches Sie überwiegend verkaufen wollen, setzen Sie in die Mitte und heben dies farblich hervor bzw. setzen Sie ein „Unsere Empfehlung" Slogan dahin. Das mittlere Modell beinhaltet alle Angebote, die Sie kalkuliert haben und anbieten möchten. Das kleinere Angebot platzieren Sie links daneben, welches lediglich die Basics beinhaltet. Das teuerste Angebot platzieren Sie auf der rechten Seite und fügen weitere Features hinzu, auf welche man eigentlich verzichten könnte. Das ganz linke Angebot bepreisen Sie mit ungefähr 70-80 % von dem aus der Mitte, das rechte Angebot fünf bis zehn Mal teurer als das in der Mitte. Das führt dazu, dass der Kunde zwar die Entscheidung hätte, jedoch im Unterbewusstsein schon zum richtigen Angebot geleitet wird. Das linke Angebot wird er nicht nehmen, da dieses ihm suggeriert, nur die Basics zu beinhalten und auf Angebote bzw. Leistungen verzichten zu müssen. Da alle drei Angebote nebeneinander sind, wird er als Mensch vergleichen wollen. Da das linke Angebot zu wenig Leistung verspricht, wird er das ganz rechte Angebot prüfen und feststellen, dass dieses viel zu teuer ist. Danach wird er sich an das Angebot in der Mitte wenden, welches durch unseren Slogan und Farbe hervorgehoben ist. Da er nicht das kleinste Angebot, jedoch auch nicht das Maximalangebot nehmen möchte, entscheidet er sich für die Mitte. Es gibt sogar Unternehmen, die dieses Modell anwenden, obwohl sich hinter dem Maximalangebot gar kein reales Produkt versteckt. Wenn Sie dies kaufen, würde eine Fehlermeldung erscheinen und der Hinweis, dass das Produkt derzeit nicht auf Bestand ist.

Wenn ich Ihnen nur ein Tipp geben könnte, der sich auf selbständige wie Handwerker oder Friseure bezieht, dann der, dass Sie eindeutig zu preiswert sind, wenn Sie zu viel Nachfrage erhalten.

Bei der Preiskalkulation Ihrer Produkte müssen Sie unbedingt die folgende Unterscheidung in Ihre Kalkulation mit aufnehmen bzw. entscheiden, welche Variante Sie nutzen.

Es versteht sich von alleine, dass Sie Aufwendungen für die Gewinnung neuer Kunden mit in Ihre Produktkalkulation einberechnen, damit der Verkauf Ihrer Produkte diese Akquisitionskosten refinanziert. Die Frage die Sie sich stellen müssen ist: Wollen Sie mit dem Verkauf Ihres ersten Produktes an diesem Kunden den Break-Even bzw. den Return of Investment erhalten oder die *Customer Live Time Value* als Refinanzierungsinstrument nutzen?

Nun, je nachdem wie Sie sich entscheiden, wird auch der Preis für den Endverbraucher unterschiedlich sein. Wenn Sie ein Produkt verkaufen, wobei es sich nicht so sehr um ein alltägliches Konsumgut handelt, so können Sie die Akquisitionskosten bzw. im Online Marketing die CPA (Cost per Akquisition) mit in die Produktberechnung einkalkulieren. Dann wären Sie nach dem ersten Produktverkauf profitabel. Wenn Sie jedoch ein Konsumgut bzw. Ware, die mehrfach gekauft werden kann, anbieten, dann sollten Sie eher zur *CLV* tendieren. Hier berücksichtigen Sie die vollständige *Customer Live Time Value*, also den Kundenwert, den ein durchschnittlicher Kunde im Dasein seiner Kundenbeziehung mit Ihnen an Cashflow bringt. Wenn Sie zum Beispiel wissen, dass ein durchschnittlicher Kunde im Intervall seiner Kundenzugehörigkeit 1.200 € einbringt, da macht es definitiv mehr Sinn, die Akquisitionskosten anstatt dem ersten Beispiel zu erhöhen.

Dann wären Sie nicht mit dem ersten Produkt profitabel, sondern erst im Laufe der Geschäftsbeziehung. Natürlich bezieht sich dies auf statistische Durchschnittswerte. Das bedeutet, dass es sein kann, dass ein Kunde nur ein Produkt kauft und Sie daher unter der Berücksichtigung der Customer Live Time Value unprofitabel sind. Da wir jedoch vom Durchschnitt ausgehen, wird sich das Geschäft mehr lohnen als es an Miesen einbringt. Bei letzterer Variante sollten Sie sich eher die Frage stellen, welche Zusatzangebote Sie dem Kunden anbieten können, wie Sie den Kunden in seiner Customer-Relationship nicht verlieren, die Verkaufszahlen oder den Warenwert erhöhen können.

Die beiden eben genannten Strategien der Akquisitionskosten lassen sich ebenfalls zwei Kontinenten zuordnen. Die Amerikaner verfolgen hierbei immer der Customer Live-time Value Strategie, der sicherheitsdenkende Deutsche oder Europäer eher die Variante der sofortigen Refinanzierung. Dies spiegelt sich ebenfalls in den jeweiligen Investitionsgesellschaften bzw. Risikokapitalgebern (Ventures Capital) wieder. Daher achten Sie bei möglichen Investoren immer auf die beabsichtigte Strategie. Zum Beispiel Zalando. Diese wurden erst nach acht Jahren profitabel. Ziel war es also nicht, direkt Profit zu erzielen, sondern das Unternehmen auf dem Markt zu integrieren, die Marke zu stärken und viele passende Kundenbeziehungen langfristig zu gewinnen.

Und bevor wir es vergessen, abgerundete Preise wirken auf Kunden immer günstiger. Nutzen Sie die magische Zahl 7 anstatt der 9. Studien beweisen, dass wir ungerade Zahlen gerne abrunden und gerade Zahlen auf. Anstatt Preise nun mit 19,99€ anzubieten, nutzen Sie lieber 19,97€.

Das Visuelle kann auch eine große Rolle spielen. Wenn Sie den vorherigen und jetzigen Preis anzeigen, dann bitte richtig. Schreiben Sie das „Bisher 19,97€" groß und das „Jetzt 17,97€" klein. Der Preis muss immer der visuellen Darstellung gleichsein.

Praxis-Tipp:

Geben Sie niemals Rabatte! Geben Sie niemals, wenn Sie Berater sind unbezahlte Beratung! Dies wird dem Kunden immer suggerieren, dass Sie kein Vertrauen in das Produkt haben. Wenn Sie jemand nach dem Preis fragt, so wird er in 90 % der Fälle Kaufinteresse haben, welches er anhand der Frage als Kaufsignal preisgibt.

Ihre Business-Anfänge:

Wenn Sie noch am Anfang stehen, möchte ich Ihnen ebenfalls ein paar Tipps mitgeben.

1. Ihr Gründerteam:

Die meisten Investoren bzw. Business Angel investieren nicht in ein Geschäftsmodell, sondern in die Gründer. Alleine zu gründen, kann ich aus eigener Erfahrung sagen, ist extrem schwierig. Sie wissen, dass Sie nicht in allen Bereichen der Experte sind, müssen sich jedoch parallel um alle Bereiche Ihres Unternehmens kümmern. Daher kann es extrem effizient sein, wenn Sie sich für Ihre Defizite Knowhow mit ins Boot holen. Manchmal bleibt es nicht aus, dass das Geschäftsmodell angepasst werden muss. Netflix zum Beispiel begann damit DVDs zu verleihen, danach diese gegen eine monatliche Pauschalsumme unbegrenzt zu verleihen, danach haben Sie Ihren Service online angeboten, dann den Verleih und die Logistik gegen Streaming substituiert, um dann schlussendlich mit eigenen produzierten Serien profitabel zu werden. Wenn Sie sich Mitgründer ins Boot holen, dann ist dies wie eine Ehe! Sie werden sich mit diesen Personen bzw. müssten sich mit diesen Personen ein Bett teilen können und ihnen blind vertrauen! Einen späteren Streit können Sie zwar nicht verhindern, aber Sie sollten sich um folgende Fragen kümmern: Was ist, wenn einer der Gründer stirbt? Was ist, wenn ein Gründer ausscheiden möchte?

Was ist, wenn es ein Kaufangebot geben wird? Wie sieht es mit Outsourcing aus? Jegliche Eventualitäten sollten im Vorwege geklärt werden! Vertrauen Sie mir bitte!

2. Die Komplexität:

Wer länger als einen Satz und 20 Sekunden braucht um seine Idee zu erklären wird scheitern. Vereinfachen Sie Ihr Geschäftsmodell so weit wie es möglich ist, damit Sie Kunden und Investoren gewinnen können. Wenn Sie eigenes Produkt nicht erklären können, wie soll Ihr Kunde eine Kaufentscheidung treffen?

3. Amazon-FBA:

Wenn Sie noch gar keine Ahnung haben, welches Geschäftsmodell Sie nutzen wollen, dann könnte Ihnen das Amazon Partnerprogramm namens Amazon-FBA nützlich sein. Amazon hat damals begonnen, in dem diese Bücher online verkauft haben. Nachdem sie Ihre Monopolstellung erhalten haben, haben sie Ihr Sortiment anhand von DVDs und CDs erweitert. Nachdem sie auch hier die Monopolstellung erhalten haben, haben sie Ihr Sortiment immer weiter erweitert, bis sie zum jetzigen unangefochten online Versandhändler geworden sind. Mittlerweile plant Amazon auch Life-Fußball-Übertragungen und ich bin mir sicher, dass diese auch den Medikamentenversand übernehmen werden. Warum ist Amazon so erfolgreich? Mithilfe des Amazon-FBA Programm, dies steht für Fullfillment by Amazon, kann man Produkte über die Plattform Amazon automatisiert verkaufen lassen.

Die großen Vorteile sind:

a. Amazon kümmert sich um den Versand, die Logistik, die Rechnungsstellung und die Retouren (gegen eine kleine Verkaufsprovision) und

b. Sie sparen sich Marketingsaufwendungen, weil Sie nicht kostenpflichtig potentielle Kunden auf Ihre Plattform ziehen müssen, sondern Amazon dies für Sie macht. Es gibt mittlerweile Studien die belegen, dass Kunden direkt bei Amazon suchen, als es wie früher bei Google oder Bing zu suchen.

Es bedarf dafür lediglich ein kleines Budget. Es gibt Software, welche die Verkäufe auf Amazon analysiert und Ihnen folglich sagen kann, welches Produkt Sinn macht ebenfalls zu verkaufen. Auf der Handelsplattform *Alibaba* können Sie dann im Anschluss in den Kontakt mit direkten Herstellern aus China treten, sich Musterbeispiele bestellen, diese testen und bei positiver Prüfung dann beim Hersteller direkt bestellen. Natürlich fertigt der Hersteller Ihr eigenes Logo auf Ihrem Produkt an. Die Profis lassen dann die Ware gar nicht mehr zu sich senden, sondern direkt zu Amazon. Amazon nimmt die Ware entgegen, listet die Produkte dann im Online-Shop und kümmert sich bei Bestellungen um den Versand.

4. Die Bewertung Ihres Geschäftsmodells:

    Die wichtigsten Faktoren für Investoren, neben dem Gründerteam, sind, dass Ihr Geschäftsmodell skalierbar ist, einfach zu erklären und zu verstehen ist und das Risiko gering ist. Viele Investoren nutzen folgende Punkteskala: Dringlichkeit, Marktvolumen, Preisbereitschaft der Kunden, Kosten pro Neukunde, Herstellung- und Lieferkosten, Einzigartigkeit, Zeitbedarf für die Umsetzung, finanzielle Investitionen bzw. Kapitalbedarf, Cross-Selling, Nachhaltigkeit und Skalierbarkeit.

5. Möglichkeiten der Finanzierung:

    Nutzen Sie gerne die Chance sich bei der Investitionsbank oder Ihrem eigenen Kreditinstitut bei einem Firmenkunden bzw. Berater für Unternehmen Informationen einzuholen.
    Neben der Finanzierung aus eigenen Mitteln, stehen Ihnen folgende Möglichkeiten zur Verfügung: Sie haben die Möglichkeit Fördergelder für Unternehmen zu erhalten, sich Fremdkapital von Ihrem eigenen Kreditinstitut oder der KfW (Kreditinstitut für Wiederaufbau) als Darlehen zu beschaffen, Business Angel und Ventures Capital Unternehmen (Co-Gründer mit Kapital) für Ihr Geschäftsmodell zu gewinnen oder sich über Seed-Finanzierungen

(Viele Menschen geben einen Kleinbetrag) zu finanzieren.

6. Sanierung:

    Sollten Sie tatsächlich vor der Insolvenz stehen, jedoch sich vor der rechtlichen Situation befinden, die Insolvenz rechtlich anzumelden, nutzen Sie, wenn Sie dieses Buch gelesen haben und Ihr Geschäftsmodell nun erfolgreich weiterentwickeln wollen, folgende Herangehensweise: Bitten Sie Lieferanten die Frist zu verlängern, akquirieren Sie bei Ihren wichtigsten Kunden neue Aufträge, bitten Sie Ihre Mitarbeiter Ihre Gehälter zu stunden, im Gegenzug erhalten Ihre Mitarbeiter eine Beteiligung, verkaufen Sie mittelmäßige und schlechte Kunden an Wettbewerber, verkaufen Sie Ihr privates Vermögen und suchen Sie nach obigen Finanzierungsmöglichkeiten.

7. MVP:

    Das MVP, auch *Minimum Viable Prinzip* genannt, basiert ebenfalls auf der Lean-Management-Methode. Hierbei handelt es sich um ein Prinzip, wenn man neue Produkte auf dem Markt bringen möchte. Wir Deutschen sind oft geprägt von Perfektionismus. Dies führt dazu, dass wir unsere Produkte nahezu perfekt auf dem Markt bringen wollen. Die Amerikaner dahingehend bringen Ihre Produkte mit 80 % der Leistung auf dem Markt und nutzen zum Beispiel bei Software die Funktion der Updates, um im Anschluss Ihre Produkte zu perfektionieren. Festzustellen ist dabei, dass das Produkt mit 80 % schon nahezu perfekt ist und zumindest die Lösung des Engpasses Ihrer Kunden beinhalten sollte. Die restlichen 20 % sind entweder Schönheitsfehler oder beinhalten Benefits bzw. Features, von denen Sie gar nicht wissen, ob Ihre Zielgruppe diese nutzen wird. Dieses Prinzip besagt, dass Sie Ihr Produkt zum Testen sofort auf den Markt bringen müssen, ohne weitere 100 Features zu entwickeln. Kommunizieren Sie lieber, dass sich das Produkt in einer Alphaphase befindet und Sie daher das Produkt zu einem günstigen Preis herausgebracht haben, damit Ihnen die Kunden Feedback für die Modifizierung geben können. Dies führt dazu, dass Sie schneller als der Wettbewerb auf dem Markt sind, Ihr Kunde an dem Produkt mitarbeiten kann und Sie sich ausschließlich um die wirklichen Bestandteile des gewünschten Produktes vom Kunden kümmern können.

Selbst-ständig: Ich will nicht sagen, dass die reine Selbstständigkeit schlecht ist oder das jeder Selbstständige zum Unternehmer werden sollte. Ich sehe jedoch so oft ein ungenutztes Potenzial und die Chance so viel mehr aus dem Unternehmen heraus zu holen. Selbstständige tauschen Zeit gegen Geld und schaffen es nicht, Geld unabhängig vom eigenen Zeitinvestment zu verdienen.

Die wenigsten schaffen es zum Beispiel aus Ihrem eigenem Sandwichladen ein Franchisesystem mit mehreren Filialen aufzubauen oder bzw. den nächsten Schritt zugehen direkt nach dem ersten Laden weitere zwei oder drei Läden zu eröffnen. Daher möchte ich Ihnen die wirklichen Aufgaben eines Unternehmers näherbringen und Sie hoffentlich dazu bewegen, aus Ihrer Komfortzone herauszutreten. Verlassen Sie das Hamsterrad!

Der wichtigste Grundsatz den Sie sich immer vor Augen halten müssen ist, dass Sie am Unternehmen arbeiten müssen und nicht im Unternehmen. Die Aufgabe des Unternehmers beinhaltet ausschließlich die Entwicklung neuer Produkte, die Verbesserung des Customer Live Time Value und der Definition von adaptierbaren Prozessen.

Als bestes Beispiel für fehlende Innovation und falsche Interpretation der Unternehmeraufgaben wird die Firma Kodak genannt. 1996 hatte Kodak 90 % Marktanteil an Kameras. Dann kam ein Herr Peter Diamindis zur Geschäftsführung und präsentierte eine Idee namens Digitalkamera.

Die Geschäftsführung nahm den Termin nach dreimaligem verschieben war, nahm sich ganze 25 Minuten Zeit und verwies darauf, dass sich so etwas niemals durchsetzen würde. 2012 meldete Kodak Insolvenz an.

Ursache vs. Symptom:

Eine der wichtigsten Aufgaben ist es, nicht die reinen täglichen operativen Symptome zu bekämpfen, sondern sich mit den wirklichen realen Ursachen zu beschäftigen bzw. diese nach Identifizierung zu lösen. Wenn Sie also feststellen, dass es beispielsweise immer dreckig im Foyer ist, so würden viele danach fragen wie man das Putzen effektiver gestalten könnte. Wenn Sie nun mit diesem Wissen immer die Ursache hinterfragen würden, würden Sie zum Beispiel feststellen, dass der Schmutz nicht im Foyer entsteht, sondern von draußen nach innen hineingetragen wird. Sie stellen fest, dass sich draußen mehrere Gehplatten gelöst haben und man daher beim Hineintreten durch Schlamm gehen muss. Also würden Sie Holzbretter über den Schlamm legen oder eine Platte neu legen lassen.

Laufende Projekte:

Häufig kommen uns eine Vielzahl an kreativen Ideen während wir gerade Autofahren oder Spazierengehen. Wir sind hungrig auf diese Idee und wollen diese so schnell wie möglich umsetzen. Oft vergessen wir dabei den Blick für die wirklich wichtigen oder relevanten Themen. Daher verfolge ich einen Ansatz von *Alex Düsseldorf Fischer*. Dieser hat eine Liste mit neuen Projekten und Ideen, welche er irgendwann umsetzen möchte. Ich kann Ihnen immer nur raten bei neuen Geschäftsideen oder Produkten immer zwei Wochen zu warten und diese nach diesem Intervall rational neu zu beurteilen. Hat sich Ihre Euphorie in der Umsetzung noch nicht gemindert, so hat diese Idee Potential.

Es gibt zwei Regeln. Regel eins lautet, dass man immer nur aktiv an drei Ideen arbeitet. Regel zwei lautet, dass man nur an einer neuen Idee arbeitet, wenn eines der drei Projekte abgeschlossen ist. Dies führt dazu, dass Sie sich priorisiert auf die größte Chance konzentrieren, ohne den Fokus zu verlieren.

Strategie:

Eine der wichtigsten Unternehmeraufgaben ist die Entwicklung einer strategischen Planung. Strategie kommt griechisch aus *strategos*, welches durch das deutsche Wort *der Heerführer* definiert werden kann. *Carl von Clausewitz* definierte die Strategie im 19 Jahrhundert so, dass es der gezielte Einsatz von knappen Ressourcen Bedarf um ein vordefinierte Ziel zu erreichen. Wichtig dabei ist, dass keine Strategie der Welt den Feindkontakt besteht und daher sukzessiv und konstant angepasst werden muss. Beispielsweise verkaufen Sie Öllampen in Ihrer Region. Eine Strategie könnte es nun sein, Ihr Geschäft so weiterzuentwickeln, dass Sie die Öllampen verschenken und Ihre Kunden zukünftig mit einem dafür notwendigen ÖL beliefern und so fortlaufende Einnahmen generieren können. Dies nennt man die *Rockefeller Strategie.*

Alex Fischer definierte ein für mich hervorragendes Beispiel in Sachen strategischer Planung. Wenn es zum Beispiel Ihr

Ziel ist Frankreich als Land einzunehmen, so haben Sie zwei mögliche Strategien. Strategie eins wäre es, Militär zu nutzen und das Land mithilfe von Waffengewalt und der Hinnahme von Verlusten politisch zum Aufgeben zu zwingen. Strategie zwei und damit auch die idealtypische Strategie: Sie schließen einen Freundschaftsvertrag mit Frankreich. Sie senden Agenten nach Paris, die für Unruhe sorgen werden und finanzieren diese Unruhestifter. Nun schließen Sie einen Geheimvertrag mit Spanien und bieten an, dass Sie den Spaniern die Kriegsschiffe zur Verfügung stellen werden, wenn Sie das Land eingenommen haben. Sie vereinbar mit Spanien, dass die Spanier alle Panzer an die Grenze von Frankreich platzieren. Frankreich wird mit einem Angriff rechnen und das ganze Militär Richtung Spanien richten. Nun nutzen Sie Ihren Freundschaftsvertrag mit Frankreich und bieten dem Land Ihre Hilfe an. Sie fahren mit Ihren deutschen Panzern ungestört durch Frankreich und schicken einige davon zur Grenze nach Spanien. Nun haben Sie mit Ihrem Militär das ganze Land eingenommen, ohne eine Person verloren zu haben und erklären Frankreich als eingenommen.

Planen Sie sich zu jeder Zeit genug Puffer für die Anpassung Ihrer Strategie sowie Ihrer Überprüfung der bisherigen Strategie ein. Passen Sie diese regelmäßig an!

Damit Sie den Sprung vom Selbstständigen in das Unternehmertum schaffen, ist es essenziell wichtig Prozesse zu definieren, Ablaufpläne zu entwickeln und Checklisten zu erstellen. Viel zu oft möchten wir als Selbstständiger nichts aus der einen Hand geben. Dadurch schaffen wir es nicht effektiv neue Mitarbeiter einzuarbeiten.

Fangen Sie an Arbeitsanweisungen zu definieren und jeden Prozess mit einem Ablaufplan zu beschreiben. Checklisten dienen daher dazu, die Vollständigkeit der Ablaufpläne sicherzustellen. Mitarbeiter müssen dadurch nicht mehr neue Mitarbeiter einweisen, sondern die neuen Mitarbeiter können sich anhand der Ablaufpläne und Checklisten selber einarbeiten. Die Checklisten führen dazu, dass man mit seiner Unterschrift bestätigt den Prozess ordnungsgemäß durchgeführt zu haben.

Die Unterschrift dabei spielt eine wichtige Rolle, da sie damit bestätigt, dass Qualität geliefert wurde. Oftmals entsteht die Situation, dass ein Mitarbeiter kurzfristig das Unternehmen verlassen muss und daher Wissen verloren geht. Wenn Sie es aber schaffen das Mitarbeiter jegliches Wissen in der bisherigen Arbeitsanweisung modifiziert mit integrieren, wird auch der neue Mitarbeiter an dieses Wissen schnellstmöglich gelangen.

Erstmals im Jahr 1982 entwickelte ein britischer Ökonom das Modell der Unternehmer Aufgaben. Im Jahr 2001 wurde dieses Modell von *John Kotter* modifiziert. Aber was sind die Aufgaben der jeweiligen Positionen oder handelt es sich um eine Person mit drei verschiedenen Aufgaben?

Stellen Sie sich vor, dass Sie sich mit einem Team durch den Urwald kämpfen müssen. Diese Metapher wird Ihnen aufzeigen wo die Unterschiede liegen. Die Fachkraft ist die Person, die mithilfe einer Machete den Weg frei kämpft. Der Manager ist der Leiter der Fachkräfte und kümmert sich darum, dass die Personen an vorderster Front mit der Machete durchgehend ausgetauscht werden und sich die Anderen in der Zeit erholen und stärken können. Der Unternehmer klettert alle 100 Meter auf einen Baum und gibt die Richtung vor.

Um sich zukünftig nur noch um Unternehmeraufgaben kümmern zu können, müssen Sie eine Liste anfertigen mit allen Aufgaben die Sie derzeit bearbeiten. Nutzen Sie dabei Ihren Kalender und gucken Sie sich das letzte Quartal an. Nun schreiben Sie alle Aufgaben auf für die Sie zuständig waren, schreiben dahinter den Zeitaufwand pro Woche und schreiben dahinter einen der folgende Buchstaben MUF (Manager-Unternehmer-Fachkraft). Nun rechnen Sie die Zeit zusammen, die Sie für Aufgaben benötigen, die nach dem jetzigen Modell keine Unternehmeraufgaben sind. Ihnen wird schlagartig klar werden wie viel Zeit Sie gewinnen können um Ihr Unternehmen zukünftig weiter zu entwickeln. Nun müssen Sie die Aufgaben, die Sie abgeben wollen definieren und für diese Aufgaben Ablaufpläne, Kompetenzen, Checklisten und Prozesse definieren. Ziel muss es sein, die Aufgaben an einen jeweiligen Manager oder eine jeweilige Fachkraft zu übertragen.

Wenn Sie sich nicht ganz sicher sind um welche Aufgaben Sie sich zukünftig kümmern sollen, hilft Ihnen die folgende Auflistung.

Die Aufgaben des Unternehmers:

1. Vision des Unternehmens
2. Strategie und Positionierung
3. Externe Energie und Wachstum
4. Permanente Müllentsorgung und Outsourcing
5. Umsetzung
6. Entwicklung der eigenen Person
7. Unternehmensübergabe
8. Geschäftsentwicklung
9. Produktinnovation und Zielgruppen Beschäftigung

Nun werden Ihre Mitarbeiter nicht klatschend neue Aufgaben annehmen, da diese oft bzw. häufig selber am Rande der eigenen Kapazität arbeiten. Daher werden Sie eine öffentliche Veranstaltung machen, an der alle Mitarbeiter teilnehmen müssen. Sie teilen Ihren Mitarbeitern mit, dass Sie am Rande Ihrer Kräfte arbeiten und das Unternehmen seit Jahren stark stagniert. Sie wollen sich zukünftig nur noch darum kümmern Ideen voranzutreiben und das Geschäft weiter zu entwickeln. Daher sind Sie auf die Hilfe Ihrer Mitarbeiter angewiesen, denn jeder Mitarbeiter darf brainstormen. Jeder Mitarbeiter darf Vorschläge machen für derzeitige ineffiziente Aufgaben und Prozesse bzw. darf aufschreiben, welche Aufgaben er für unsinnig hält und daher abgeben möchte. Ihre Mitarbeiter werden begeistert sein. Wichtig dabei ist, dass jeder nur Sofortmaßnahmen nennen darf. Jeder Vorschlag muss das Verhältnis von Kosten zu Nutzen zu Aufwand und einen Vorschlag für einen Verantwortlichen beinhalten. Nun müssen Sie nur noch eine Person aus der Belegschaft benennen, die als Aufräum-Manager agiert und nun zukünftig für die tägliche Überwachung der Maßnahmen verantwortlich ist.

Stellen Sie sich immer die Frage. Welche Aufgaben möchten Sie verantworten? Welche können Sie verantworten, wenn Sie durch eine Krankheit beispielsweise nur noch zwei Stunden täglich arbeiten könnten?

Manager oder Unternehmer?

Nun stellen Sie sich wahrscheinlich die gleiche Frage wie ich mir damals. Die Fachkraftaufgaben kann ich leicht an andere Mitarbeiter übergeben, aber wem gebe ich meine bisherigen Manager Aufgaben? Als erstes ist es wirklich essenziell zu verstehen, wer für welche Aufgaben zuständig ist.

Wie eben schon beschrieben arbeitet der Unternehmer nur am Unternehmen, der Manager dafür im Unternehmen. Der Unternehmer ist ausschließlich mit der Entwicklung beschäftigt sowie um das Networking. Der gesamte Rest verantwortet Ihr Manager.

Dieses System müssen Sie nicht von heute auf morgen umsetzen und es wird auch nicht gehen, weil Sie einen geeigneten Manager suchen müssen. Auch wenn Sie mir jetzt sagen, dass Sie kein Geld haben um einen Manager zu bezahlen, werde ich Ihnen gleich eine Antwort nennen. Schreiben Sie die Stelle aus und führen Sie jede Woche mindestens ein Bewerbungsgespräch. Anhand Ihrer Liste mit Aufgaben können Sie nun genau definieren, welche Arbeitsprozesse der neue Manager zu verantworten hat und ihm anhand dieser Aufgaben Fragen stellen oder sogar Tests entwickeln. Nun wird ein guter Manager mit Sicherheit ein sechsstelliges Jahresgehalt fordern. Ihre Aufgabe wird es sein dem Mitarbeiter bzw. dem neuen Manager zu erklären, warum Sie überhaupt einen Manager suchen. Im Anschluss werden Sie dem Manager die aktuellen Prozesse und Finanzunterlagen aushändigen und mitteilen, dass er nun sein Handy abgeben möge und zwei Stunden Zeit hat, Ihnen im Anschluss zu erklären, mit welcher Maßnahme er sein Gehalt selber refinanzieren möchte. Mit dieser Aufgabe werden Sie mit Sicherheit einen geeigneten Manager finden und die Gehaltsfrage wird sich von alleine lösen.

Die Unterschiede im Detail:

Der Unternehmer kümmert sich um die zukünftigen Kunden, der Manager um die bisherigen Kunden. Der Unternehmer kümmert sich um die Strategie und um die Lösung von Kundenbedürfnissen, der Manager dagegen um die Organisation, die Motivation und die Erreichung der strategischen Ziele durch Nutzung realer Kapazitäten. Der Unternehmer erkennt neue Chancen, der Manager koordiniert die Aufgaben. Der Unternehmer schafft Rahmenbedingungen, der Manager schafft die dafür notwendigen Prozesse. Der Unternehmer legt Prinzipien fest, der Manager kontrollierte diese. Der Unternehmer behält immer die weite, der Manager die kurze Sicht.

Das Unternehmer-Mindset:

Ein Unternehmer weiß, dass es nicht das Ziel ist Gewinn zu erwirtschaften, sondern einen Engpass der psychografischen Zielgruppe klar positioniert zu lösen. Gewinn zu erwirtschaften ist es Ziel der Shareholder bzw. der Gesellschafter, Ihnen als neuer moderner Unternehmer ist klar, dass Gewinn eine Folge von einem klaren Mehrwert Ihrer Kunden ist. Gewinn dient nicht dazu sich das Geld in die Taschen zu stecken, sondern als Innovationsinstrument für die Entwicklung neuer Lösungen von zukünftigen Bedürfnissen Ihrer Kunden.

Wenn Sie es nicht schaffen sich ausschließlich zukünftig um Ihre Unternehmer Aufgaben zu kümmern, müssen Sie sich dazu zwingen. Eine gute Methodik aus dem neurolinguistischem Programmieren (kurz NLP) ist es, sich selbst zu verpflichten. Dies hilft unter anderem auch beim Aufhören beim Rauchen oder bei anderen schlechten Angewohnheit. Setzen Sie Ihre eigene Sekretärin als Kontrolleuren Ihrer Unternehmeraufgaben ein. Verpflichten Sie sich dazu, Ihrer Sekretärin einen Tag frei zu schenken, wenn Sie sich um andere Aufgaben kümmern. Wenn das immer noch nicht hilft, richten Sie ein Verpflichtungskonto ein, zahlen Sie 10.000 € darauf ein und übertragen die Rechte an Ihrer Sekretärin. Die Aufgabe Ihrer Sekretärin wird es nun sein, jede Woche zu kontrollieren ob Sie Ihre Unternehmeraufgaben erfüllt haben. Haben Sie dies nicht geschafft, wird sie Woche für Woche 500 € an eine Organisation spenden, die Sie abgrundtief hassen.

Das Pareto-Gesetz:

das Pareto-Gesetz sollte ihn eigentlich bekannt sein und müsste eigentlich dem Kapitel für Produktivität zugeordnet werden. Ich jedoch bemesse dem Gesetz einer wichtigeren Rolle zu als einiger meiner Kollegen. Fast jedem ist die 80 zu 20 Regel bekannt, wird jedoch fast ausschließlich nicht korrekt angewandt. Ich empfehle Unternehmern sich im Intervall von zwei Wochen mit dieser Grundlage zu beschäftigen und auch aktiv anzuwenden. Das Gesetz sagt, dass 20 % Ihrer Kunden für 80 % Ihrer Umsätze verantwortlich sind.

Vilfredo Pareto (1848–1923) entwickelte dieses Prinzip, als er die Ernte seines Gartens auswertete. Er untersuchte seine Hypothese mithilfe von vielen Annahmen, die das Prinzip immer wieder bestätigen. So befindet sich 80 % des Bodens weltweit in Händen von 20 % der Bevölkerung. Im Jahr 1980 wurde festgestellt, dass 20 % der Bevölkerung 82,7 % des Weltvermögens besitzen. Ich verschone Sie nun mit den Begriffen Quantine, Theil-Index und a-Fraktile, mit dessen Hilfe man dieses Prinzip noch weiter mathematisch beweisen könnte. Wichtig für Sie zu wissen ist, dass 20 % Ihrer Kunden 80 % Ihres Umsatzes machen. 80 % Ihres Umsatzes werden von 20 % Ihrer Stammkunden erzielt. Viele Unternehmer belassen es nun mit diesem Wissen und konzentrieren sich zukünftig nur auf Ihre 20 % der Kunden, um daraus ein ideal typisches Kundenbild zu erarbeiten. Effektiver ist es, wenn Sie das Prinzip weiter unterteilen. Bleiben wir beim Beispiel, dass 20 % für 80 % Ihrer Umsätze verantwortlich sind. Nun bilden Sie das Pareto des Pareto. Bilden Sie nun wieder das 80 zu 20 Verhältnis Ihrer 20 % der idealtypischen Kunden. Dadurch kommen Sie immer näher zu den Kunden, mit denen Sie zukünftig arbeiten möchten. Daraus ergibt sich dann, dass 4 % Ihrer Kunden 64 % Ihres Umsatzes machen. Dies wiederum erweitert bedeutet, dass Sie mithilfe eines Prozentes Ihrer Kunden 51 % Ihres Umsatzes erwirtschaften. Wollen Sie sich nun zukünftig um die restlichen 99 % Ihrer Kunden kümmern, um die weiteren 49 % Umsatz zu erwirtschaften oder sich ausschließlich darum zu kümmern, diese ein Prozent Ihrer Kunden zu vervielfältigen?

Netzwerken:

da der Begriff Unternehmensberater nicht beruflich geschützt ist, bezeichnet sich heutzutage jeder Selbstständige als Consultant oder Berater. Ich möchte nicht abstreiten, dass es in dieser Berufsbranche durchaus fähige und kompetente Namen mit hervorragendem Ruf gibt, möchte jedoch auch darauf aufmerksam machen, dass viele der Unternehmensberater nie selber Unternehmer waren. Wenn Sie Tanzen lernen möchten, dann brauchen Sie jemanden der professionell getanzt hat. Wenn Sie Kochen lernen möchten, dann brauchen Sie niemanden der ein Kochbuch zitiert, sondern jemanden der jahrelangen Erfahrungen und Kompetenz durch seine Tätigkeit als Koch erlangt hat. Wie soll ihnen jemand beibringen als Vorstand oder als Unternehmer Zeitmanagement zu betreiben, obwohl er selber nie in Ihrer Situation war und sich nach vier Jahren im Angestelltenverhältnis selbstständig gemacht hat? Ihnen könnte in diesem Fall nur jemand helfen, der jahrelang als Vorstand gearbeitet hat, das gleiche wie Sie erlebt hat bzw. durchlebt hat und tatsächlich Methoden gefunden hat, die Ihnen auch helfen könnten.

Da Sie nur von Menschen lernen können, die die gleichen Werte in sich tragen und vor der gleichen Problematik standen wie Sie, bedarf es ein Netzwerk auf zu bauen. Dieses Netzwerk soll aus Unternehmern bestehen, in dessen man sich auf Augenhöhe austauschen kann, Sie Probleme ansprechen können und man gemeinsam nach Lösungen sucht.

Oft sind Bücher zwar eine gute Inspirationsquelle, jedoch muss sich immer vor Augen halten, dass sich Medienberichte sowie Management Literatur immer zu 90 % auf DAX Unternehmen beziehen. Dies finde ich umso trauriger, weil DAX Unternehmen nur 10 % unserer Wirtschaft ausmachen und der größte Teil eigentlich kleine-mittelständische Unternehmen sind.

Verabreden Sie sich mit Unternehmern zum Abendessen, zum Sport oder zum gemeinsamen Seminar. Suchen Sie sich Unternehmerkreise, in dem sich monatlich ausgetauscht werden kann. Profitieren Sie von dem Know-how anderer. Warum sollen Sie ein Problem lösen, wenn dies schon jemand anderes getan hat?

Wie Philip Kotler sagte: „Marketing kann man an einem Tag erlenen, aber es dauert ein Leben lang bis man es beherrscht."

Definition:

Der Begriff **Marketing** oder (deutsch) *Absatzwirtschaft* bezeichnet zum einen den Unternehmensbereich, dessen Aufgabe (Funktion) es ist, Produkte und Dienstleistungen zu vermarkten (zum Verkauf anbieten in einer Weise, dass Käufer dieses Angebot als wünschenswert wahrnehmen); zum anderen beschreibt dieser Begriff ein Konzept der ganzheitlichen, marktorientierten Unternehmensführung zur Befriedigung der Bedürfnisse und Erwartungen von Kunden und anderen Interessengruppen (Stakeholder). Damit entwickelt sich das Marketingverständnis von einer operativen Technik zur Beeinflussung der Kaufentscheidung (Marketing-Mix-Instrumente) hin zu einer Führungskonzeption, die andere Funktionen wie zum Beispiel Beschaffung, Produktion, Verwaltung und Personal mit einschließt.

Quelle: Wikipedia

Marketing bezeichnet also die positive Beeinflussung von Kaufentscheidungen und subjektiven Unternehmenssympathien mit Hilfe von individuellen, nach psychographischen Zielgruppen definierten, Marketinginstrumenten. Früher bestand das Marketing daraus, sein Unternehmen regional zu stärken. Heute im Alter des Internets werde ich das Marketing in die heutigen zwei Hauptaspekte trennen. Modernes Marketing besteht aus online und offline Marketing. In diesem Kapitel beschäftigen wir uns zuerst mit dem offline Marketing.

Wenn ich eins im Marketing gelernt habe, dann, dass die Hälfte im Marketing für Müll ausgegeben wird. Die Kunst ist es jedoch herauszufinden welche Hälfte es ist. Es gibt viele Marketinginstrumente, tausende Bücher, Online Kurse, selbsternannte Marketing Experten, Unternehmensberatungen und vieles mehr. Die Frage die Sie sich stellen müssen ist: „Was ist für mich, mein Unternehmen, das Effektivste?". Es gibt nicht die perfekte Kampagne, nicht den Masterschlüssel, nicht den goldenen Plan, welcher einfach eins zu eins umgesetzt werden kann. Marketing ist ein Experiment. Sie müssen herausfinden was für Sie am besten funktioniert bzw. was nicht funktioniert. Sie müssen kreativ sein. Sie müssen eins mit Ihrer Kundschaft werden und immer wieder neue Dinge ausprobieren. Ich werde Ihnen Beispiele und Tipps mitgeben. Ich werde meine Erfahrungen mit Ihnen teilen, damit Sie erste Fehler vermeiden und anfangen kreativ zu denken. Marketing ist ein ständiger Lernprozess und lebt vom Testen.

Reziprozität:

Reziprozität ist eines der mächtigsten Marketings Instrumente aus den Bereichen Verkaufspsychologie und Neuromarketing. Reziprozität steht für Gegenseitigkeit: Ich gebe dir etwas und du gibst mir etwas. Dieses Instrument wird oft im Marketing verwendet, indem man dem Kunden eine kostenlose Vorleistung gibt, damit der Kunde im Unterbewusstsein das Gefühl bekommt, dass er etwas zurückgeben müsste. Zum Beispiel können Sie in einem Schuhladen jeden Gast mit einem Glas Champagner begrüßen. In einem Restaurant erhalten Sie einen kostenlosen Schnaps als Vorleistung. Ein Kellner bringt Ihnen mit der Rechnung noch ein Tuch um sich zu erfrischen und ein paar Bonbons.

Die Reziprozität zählt zu den fundamentalen Prinzipien menschlichen Zusammenwirkens, dem Interessenausgleich durch das gegenseitige Geben und Nehmen. Es gibt mittlerweile sogar Cafés, die kostenlosen Kaffee anbieten, damit Kunden in den Laden kommen und als Gegenleistung noch Kuchen oder Kekse kaufen. Im ersten Schritt also bieten Sie Ihren Kunden einem Vertrauensvorschuss an. Diesen Vertrauensvorschuss leisten Sie ohne beabsichtigte Gegenleistung. Dadurch gewinnen Sie Loyalität, Verbundenheit und weitere Bestellungen.

Wenn Sie im online Marketing bzw. ein online Business besitzen, können Sie Ihren Kunden kostenlose Checklisten oder Videokurse zur Verfügung stellen. Das führt dazu, dass der Kunde Ihre kostenlose Nutzung testet, von Ihrer Kompetenz überzeugt wird und schlussendlich kostenpflichtige

Produkte bei Ihnen bestellt. Die Firma Douglas beispielsweise versendet mit jeder Bestellung einzelne Testproben und verknappt diese gleichzeitig.

Ein Universitätsprofessor hat im Jahr 1976 die Studie *Social Scince Research* veröffentlicht, in der er 50 Weihnachtspostkarten an völlig fremde Menschen verschickt und ausgewertet hat, wie viele ihm geantwortet haben. Er erhielt 46 Karten zurück. Im Supermarkt erhalten Sie beispielsweise Probierhäppchen und wir erhalten daher im Unterbewusstsein das Gefühl etwas zurückgeben zu wollen, kaufen schlussendlich ein Stück der Probe zu kaufen. Es gibt noch weitere Beispiele wie Straßenbettler. In Amerika gibt es mittlerweile viele Bettler, die Blumen pflücken und den Passanten reichen, bevor Sie nach einer Spende fragen. Die tägliche Ausbeute liegt um ein Vielfaches höher als ohne Vorschuss. Vielleicht kennen Sie auch die Personen, die ihnen an der Straße beim Warten an der Ampel die Scheiben saubermachen? Auch hier greift das Prinzip der Reziprozität.

Der österreichische Verhaltensforscher *Irenäus Eibl* berichtet von einem deutschen Soldaten im Ersten Weltkrieg, der den Job hatte, einen gegnerischen Soldaten einzufangen. In einem verlassenen Haus fand er einen gegnerischen Soldaten, der nur mit einem Brot bewaffnet war. Bevor er ihn einfangen konnte, reichte ihm der gegnerische Soldat die Hälfte des Brotes. Gerührt von dieser Geste war der deutsche Soldat völlig perplex und konnte seine Mission nicht ausführen. Was kannst du daraus schließen? Kreieren hochwertigen Content, Premium Inhalte oder kostengünstige Kundengeschenke, die du deinem Kunden vor der eigenen Leistung überreichst.

Gerne gebe ich Ihnen auch noch ein Beispiel aus der Tierwelt. Beim Truthahn ist es so, dass das Piepen an sich, eines anderen Tieres, den Prozess der Sorge und Fütterung abspielt. Es gibt also ein festes Handlungsmuster. Egal ob Truthahn oder ausgestopfte Stinktier, ein Piepen führt immer zur gleichen Aktion. Ein Spatz greift ebenso ein rotes Fellbüschel an, wie einen anderen Vogel. Dies liegt an der Farbe, nicht an der Form.

In einer Studie von El Langer wurde bewiesen, dass es immer effektiver ist, einen Gefallen zu begründen. In dem Experiment wurde versucht, bei einer Reihe von Menschen, die sich vor einem Kopierer befanden, vorgelassen zu werden. Als man begründet hat, warum man vorgelassen werden sollte, wurde man in 95 % der Fälle vorgelassen, ohne Begründung nur bei 45 %. Das interessante war, dass man selbst bei einer richtig schlechten Begründung, in 93 % der Fälle, vorgelassen wurde. Es folgte also einer automatischen Abspielung des Wortes „Ja", weil das Wort „weil" benutzt hat.

Die 7-Kontakte Regel:

Die sieben Kontakte Regel besagt, dass ein neuer Interessent erst nach dem ca. siebten Kontakt etwas bei Ihnen kauft. Natürlich stimmt das nicht bei jedem genau, es gibt Leute die direkt kaufen und es gibt Leute die nie kaufen, doch statistisch gesehen sind sieben Kontakte notwendig bis der Kunde kauft. Woran liegt das? Damit ein Interessent der noch nie zuvor von Ihrem Produkt gehört hat bei Ihnen kauft braucht es Vertrauen. Je mehr Vertrauen er in Ihrem Produkt sieht, desto eher ist er bereit, dafür Geld auszugeben.

Das bedeutet, dass Sie sich einen sogenannten Funnel aufbauen müssen. Wenn Sie beispielsweise E-Mail Marketing betreiben, dann müssen Sie Ihr Angebot vorbereiten. In den ersten fünf bis sechs E-Mails erhält der Kunde kostenlosen Premium Inhalt, Reziprozität und erhält erst in der siebten E-Mail ein Angebot. Der Leser der E-Mail weiß nun im Vorwege, dass Sie Experte in Ihrem Bereich sind. Zu oft wird mit einer Webseite oder mit einem Callcenter versucht, kalte Kunden, also Kunden ohne bisheriges Kaufinteresse, mit einem Telefonat zu einer Kaufentscheidung zu beeinflussen. Warum dies nicht funktioniert, kann man ganz einfach anhand der sieben Kontakte Regel erklären.

Wie könnte so etwas richtig aussehen? Indem man den Kunden im ersten Gespräch kostenlos und unverbindlich berät. Im Anschluss wird ihm ein Beratungsprotokoll bzw. eine Handlungsempfehlung ausgesprochen, ohne Angebot. Der Kunde ist von Ihrer Expertise überzeugt. Nun müssen

Sie gewisse Intervalle einhalten. Es ist durch Studien bewiesen, dass es am effektivsten ist, wenn Sie den zweiten Kontakt innerhalb von 72 Stunden nach dem ersten Kontakt durchführen. So könnten Sie dem Kunden Informationsmaterial kostenlos zu Verfügung stellen für ein Defizit in dem festgestellten Beratungsprotokoll. Im Anschluss könnten Sie dem Kunden noch allgemeine Tipps zur Verfügung stellen. Nun fangen Sie an dem Kunden weiter per Reziprozität in Ihrem E-Mail-Funnel aufzunehmen und ihn weiterhin mit Content zu bespielen. Nach ca. drei Wochen rufen Sie den Kunden an und erkundigen sich, ob die Tipps weiter geholfen haben. Sie bedanken sich für das bisherige Vertrauen und für das nette Gespräch. Nun könnten Sie dem Kunden eine Postkarte zu schicken, auf dessen Ihr Bild als Berater gedruckt ist, mit einer Danksagung. Weiterhin sind zwei Plastikkarten eingefügt, auf dessen Ihre Telefonnummer gedruckt ist, die er sich eigens ins Portmonee stecken kann und eine weitere Karte, die er an einen Freund weitergeben kann. Dadurch schaffen Sie es eine persönliche Bindung aufzubauen und In Vorleistung zu gehen. Nun kommt dann der eigentliche Anruf, in dem Sie sich auf das Beratungsprotokoll beziehen und nett auf das Defizit hinweisen. Im online Marketing wird meistens ein kostenloses Videoseminar zur Verfügung gestellt, im Gegenzug für seine E-Mail Adresse.

Praxis-Tipp:

Sollten Sie Ihre Kunden mit E-Mails bespielen wollen, möchte ich Ihnen gerne noch meine Erfahrungen zum richtigen Zeitpunkt für den Versand von Newslettern mitgeben. Wählt man den falschen Versandzeitpunkt, passiert nicht viel oder es entsteht sogar ein Schaden. Versendet man aber zur richtigen Zeit, kann diese zu erhebliche Steigerung der Conversion führen.

Festzustellen ist, dass 45 % der Stammkunden innerhalb der ersten vier Stunden nach Zustellung bzw. nach Erhalt des Newsletters eine Kaufentscheidung treffen. Weitere 30 % kaufen immer in den gleichen zwei Stunden ein. Dies spiegelt auch das reale Einkaufsverhalten von Angestellten wieder. Die meisten Angestellten haben auch immer den gleichen Tag in der Woche an dem Sie einkaufen gehen. Also wann ist der beste Zeitpunkt für die Customer Journey?

Als aller erstes: Zwischen Versandzeitpunkt und dem Zustellungszeitpunkt besteht ein Unterschied. Dieser ist abhängig von der Technologie die Sie für den Versand benutzen. Dies ist daher wichtig, dass Sie den Zusammenhang zwischen Versand und Erhalt des Kunden erkennen. Es ist also nicht unbedingt immer wichtig wann Sie Ihren Newsletter verschicken, sondern eher zu welcher Uhrzeit dieser beim Kunden eingeht. Um jedoch ein etwas genaues Zeitfenster datieren zu können, empfehle ich Newsletter immer zwischen 09:00 - 10:00 Uhr oder 15:00 bis 16:00 Uhr zu verschicken. Bitte berücksichtigen Sie jedoch erneut Ihre Zielgruppe.

Wenn wir schon bei E-Mails sind, gebe ich Ihnen gerne einen weiteren Trick, der nicht immer funktioniert, aber jedoch sehr häufig. Wenn Sie nicht möchten, dass der Spam-Filter Ihre E-Mail filtert, können Sie diese Technik anwenden. Auch funktioniert dies gerne, wenn Sie nur einen direkten Adressaten ansprechen wollen, der Ihre E-Mail unbedingt lesen muss. Dazu nutzen Sie die Technik, dem Betreff so zu formulieren, als hätten Sie schon Kontakt gehabt. Wichtig ist jedoch nicht zu vergessen, dass Sie sich innerhalb Ihre E-Mail für diesen Trick entschuldigen, aber unbedingt den Kontakt herstellen wollten. Dazu schreiben Sie im Titel: „AW: AW: OM 03 21.04.2016"

Indem SIE „AW" nutzen, suggeriert dies, als hätten Sie schon mehrmals hin und her geschrieben. Die weiteren Inhalte beziehen sich auf ein Termin bzw. ein Gespräch welches Sie geführt haben und an ein Aktenzeichen.

Amazon-Booster:

Wenn Sie physische bzw. haptische Produkte verkaufen , kann es sehr sinnvoll sein diese ebenfalls über Amazon zu verkaufen. Jeder hat die App von Amazon auf dem Tablett oder auf dem Handy und Amazon nimmt ihnen sogar mit dem FBA Programm die Logistik, den Versand und die Rechnungsstellung ab. Näheres finden Sie dazu auch im vorherigen Kapitel. Kann es also sinnvoll sein sich auf Amazon gut zu stellen? 0,1 € von einem Euro im Internet werden bei Amazon ausgegeben. Sie müssen keine Kunden per Google

AdWords kostenpflichtig für mehrere Euro pro Klick einkaufen, sondern können schon die bestehende Plattform vom Amazon nutzen. Wenn Sie Ihre Produkte auch bei Amazon verkaufen wollen, beschäftigen Sie sich intensiv mit der Verbesserung der organischen Suche bzw. der Suchmaschinenoptimierung für Amazon. Weiterhin bitte ich Sie die nachfolgenden Checklisten und Inhalte für Neuromarketing, Bloggen und Verkaufspsychologie zu berücksichtigen, Ihr Verkauf wird boomen!

Achtung Risikomanagement:

Sollte Ihr Business auf die Angebote Dritter angewiesen sein, beschäftigen Sie sich immer laufend mit Ihrem Risikomanagement. Nutzen Sie eine Webseite, auf der Sie Interessenten durch kostenpflichtige Anzeigen bei Google einkaufen, dann beschäftigen Sie sich mit einer Alternative. Gleiches gilt auch für Facebook, Ihr Einkommen aus Ihrem Blog usw. Baue nie ein Haus auf fremden Grundstück. Ich erlebe immer wieder, dass sich meine Kunden nicht mit Ihrem Risikomanagement auseinandersetzen und sich wundern, dass gewaltige Gewinneinbußen entstehen, wenn Google mal wieder alle paar Monate den Logarithmus modifiziert. Auch sollten Sie immer mehrere Zahlungsanbieter nutzen. Es gab mal ein großes Dax-Unternehmen, welches Zahlungen nur per PayPal angeboten haben. Als dann der Anbieter 72 Stunden offline ging, haben hunderttausende Kunden die Kaufprozesse abgebrochen. Auch gucken Sie sich bitte §133 der Insolvenzverordnung an, um allgemeine Risiken zu reduzieren.

Supermarkt-Psychologie:

Nun, warum ist der Supermarkt ein so gutes Beispiel für Verkaufspsychologie? Es ist so, dass 70 % unserer Kaufentscheidung erst direkt vor den Regalen getroffen werden. Dabei denken bzw. handeln wir bei Gewohnheitskäufen anders als bei Spontankäufen. Impulsive Reize sind die Spontaneinkäufe. Hier treffen wir Kaufentscheidung aufgrund von Reizen wie zum Beispiel durch Düfte, Werbebotschaften oder Sondersonderangebote. Bei Gewohnheitseinkäufen nutzen wir eher die Regelmäßigkeit. Wir vertrauen auf Produkte oder Marken, die wir mit positiven Erfahrungen verbinden.

Bitte wenden Sie alle Inhalte aus dem Kapitel Marketing für Ihr Business an. Sie brauchen auch wirklich kein schlechtes Gewissen haben, Ihre Kunden bzw. die Kaufentscheidung durch Neuromarketing und Verkaufspsychologie zu beeinflussen. Sie werden durchgehend beeinflusst. Wenn ich Vorträge halte, nehme ich immer gerne den Supermarkt als Beispiel. Supermärkte sind das absolut krasseste Beispiel für Unternehmen, bei denen sich Verkaufspsychologen von oben bis unten ausgelebt haben. Nun kenne Sie bestimmt das Spiel, dass die teuren Produkte immer auf Augenhöhe sind und die günstigen Angebote sich unten befinden. Aber gerne nenne ich Ihnen weitere Beispiele.

Bei den meisten Supermärkten werden Sie von rechts nach links durchgeführt, weil das Gehirn lieber von rechts nach links denkt. Dies basiert darauf, dass die meisten Menschen rechtsfüßler sind und somit mehr Druck auf dem rechten

Bein auslösen als auf dem linken Bein. Das führt dazu, dass wir auch gerne im Kreis laufen, wenn wir uns verlaufen. Als erstes finden Sie im Supermarkt immer die Gemüse- und Obstabteilung, weil diese Ihnen suggerieren soll, dass alle Waren innerhalb des Supermarktes frisch sind. Spiegel an der obersten Front bei der Gemüseabteilung lassen die Ware nach mehr aussehen. Dies ist auch der Grund, warum die Einkaufswagen so groß sind. Legen Sie nur wenige Waren hinein, wird ihnen suggeriert, immer noch sehr wenig eingekauft zu haben. Kindereinkaufswagen animieren schon die kleinen ebenfalls zuzugreifen und es wird ihnen beigebracht, das Verhalten der Eltern zu adaptieren. Die elementaren Waren wie Eier und Milch befinden sich immer ganz hinten im Supermarkt, damit Sie einmal quer durch die Abteilungen müssen und gegebenenfalls noch Spontankäufe tätigen. Die Musik im Supermarkt ist zeitlos und lässt Sie zur Ruhe kommen. Die Böden im Supermarkt sind so gestaltet, dass der Widerstand von Boden zu den Einkaufswagen sehr hoch ist, damit Sie sukzessiv und konstant gestoppt werden. Auf den Fluren finden Sie immer wieder sogenannte Stopper, bei denen Sie ausweichen müssen und so Ihren Einkauf verlangsamt fortführen. Rabattschilder animieren zuzugreifen, obwohl der angebliche Rabatt auf dem gleichen Preisschild wie der Originalpreis gedruckt wurde. An der Kasse finden Sie immer noch das Greif-Regal, welches kleine und günstige Produkte beinhaltet und ebenfalls zum Spontankauf anregen soll.

In den meisten Supermärkten wird der Bereich nach dem Bezahlen zum Einpacken sehr gering gehalten, damit Sie Ihre Ware schnellstmöglich einpacken müssen. Auch gibt es bei den meisten Supermärkten keine Abkürzung von A nach B zu kommen, sondern vordefinierte Flurverbindungen. Die Supermarkt Kette Lidl hat mal irgendwann eingeführt, dass es sich bei jedem Käufer für den Einkauf bedankt wird. Die Kunden waren so überrascht und positiv beeinflusst, dass diese wiederkamen. Ich könnte Ihnen noch weitere 20 Beispiele nennen, aber ich glaube Sie haben verstanden, dass jeder Unternehmer die Möglichkeit nutzt Kaufentscheidungen im Unterbewusstsein beeinflussen zu können.

Ein letzter Tipp: Oftmals finden Sie gerade bei Drogerien vor dem Kassenband eine riesige Auswahl an Kleinstprodukten, die für die Handtasche beispielsweise geeignet sind. Kaufen Sie diese bloß nicht! Eine kleine Deo Flasche kostet da beispielsweise 0,99 € und beinhaltet 30 mg. Die Originalflasche mit 50 mg kostet 1,19 €. Sind dies nun wirklich preisgünstige Angebote? Der Preis unter einem Euro suggeriert, dass das Angebot günstig sein muss, jedoch erhalten wir nicht die Möglichkeit vergleichen zu können.

Der Extra-Benefit:

Wenn Ihr Kunde gekauft hat, dann geben Sie ihm immer mehr als er erwartet! Das führt dazu, dass die Kaufentscheidung im Nachhinein positiv noch verstärkt wird. Das wiederum führt dazu, dass er von Ihrem Angebot begeistern sein wird und dieses empfiehlt. Wenn Sie also eine Kneipe besitzen, würde ich mir überlegen ob ich meine Gäste am Samstagabend bzw. nachts umsonst von einem

Taxi nach Hause fahren lasse. Wenn ich eine Bäckerei besäße, würde ich dem Kunden jeweils zwei Scheiben von meinem besten Brot mitgeben. Wenn ich Schuhe verkaufe, würde ich dem Kunden ein Schnürsenkel oder ein Schuhanzieher schenken. Bieten Sie immer mehr als der Kunde erwartet.

Tipp:

Da wir schon vom Beispiel der Bäckerei sprechen. Eine Studie hat getestet, inwieweit sich der Duft von Backwaren auf Kaufentscheidungen ausübt. Man hat eine Bäckerei genommen und mit einem Ventilator den Duft von Backwaren auf die Fußgängerzone versprüht. In der Zeit, in der die Passanten mit dem Duft beim Vorbeigehen konfrontiert wurden, hat der Bäcker 35 % mehr Umsatz gemacht.

Empfehlungen:

Im Internet war es so, dass positive wahrgenommene Waren und Dienstleistungen bis zu zwei Mal empfohlen wurden. Negativ wahrgenommene Waren und Dienstleistungen wurden ca. zehn Mal verbreitet. Nun im Fortschritt der Digitalisierung bestehen natürlich die Möglichkeiten, dass sich negative Erfahrungen deutlich schneller und häufiger verbreiten, als vor der Digitalisierung. Man geht davon aus, dass die Kritik einer negativ wahrgenommenen Ware oder Dienstleistung bis zu 100-300-mal von anderen potentiellen Käufern wahrgenommen werden. Sie sollten daher immer die Augen aufhalten und monitoren, ob auf Google

MyBusiness oder anderen Plattformen negative Kommentare stehen. Sie haben sogar die Möglichkeit, dem sogenannten *Service-Recovery-Paradoxon* zu nutzen.

In diesem Fall sehen Sie eine Kritik bei Google und Antworten dem Verfasser öffentlich. Sie bedanken sich für die ehrliche und offene Kritik, dass Sie den Hinweis in Ihr Beschwerdemanagement aufgenommen haben und sich freuen würden, wenn sich der Kunde bei Ihnen persönlich meldet, damit Sie dem Kunden eine Entschädigung geben können. Nun hat diese Vorgehensweise zwei Vorteile, abgesehen es handelt sich um rechtliche Straftatbestände wie Beleidigung, dann sollten Sie die Löschung beantragen. Der erste Vorteil besteht darin, dass nachfolgende Leser sehen, dass Sie sich mit Beschwerden auseinandersetzen und jedem Kunden versuchen glücklich zu machen. Dem Kunden ist klar, dass es zu jedem Produkt und zu jeder Dienstleistung negative Kritik geben wird, aber man sieht selten, dass auf jede Kritik so positiv geantwortet wird. Der Vorteil zwei ist, dass Sie es mithilfe des persönlichen Kontaktes im Anschluss schaffen können, die Wahrnehmung des Kunden wieder in eine positive zu verändern. Dies nennt man *Service-Recovery-Paradoxon*. Wenn Sie es schaffen, dass der Kunde das Gefühl bekommt, dass auf seine Kritik tatsächlich eine Lösung folgt und man sich der Sache ernsthaft annimmt, kann es sein, dass der Kunde nach Ende der Lösung seiner Beschwerde sogar positiver Ihr Unternehmen wahrnimmt, als vor dem Auftritt des Problems. Er wird sogar als Multiplikator fungieren.

Aber wann empfiehlt jemand Ihre Waren und Dienstleistungen? Ihnen muss bewusst werden, dass jemand nur etwas empfiehlt, wenn diese Person im diesem Moment als Problemlöser des Gegenüber anerkannt wird und dadurch sein eigener sozialer Status innerhalb der Personenbeziehung steigt.

Der Bandwagen Effekt besagt, dass heutzutage 88% aller Käufer, bei Produktpreisen von mehr als 360€, im Internet nach Bewertungen suchen.

Die Principal-Agent-Methode:

In dieser Methode wird der Auftraggeber als *Prinzipal* und der *Agent* als den Beauftragten bezeichnet. In dieser Methode geht es um die *asymmetrische Informationspolitik* innerhalb von Entscheidungen. Diese Methodik stammt aus der Wirtschaftswissenschaft sowie aus der Soziologie. Es handelt sich hierbei darum, dass der Agent normalerweise einen Wissensvorsprung besitzt, in unterschiedlicher Weise entweder zu Gunsten oder zu Ungunsten des *Prinzipals* eingesetzt werden kann. Aus der Theorie lassen sich somit Handlungen innerhalb einer Hierarchie erklären, nach einer Definition gibt es einen Auftraggeber also den *Prinzipal*, der einen Auftragnehmer im Unternehmen also den *Agenten* im gegenseitigen Einvernehmen gegen Entlohnung mit einer Aufgabe betreut, welcher jedoch sein Wohlergehen vor der Erledigung der Aufgaben stellt. Es kann also passieren, dass die *Informationsasymmetrie* erst nach Beginn der Geschäftsbeziehung bzw. nach Vertragsabschluss auftritt. *Der Agent* wird dadurch in die Lage versetzt, nachträglich Handlungen vorzunehmen, die zu seinem Nutzen sind, aber den Interessen des *Prinzipals* zuwiderlaufen. Er verhält sich dadurch gegebenenfalls anders, als das bei gleichem Informationsstand der Fall wäre. Dies wird auch als um *Moral-Hazard-Problem* bezeichnet. Sie können nun diese Methodik nutzen, um Kaufentscheidung ebenfalls positiv zu beeinflussen.

Nehmen wir an, dass Sie Industriesoftware verkaufen. Wie Sie gelernt haben sind die Personen, die auf das Angebot aufmerksam werden und die Personen, die über das Angebot entscheiden, zwei verschiedene Personen. Die Person, die über das Angebot entscheidet, hat meinetwegen ein Budget für die neue Software vorgegeben. Nun ist es die Aufgabe eines Mitarbeiters sich drei Angebote einzuholen. Er wird aber die Person sein, die mit der Software täglich arbeitet. Nun liegen ihm drei Angebote vor, Ihr Angebot ist das Zweitteuerste. Daher ist das dritte Angebot schon mal raus. Der Mitarbeiter muss nun zwischen Ihrem Angebot und dem Angebot eines Mitbewerbers entscheiden. Ihr Angebot ist teurer als das Angebot Ihres Mitbewerbers, jedoch laden Sie die Person ein Wochenende nach München ein, bieten kostenlos ein Hotel für ein Wochenende an, an welchem Sie die Person einen Tag lang in das neue Programm schulen, an dem anderen Tag hat die Person frei und kann München erkundigen. Weiterhin bieten Sie der Person ein Tablet an, auf dessen sich alle Schulungsinhalte befinden. Natürlich haben Sie alle Kosten dafür kalkulatorischen in Ihr Angebot mit eingerechnet. Nun wird der Großteil der Personen Ihr Angebot wählen, obwohl dies teurer ist als dieses Ihrer Mitbewerber, weil er seine Bedürfnisse über die Bedürfnisse des Unternehmens stellt und damit profitiert, jedoch das Budget des Unternehmens einhält. Der tatsächliche Entscheider ist zufrieden, weil das Budget eingehalten wird.

Suggerierte Wirkung:

Falls Sie einmal gar nicht wissen, wie Sie mit Werbung starten sollen, orientieren Sie sich an diesen vier Grundbausteinen.

1. Mitarbeiter:

   Werben Sie mit dem Know-how und der Persönlichkeit Ihrer Mitarbeiter.

2. Technik:

   Werben Sie mit der einzigartigen innovativen Technik, die nur Sie besitzen.

3. Vorher-Nachher:

   Werben Sie mit vorher und nachher Vergleichen. Diese Methode wird gerne in der Fitnessbranche genutzt. Es wird Ihnen die Veränderung bzw. das Abnehmen einer Person anhand von zwei Bildern, die nebeneinander gezeigt werden, visuell dargestellt und suggeriert den tollen Erfolg des Angebotes.

4. Referenzen bzw. Testimoniols:

Nutzen Sie Referenzen als Persönlichkeiten, mit denen sich Ihre Zielgruppe identifiziert. So können auch Influencer gebucht werden, die Ihre Angebote über Ihren Social Media Kanäle verbreiten, die Ihre Klamotten beispielsweise tragen. Bitte verschonen Sie Ihre Kunden jedoch von dem sogenannten *Fielmann Syndrom*. Ich glaub jeder kennt diese Werbung, in dem ein Passant gezeigt wird, der zufällig spontan interviewt wird, nachdem er angeblich bei Fielmann eingekauft hat. Diese gestellte Werbung glauben nicht einmal RTL Zuschauer. Seien Sie weiterhin vorsichtig, dass Sie die rechtlichen Rahmenbedingungen vom unlauteren Wettbewerb einhalten. Beispielsweise bewegen sich Single-Börsen mit Ihrer Werbung nahe an der Grenze. Zu sehen ist eine schöne junge Frau die anpreist, dass sie die Single-Börse nutzt. Nutzt diese Frau tatsächlich die Singlebörse oder handelt es sich um ein Modell, die für die Werbung gebucht wurde? Achten Sie bitte darauf, dass die Produkte bei Influencer Marketing gekennzeichnet sind bzw. dass die Werbung als gesponsert bei beispielsweise Facebook deklariert wird.

Emotionen:

In einem Kapitel habe ich Ihnen schon beigebracht, dass Menschen nie rational kaufen, sondern Emotionen die Kaufentscheidung beeinflussen und der Mensch die Kaufentscheidung versucht nachträglich zu rechtfertigen. Sie können Emotionen auch gut auf Webseiten nutzen. Rot zum Beispiel würde ich niemals verwenden, blau dahingegen kann Vertrauen suggerieren. Wenn Sie mit Fotos werben, kreieren Sie diese emotional. Wenn Sie eine Webseite betreiben, nutzen Sie die Macht von emotionalen Videos. Aber warum ist die Annahme, dass wir nie rationale Entscheidung bei einem Kauf tätigen, historisch bedingt immer falsch in der Literatur verfasst? Diesbezüglich gab es das sogenannte *Limbert Experiment*. Es wurden die Hirnströme neurowissenschaftlich analysiert, welche entstehen, wenn eine Person aufgefordert wird seine Hand zu öffnen. Es wurde festgestellt, dass das rationale Handeln nicht möglich ist. Ursache und Wirkung sind zeitlich voneinander getrennt und der Impuls die Hand zu öffnen ist schneller als die Entscheidung im Gehirn. Hierzu gerne noch ein *„dreckiges"* Beispiel, welches ich praktisch natürlich nie erfahren habe. Ich habe mir sagen lassen, dass Prostituierte immer vor dem Sex abrechnen, da das Bedürfnis vorher viel höher ist und die Emotion entscheidet, anstatt die Rationalität. Wenn Sie also eine Reiseagentur bzw. eine Reisebüro betreiben, könnte es sinnvoll sein, dem Kunden vor der Beratung eine geöffnete Sonnencreme zu schenken. Sie nutzen auch hier wieder die Reziprozität und die Emotionalität, da der Geruch der Sonnencreme den Kunden an seinen letzten Urlaub erinnert wird und dadurch Glückshormone freigesetzt werden.

Der Halo-Effekt:

Eines der größten Fehler wenn Sie Marketing betreiben ist, dass Sie mit den Merkmalen werben anstatt mit den Vorteilen für den Kunden. NEIN bedeutet NOCH EIN IMPULS NOTWENDIG, aber was ist ein Impuls? Wenn Sie eine Akkuschrauber verkaufen, dann bewerben viele Anbieter diese damit wie hoch der Stromverbrauch ist, wie schnell sich diese dreht, wie lange der Akku hält, was für ein Gewinde diese besitzt etc. Sind dies die sogenannten Faktoren die für die Kaufentscheidung maßgeblich sind?

Der *Halo-Effekt* basierte darauf, dass man dem Kunden nur ein Merkmal nennt, welches für ihn bezogen die absolute höchste Priorität besitzt. Apple hat dies damals genial gemacht. Sie hätten sagen können wie toll der neue iPod ist und wie viel Gigabyte er beinhaltet, welche Farben es gibt und wie lange seine Akkulaufzeit ist. Stattdessen wurde einfach gesagt: 1000 Songs in deiner Tasche.

Im Beispiel des Akkuschraubers könnte dies lauten: „So einfach wie nie zuvor ein Loch in jede vorstellbare Wand bohren". Nennen Sie nicht 100 Vorteile oder 100 Merkmale, sondern nur diesen einen Vorteil des Kunden, welche Emotion auslöst und für den Kauf entscheidend ist. Entweder sagt er: „Oh Gott ja" oder „Nein". Wenn Sie Vertriebler sind nutzen Sie die sozialen Medien. Sie können heutzutage alles über jede Person herausfinden. Sie können die Person bei Facebook suchen oder bei Xing und sich zeitnah über die Interessen informieren.

Beispiel Apple:

Apple schafft es keine Produkte zu erzeugen, sondern Fans. Die Fans sorgen dabei für das Marketing. 19 von 20 iPhone Käufer wurde das Handy durch einen Freund empfohlen. Es gibt sogar glaube ich kein Unternehmen, dass für die Vorstellung von Produkten Tickets im Wert von jeweils 450 € verkauft. Warum machen die das? Sie wissen, dass nur wirkliche Hardcorefans zur Vorstellung kommen und sich die Produkte als erstes holen, damit diese danach Berichte erstellen und die Produkte für Apple vermarkten. Weiterhin wird bei jedem Launch kommuniziert, dass es nur wenige iPhones gebe. Auch wieder nur die richtigen Fans zelten tagelang vom Ladengeschäft, um ein neues iPhone zu erhalten. Glauben Sie wirklich, dass Apple ein begrenztes Lager und nur wenige 1.000 Stück vorrätig hat? Auch wieder eine Form der künstlichen Verknappung.

Der Paralyse-Effekt:

Dieser Effekt trifft auf, wenn der Kunde zu viele Entscheidungsalternativen erhält. Sie kennen dieses Phänomen vielleicht selber, wenn Sie ein Restaurant besuchen, welches 1.000 Gerichte auf der Bestellkarte aufweist. Wir haben Hunger und freuen uns auf das gehobene Essen, gucken jedoch stundenlang auf die Karte und können uns nicht entscheiden. Dies kann auch passieren, wenn Sie unternehmerisch tätig sind und eine Webseite betreiben. Diesen Effekt habe ich im Kapitel Preise ebenfalls schon erörtert, mir ist es nur wichtig, dass Sie dem Kunden nicht zu viele Alternativen zur Verfügung stellen und das Angebot,

welches der Kunde eigentlich kaufen soll, visuell mit beispielsweise einer Farbe hervorheben.

In der sogenannten *Joghurt Studie* wurden Probanden
mehrere unterschiedliche Joghurts zur Verfügung gestellt.
Dabei wurde gemessen wie lange der Proband benötigt um
sich zu entscheiden bzw. einen Joghurt zu nehmen. Waren
nur drei Varianten zur Verfügung konnte er sich in kurzer
Zeit entscheiden. Bei mehr als fünf Varianten benötigte er
schon doppelt so lang wie mit drei. Ab sieben Varianten benötigte er vier Mal länger als beim Basistest. Dies bedeutet
im Umkehrschluss, dass eine größere Auswahl dazu führt
höhere Kaufabbrüche herbeizuführen.

Oft erlebe ich, dass die Webseite von Unternehmen viele
Besucher aufweist, also folglich die Suchmaschinenoptimierung für die organische Suche sehr gut umgesetzt
wurde, dem Kunden jedoch zu viele Alternativen gegeben
werden, worauf er den Kauf abbricht und so Conversion-
Killer entstehen.

Gleiches sieht man immer wieder beim Bestellprozess. Der
Kunde hatte seine Waren schon in den digitalen Warenkorb
gelegt und möchte nun die Bestellung auslösen. In diesem
Prozess wird er durch viele Reiter geführt, mit zu vielen
Pflichtfeldern, zu vielen einzutragenden Informationen,
worauf der Kunde die Lust verliert und den Kaufprozess abbricht.

FOMO:

FOMO bedeutet Fear of Missing Out. Diese Methode wird oft genutzt, um mit dem potentiellen Käufer zu suggerieren, dass er etwas verpassen würde. Das Phänomen beschreibt die zwanghafte Sorge eine soziale Interaktion, eine ungewöhnliche Erfahrung oder ein anderes befriedigendes Ereignis zu verpassen und nicht mehr auf dem Laufenden zu bleiben. Vielleicht kennen Sie es aus Ihrem Privatleben. Man ist traurig, wenn Freunde sich treffen und Spaß haben und man selber nicht dabei ist. Wenn man etwas unternimmt möchte man es ständig den anderen auf den Social Media Plattform mitteilen. Man gefährdet sich und andere im Straßenverkehr, weil man während des Autofahrens das Bedürfnis zur Handynutzung hat. Diese Methode wird daher auch im Marketing genutzt. Auf Buchungsplattformen von Reisen wird Ihnen angezeigt, dass nur noch drei Tickets verfügbar sind. Auch wird Ihnen angezeigt, dass die Ware knapp ist oder sehr begehrt ist, dass es sich um ein exklusives Angebot handelt oder nur an bestimmte Personenkreise bestimmt ist. Dies führt dazu, dass Sie Ihre Kaufentscheidung aufgrund der künstlichen Verknappung tätigen, um das Angebot nicht zu verpassen. Beispielsweise wird dies auch mit Gutscheinen verbunden. Zum Beispiel: „Gutschein nur noch 24 Stunden gültig".

Herden-Modell:

Wir als Mensch sind evolutionsbedingt dazu trainiert worden uns an Gruppen anzuschließen, damit wir nicht sterben. Dieses Gefühl ist in uns Menschen so tief verankert, dass wir uns sogar Gruppierungen anschließen, für die wir eigentlich nie eine Sympathie aufgewiesen haben. Beispielsweise im Gefängnis in den USA haben Sie nur eine Überlebenschance, wenn Sie sich Ihrer Gruppe anschließen. Uns wurde beigebracht, dass wir Menschen Herdentiere sind und nur gemeinsam überleben können. Wir suchen daher durchgehend nach Gruppen mit gleichen Werten, mit denen wir uns identifizieren können. Die Angst von der Gesellschaft bzw. von bestimmten Gruppen ausgeschlossen zu werden, ist so tief in uns verankert, dass Sie jegliches rationale Handeln beeinflusst. Diese Psychologie wird ebenfalls im Neuromarketing verwendet. So können Sie effektiv beeinflusst werden, wenn man ihnen aufzeigt, wie viele Menschen das Produkt ebenfalls schon gekauft haben. Manche Buchungsplattform von Reiseanbietern zeigen sogar an, wie viele Personen gleichzeitig das aktuelle Angebot ansehen. Wenn Sie dieses Instrument erfolgreich nutzen und mit geistiger Brandstiftung kombinieren, kann dies ein extremer Booster für Ihr Business werden. Näheres dazu finden Sie auch bei den hypothetischen Verkaufssprachmustern, indem man potentielle Kunden immer in Personengruppen anspricht.

Videos:

Nun ich habe ihn schon erklärt, dass Sie Videos nutzen können, um Emotionalität zu erzeugen und somit Kaufentscheidung positiv zu beeinflussen. Videos haben dabei weitere Vorteile. Zum einen wurde wissenschaftlich bewiesen, dass sich 67 % aller User im Internet lieber Videos angucken, anstatt Texte zu lesen. Somit haben Sie die Chance Ihren Kunden besser zu erreichen. Ihr Video sollte jedoch nicht länger als 30 Sekunden sein um ein Produkt zu erklären. Natürlich können Sie auch längere Videos kreieren, welche Sie aber auf die Unterseiten platzieren. Innerhalb der ersten zwei bis drei Sekunden entscheidet sich, ob ein User im Internet auf Ihrer Internetseite bleibt oder diese wieder verlässt. Diese Form der Psychologie nennt man auch *Usability*, worauf ich mich spezialisiert habe.

Weiterhin beinhalten Videos den großen Vorteil, dass die User länger auf Ihrer Internetseite bleiben und sich somit Ihre Rankings bei den Suchmaschinen verbessert, weil die Suchmaschine erkennt, dass Sie den gesuchten Content auf Ihrer Webseite finden.

Der letzte Grund warum Sie ein Video erstellen sollten, ist der, dass Sie mit einem Video mehr Inhalt transportieren können als reine Texte. Näheres finden Sie dazu auch im *NLP-Kapitel*. Vielleicht kennen Sie die Statistik die besagt, dass eine Kommunikation bzw. der Inhalt einer Kommunikation nur aus 7 % aus Inhalt besteht. Der Rest besteht zum Beispiel auch aus Gestik und Tonlage. Wenn Sie es schaffen ein Video zu erstellen und mit Ihrer Kommunikation zu bespielen, können Sie mithilfe von Ton und Inhalt schon 45 % an Informationen vermitteln. Gestik alleine macht 55 % aus. Folglich nutzen Sie bitte alle Möglichkeiten der Kommunikation. Beraten Sie Ihre Kunden persönlich nutzen Sie haptische Verkaufsmuster oder skizzieren Sie Ihre Beratung auf einer Mindmap oder einer Schablone, lassen Sie Ihren Kunden darauf mitskizzieren und sogar beim Abschluss des Gespräches die „Krickellei" vom Kunden unterzeichnen. Fügen Sie dies nun dem Beratungsprotokoll oder Ihrem Angebot bei. Die Chance, dass sich der Kunde nun an Ihr Gespräch erinnert, ist deutlich höher als ohne die Skizze.

AIDA:

Dieses Modell dient ihnen als Einstieg für eine Werbetechnik. Wenn Sie noch keine Erfahrung mit Marketing haben, können Sie dieses Modell nutzen um erste Schritte zu tätigen. AIDA steht dabei als Akronym für die englischen Begriffe Attention (Aufmerksamkeit), Interest (Interesse), Desire (Wunsch) und Action (Handlung).

Es handelt sich hierbei um ein Stufenmodell, also vier Phasen, welche der Kunde durchlaufen muss um eine Kaufentscheidung zu tätigen. Die erste Aufgabe ist also die Werbung an sich, mit welcher Sie Aufmerksamkeit auf Ihr Angebot erzeugen. Das Interesse für Produkte oder Dienstleistungen zu wecken, ist die zweite Aufgabe. Hieraus soll der Wunsch entstehen, das Produkt oder die Dienstleistung haben zu wollen. Das wiederum soll zum Ziel führen, die gewünschte Kaufentscheidung zu erreichen. Weiterhin ist dieses Modell sehr geeignet für Präsentation oder im sogenannten *Push Marketing*.

Management-by-Names:

Diese Form des Marketings kennen Sie mit Sicherheit auch. Wir kaufen Produkte oder Dienstleistungen nicht bei einem Unternehmen, sondern meistens von Personen, die für das Unternehmen repräsentativ sind und mit welchen wir uns identifizieren. Daher kann es oft Sinn machen, dass sich eine Person des Unternehmens, oft der Gesellschafter oder der Geschäftsführer, in die Öffentlichkeit begibt und seinen Namen bzw. seine Persönlichkeit als Kundenkontakt nutzt. Ich persönlich kann aus Erfahrung sprechen, dass ich gerne zu einem Restaurant gehen, bei welchem ich das Essen gar nicht so mega gut finde, aber ich den Unternehmer bzw. den Restaurantbesitzer so wahnsinnig sympathisch finde, weil er einem die Hand gibt, den Gast zum Platz führt und so wahnsinnig höflich ist.

Dies können Sie auch für Ihr Business nutzen. Es gab eine Studie im Fitnessstudio, bei dem die Mitglieder bewerten sollten, welchen der zwei Trainer sie sympathischer fanden. Beide Trainer waren Schauspieler und wurden zwei Wochen lang als Praktikanten eingesetzt. Der eine Trainer hatte tatsächlich einen Trainerschein, er kümmerte sich um seine Mitglieder und sorgte dafür, dass alle Übungen ordnungsgemäß durchgeführt werden. Der zweite Trainer, ohne Trainerschein, hatte nur die Aufgabe, sich alle Namen so schnell wie möglich einzuprägen und jedes Mitglied mit Namen anzusprechen. Seine Arbeitszeit verbrachte er überwiegend hinter dem Tresen. Was denken Sie erfolgreicher war?

Es ist so, dass wir als Mensch am liebsten unseren eigenen Namen hören. Im Verkauf kann es daher wahnsinnig erfolgreich sein, wenn Sie während der Beratung mehrmals den Gegenüber mit Namen ansprechen und sich bestenfalls den Namen so einprägen, dass Sie die Person auch eine Zeit später spontan mit Namen begrüßen könnten. Sie kennen es wahrscheinlich aus eigener Erfahrung, wenn Sie eine fast unbekannte Person mit Namen wieder erkennt, obwohl

der Kontakt lange her ist und man sich nicht intensiv ausgetauscht hat. Das Ergebnis war, dass der Trainer, der alle
Mitglieder mit Namen ansprechen konnte, viel sympathischer und kompetenter wahrgenommen wurde, als der tatsächliche kompetentere Trainer.

Whatts-App:

Immer wieder muss ich feststellen, dass soziale Medien wie
Facebook genutzt werden, diese aber völlig falsch interpretiert werden. Auf Facebook beispielsweise spielen Unternehmen dieses Medium immer nur aus um Ihre eigenen
Produkte anzupreisen. Leute, Facebook ist eine soziale
Plattform, auf der man sich austauschen und soziale Kontakte erreichen möchte. Es handelt sich nicht um eine In-
formationsplattform! Was muss ich immer wieder feststellen? Das kein Unternehmen WhatsApp als Medium nutzt.
Es gibt zwar vereinzelt erste Unternehmen, die Ihren
Newsletter auf WhatsApp mit WhattsBroadcast übermitteln, jedoch weniger Unternehmen, die zum Beispiel Beratung über WhatsApp anbieten.

Wenn ich also ein Laden für Frauenklamotten betreiben
würde, vom online Handel sukzessiv verdrängt werden
würde, dann würde ich WhatsApp anbieten, damit meine
Kundinnen mich per WhatsApp anschreiben können um zu
erfragen, ob ich die gewünschte Ware aus dem Internet
auch habe, damit der Kunde bei mir bestellt anstatt im Internet. Weiterhin hätte ich die Möglichkeit auf die Bedürfnisse des Kunden einzugehen und dem Kunden, falls ich
nicht die passende Ware habe ein ähnliches ebenfalls pas
sendes Angebot per WhatsApp zurückzuschicken. Ich

würde sogar so weit gehen, dass ich anbieten würde, dass meine Kunden sich die Ware zu mir ins Geschäft schicken können um meine Umkleide zu nutzen.

Im Gegensatz zur bisherigen E-Mail als Vertriebskanal, hat das Marketing mit WhatsApp eine fast 100-prozentige Öffnungsrate und das innerhalb von unter drei Minuten!

Retargeting:

Eine weitere mächtige Waffe für Ihr Business könnte das sogenannte *Retargeting mittels Displaywerrbung mit Tablua oder Outbrain* sein. Diese Methode kommt jedoch oft nur bei Konsumgütern in Betracht. Sie kennen es vielleicht selber, Sie surften bei einem Onlinehändler, wechseln die Webseite und ihnen wird das angeschaute Produkt auf der neuen Webseite ebenfalls angezeigt. Magie? Nein. Auf der Webseite wird ein so genannter Pixel installiert. Dieser Pixel markiert den User und folgt diesem, um ihm dann das Angebot nochmals zu unterbreiten. Der Vorteil liegt hier bei darin, dass wir noch mal mit der Kaufentscheidung konfrontiert werden. Auch kann man einstellen, dass zwischen diesen beiden Zeitereignissen ein vordefiniertes Intervall liegt, das dazu führt, dass wir die Kaufentscheidung doch noch mal überdenken. Wenn also jemand am Monatsletzten Ihre Internetseite besucht hat, kann es Sinn machen, den Kunden zurückzugewinnen und die Werbung bei einer anderen Webseite erneut anzeigen zu lassen, wenn ein neuer Monat angefangen hat und der Kunde somit ein neues Gehalt auf dem Konto hat.

Sollte Ihnen nun immer wieder pornographische Inhalte angezeigt werden, so sollten Sie vielleicht mal überprüfen, wer Ihren Computer ebenfalls nutzt und was sich dieser so anguckt☺.

Huckepack-Marketing kann auch als *Kooperations- oder Trojaner-Marketing* bezeichnet werden.

Der eine Anbieter nimmt den anderen Huckepack zu seinen Kunden mit. Im Prinzip haben beide dieselbe Zielgruppe, konkurrieren aber nicht direkt miteinander

Ein schönes Praxisbeispiel:

Nach dem Einkauf bei einem Herrenausstatter erhält der Kunde dann noch einen Gutschein im Wert von EUR 10,- den man in der nur ca. 100 Meter entfernten Weinhändler einlösen kann. So kann der Kunde direkt mit einem neuen Wein auf das Hemd oder das Ereignis für den Kauf des Hemdes anstoßen.

Überlegen Sie sich daher als Business-Booster, wer im Besitz der gleichen Zielgruppe ist und der seinen Kunden als Mehrwert Ihre Dienstleistung zusätzlich anbieten kann.

Psychologische Indoktrination:

Hierunter kann man verstehen, dass Menschen völlig falsche Glaubenssätze annehmen, die nicht bewiesen wurden, jedoch so lange und so intensiv verbreitet worden, dass man Sie als richtig annimmt. Beispielsweise kennen Sie bestimmt den Mythos, dass die Menschheit an einem Vitamin C Mangel leidet. Diesen Mythos hat die Firma *Larosch* kurz vor der eigenen Insolvenz marketingtechnisch verbreitet und so die Umsätze für Vitaminpräparate als Nahrungsergänzungsmittel verhundertfacht.

Gleiches kennen Sie vielleicht von Ihrem Hochzeitsantrag? Als Mann gibt es einen Richtwert, der aussagt, wie viel Geld man für einen Verlobungsring ausgeben sollte. Woher kommt dieser Glaubenssatz? Warum also ein Diamantring beim Antrag für ungefähr drei Gehälter? Dies stammte aus einer Marketingkampagne der Firma *DeBeers* aus dem Jahr 1964 und wurde genutzt, um die eigenen Verkaufszahlen zu erhöhen.

Vielleicht auch noch mal das älteste aller Beispiele. Unser geliebter Weihnachtsmann, erfunden von der Marke Coca Cola, damit dieser die eigenen Werte repräsentiert.

Glaube nur das, was bewiesen ist. Die Entscheidung ist immer nur so gut wie die Informationen. Glaube nie an etwas, nur weil du es öfter gehört hast. Letzteres wird gerne von Geheimdiensten genutzt. Falsche Informationen werden gezielt in verschiedene Quellen eingebunden, damit eine Person die falsche Nachricht von möglichst vielen Medien erhält. Nur weil etwas von mehreren verschiedenen Menschen erzählt wird, muss es nicht richtig sein. Auch im Flurfunk auf der Arbeit lässt sich dies immer wieder feststellen. „Hast du schon gehört, dass sich unser Chef scheiden lässt?". „Nein, wirklich?". „Ja, Maria unsere Sekretärin hat das auch gehört".

Das Prinzip der Konsistenz:

Eine weitere Verkaufstechnik besteht darin, die Charaktereigenschaft von Menschen zu nutzen, sich konsistent zu verhalten. Da die meisten Menschen versuchen Unstimmigkeiten zwischen Ihren eigenen Urteilen, Meinungen, Gedanken und Überzeugungen zu vermeiden, kann man Sie dazu bringen, immer wieder „A" zu sagen, sodass Sie dann auch einmal „B" sagen müssen, um konsistent zu bleiben.

Eingesetzt wird diese Technik beispielsweise beim Autoverkauf In der Angebotsphase. Stellen wir uns einen Kunden vor, der gerade von der Probefahrt mit dem schicken neuen Sportwagen zurückkommt. Im Vergleich zu seinem über zehn Jahre alten Auto ist der Neuwagen wesentlich besser, sodass es dem Verkäufer leichtfallen wird, dem Kunden ein paar lobende Worte über das Fahrzeug zu entlocken. Je mehr Zeugen dabei sind, umso stärker ist der Effekt.

Nach der ersten Bindung an das Produkt durch die Probefahrt rechnet der Verkäufer ein sensationelles (unrealistisches) Angebot aus und betont, dass der Kunde damit genau das Auto extrem günstig bekommt, das ihm gefällt und das er will. Die meisten Kunden sind dadurch freudig erregt und werden den Verkäufer dazu auffordern, einen entsprechenden Vertrag aufzusetzen. Der Verkäufer bittet den Kunden um ein paar Tage Zeit für die Formalitäten. In dieser Zeit wird der Kunde in seinem Bekannten- und Verwandtenkreis von dem Angebot schwärmen und seine Bindung zu dem Auto erhöhen. Ruft der Verkäufer ihn dann an, um ihm mitzuteilen, dass die Hausbank das Angebot leider nicht zulässt, dann ist die Bindung an das Auto bereits so stark, dass der Preis des Produkts in den Hintergrund tritt. Kommt der Verkäufer ihm jetzt noch mit einer kleinen „Zugabe" entgegen, dann wird der Ärger auch schnell verpufft sein, sodass das Image des Autohauses nicht darunter leidet.

Kontrast-Technik:

Hebt man zwei Gewichte hoch, wo das erste leichter war als das zweite, wird das letztere Gewicht immer schwerer eingeschätzt als es ist. Wenn Sie also einen Laden haben, dann macht es Sinn, dem Kunden erst das teuerste Produkt zu zeigen und dann ein preiswertes. Wenn ein Kunde einen Anzug für 300 € gekauft hat, wird es wahrscheinlich viel einfacher sein, dem Kunden noch einen Pullover für 60 € mit zu verkaufen, als einem Kunden, der sich ein T-Shirt für zehn Euro gekauft hat.

Gleiches können Sie ebenfalls nutzen, wenn sie angestellt sind. Wenn sie in ihrer Gehaltserhöhung 300 € pro Monat mehr fordern, könnte ihr Chef dies verneinen. Wenn Sie jedoch 700 € mehr verlangen, ihr Chef anfängt zu lachen, sie nun 300 € mehr fordern, ist die Wahrscheinlichkeit deutlich höher, dass sie ihre ursprüngliche Gehaltserhöhung bekommen, als hätten sie diese direkt angesprochen. Das liegt daran, dass ihr Chef in seiner Meinung gestärkt wird, Verhandlungsgeschick gezeigt zu haben.

In Los Angeles gab es eine Studie im Jahr 1970 wo zwei Probanden sich einen Betrag X aufteilen sollten. Den Probanden wurde jedoch gesagt, dass auch beide leer ausgehen könnten, wenn sich nicht geeinigt wird. Was sie nicht wussten war, dass einer von den beiden Probanden ein Assistent des Professors war und es sich nur um eine Testperson gehandelt hat. In Variante eins hat der Assistent direkt am Anfang eine extrem hohe Summe gefordert, ohne davon abzuweichen. In Variante zwei hat der Assistent ein bisschen mehr als die Hälfte gefordert, ebenfalls ohne davon abzuweichen. In der dritten Variante hatte der Assistent erst 90 % eingefordert, danach ist er auf 65 % runtergegangen. Nicht nur, dass die Variante drei am erfolgreichsten war, sie war auch diejenige, bei dem der gegenüber dem meisten Erfolg bei der Verhandlung verspürte.

1968 wurde gemessen, wie hoch die Zuversicht bei Menschen ist, die beim Pferderennen gewettet haben. Das Ergebnis war, dass die Zuversicht um 70 % stieg, nachdem diese ihr Geld auf ein Pferd getippt haben.

Die Technik lässt sich überall einsetzen. An einem Strand wurde getestet, wie viele Menschen eingreifen würden, wenn ein Dieb Dinge von einem Fremden klaut. In vier von 20 Fällen wurde der Dieb angesprochen, weil derjenige, der sich an dem Platz daneben befand, wusste, dass es sich hierbei nicht um das Eigentum des Diebes handelte. Im nächsten Test bat der Fremde den Nachbarn darum, auf sein Eigentum aufzupassen. In 19 von 20 Fällen wurde der Dieb vom Nachbarn angesprochen. Sollten Sie also einmal ihr Gepäck im Zug stehen lassen wollen, weil sie auf Toilette müssen, bitten Sie eine Person darauf aufzupassen.

China ging beispielsweise anders als Korea mit Kriegsgefangenen um. Erst wurde sich bei den Gefangenen die Bestätigung eingeholt, dass ihr Land nicht perfekt sei. Im Anschluss wurden die Häftlinge darum gebeten, eine Liste mit Gründen zu verfassen, warum ihr Land nicht perfekt sei, später wurden diese darum gebeten aus Ihrer Liste einen Aufsatz zu verfassen. Dann baten sie einen Häftling darum diesen Aufsatz vorzulesen. Was dieser nicht wusste war, dass dies in allen Kriegsgefängnissen per Radio abgespielt wurde. Dies führte im Allgemeinen dazu, dass der Widerstand um den Faktor acht sank.

Das beste Beispiel für Kontrast ist das Einspielen von künstlichem Lachen bei TV Sendung. Wir wissen genau, dass es künstlich ist, wir finden es mehr als nervig, aber Studien beweisen eindeutig, dass wir Sendungen mit künstlichen Lachen deutlich humorvoller einschätzen. Ein Barkeeper der folglich mehrere Scheine in seine Trinkgelddose liegt, wird folglich deutlich mehr Trinkgeld erhalten, als hätte er nur Kleingeld hineingelegt.

Kathrin Jeansa wurde 1964 mitten auf der Straße getötet. Sie wurde 30 Minuten lang von einem Verbrecher hingerichtet und 38 Nachbarn haben zugesehen. Keiner hat die Polizei gerufen! Zeitungen schrieben, dass die Nachbarn vom Gefühl der Gleichgültigkeit gelähmt waren. Aber handelt es sich hierbei wirklich um Paralyse? Psychologen gucken sich dieses Phänomen an und bestätigten einen

Grund. Da zu viele zugeguckt haben, verringerte sich das Gefühl der Verantwortung die Polizei rufen zu müssen. Wir denken immer nur das, was die anderen machen würden, also was sich sozial bewährt hat. Wir versuchen cool zu bleiben, folglich basiert nichts. Experimentell wurde getestet, wie wir am besten Hilfeleistung bei einer Notsituation erhalten. In 85 % der Fälle erhielten wir direkte Hilfe, wenn nur ein Helfer vor Ort war. Wir erhielten nur 38 % Hilfe, wenn mehrere vor Ort waren. Also, wenn Sie jemals in einer Notsituation sind, sprechen Sie eine Person von vielen Zuschauern direkt an und bitten Sie diese eine Person um Hilfe.

Hypnotische Verkaufssprachmuster auf Webseiten oder Angeboten nutzen:

Da es sich hierbei um ein Fachgebiet handelt, möchte ich Ihnen gerne ein paar Möglichkeiten geben, wie Sie bestimmte Wörter oder Sprachmuster in Ihre Webseite oder in Ihren Angeboten aufnehmen können, umso noch mehr Umsätze zu erzielen:

1. Sprechen Sie immer die Person direkt an und schreiben Sie nie in der „Ich-Perspektive".
2. Nutzen Sie das sogenannte Ego-*Labeling*.

   Hier sprechen Sie die Person nicht mit Namen an, da Sie diesen ja gar nicht vorweisen können, sondern als Personengruppe. Sie müssen diese Personengruppen so ansprechen wie diese sich jeweils Gruppen zugeordnet fühlen. Gerne können Sie dies auch mit ein wenig Witz verbinden. Wenn Sie zum Beispiel Pflegeprodukte für das Gesicht verkaufen, könnten Sie wie folgt ansprechen: „Liebe schönheitsbewusste Frauen" oder als Unternehmensberater: „Liebe Firmen-Inhaber".

Übrigens glaube ich, dass diese Methodik auch dem Präsidenten der amerikanischen Staaten, Donald Trump, zum Sieg gegenüber Hilery Clinton geführt hat. Letztere hat in Ihren Reden immer die Gesamtheit angesprochen, Herr Trump dagegen immer die Zielgruppe der Arbeiter und Amerikaner.

3. Bauen Sie folgende Wörter oder Sätze ein:

   a. „Das dürfen Sie nicht verpassen"
   b. „Nur noch zwei Tage gültig"
   c. „Absoluter Geheimtrick der Promis"
   d. „Risikofrei" oder „Garantiert"
   e. „Greifen Sie SOFORT zu"
   f. „Leicht"
   g. „Grundsätzlich"
   h. „PS: Extra für Sie"
   i. „Noch mehr"
      Hier möchte ich auf folgendes hinweisen. Wenn Sie zum Beispiel Unternehmensberater sind und Ihr Angebot anpreisen wollen, dann schreiben Sie bitte nicht: „Ich zeige Ihnen wie Sie endlich Umsatz machen". Dies würde suggerieren, als hätte der Firmenbesitzer keine Ahnung.

Nehmen Sie stattdessen immer „noch mehr". Also: „Ich zeige Ihnen wie Sie ganz leicht noch viel mehr Umsatz machen können."

j.   „Premium"

k.   „Siegen"

4. Gut funktioniert es auch, wenn Sie das Ziel beschreiben und den Mehrwert noch mal hervorheben, indem Sie bestimmte Wörter dick oder kursiv markieren.

5. Ebenfalls funktioniert es sehr gut, wenn du das Signalwort „Du" komplett groß Schreibst, also „DU".

6. Um Ihren Expertenstatus zu erhöhen, fügen Sie gerne noch eine moderne Studie hinzu.

7. Auch Rabatte können dazu führen eine Kaufentscheidung herbeizuführen.

8. Untermauern Sie Ihr Angebot oder Ihr Unternehmen mit Bescheinigung, Zertifikaten oder

9. Siegel. Mittlerweile gibt es sogar Unternehmen, die sich eigene Siegel erfinden und diese auf die Website setzen.

10. Auch wenn es inhaltlich absoluter Schwachsinn ist, kann ein Slogan wie „bekannt aus Google" wahre Wunder wirken.

Call-to-Action:

Eine Sache die ebenfalls oft vergessen wird, ist die Handlungsaufforderung. Jeder Text bzw. jeder Webseite muss so dem Ziel angepasst werden, dass der Kunde zu einer Handlung aufgefordert bzw. gelenkt wird. Wenn es zum Beispiel das Ziel Ihrer Webseite ist, dass sich der Kunde für Ihren Newsletter einträgt, dann sollten Sie definitiv unten den Satz einbauen: „**JETZT für kostenfreies E-Book eintragen**".

Auch wird die Handlungsaufforderung oft bei der *Content Strategie* vergessen. Nehmen wir an Sie haben einen Laden für Rollatoren (Rentermofa). Nun nutzen Sie einen firmeneigenen Blog und geben Ihren Lesern Tipps wie sie Ihre Wohnung sturzfrei ausstatten können. Natürlich sollte Ihr Artikel jetzt den Satz beinhalten, dass Sie als Experte gerne bereit sind Ihre Kunden kostenfrei zu beraten und bereit sind noch viel mehr Tipps zur Verfügung zu stellen.

Sollten Sie Interesse daran haben Ihren Blog zu verbessern, dann möchte ich Ihnen gerne ein paar Verbesserungsmöglichkeiten mitgeben:

1. Schreiben Sie 1.000-2.000 Wörter
2. Die Überschrift muss Interesse wecken, kann jedoch auch gerne Zahlen beinhalten.
   Beispiel: „7 Wege um GARANTIERT Millionär zu werden"

3. In dem ersten Satz beschreiben Sie welchen Mehrwert Sie Ihrem Leser liefern. Sie können auch gerne ein Versprechen integrieren, welches Sie jedoch natürlich mit den Content erfüllen müssen.
4. Nach dem ersten Satz verfassen Sie eine Einleitung, welcher zum Hauptteil führt
5. Nach dem Hauptteil nutzen Sie den Schluss, um den sogenannten ersten Satz (Cliff-Hänger) erneut aufzugreifen und so auf das Versprechen einzugehen.

Beeinflussung:

Mithilfe von rhetorischen Fragen, die mit dem Herdenmanagement verbunden werden, können Sie Menschen ganz leicht manipulieren bzw. beeinflussen. Das Herdenmanagement haben Sie in dem Kapitel Marketing ja ebenfalls schon kennengelernt.

Kombiniert könnte dies so aussehen: „Die meisten unserer fitnessbewussten Kunden lieben ein eiskaltes muskelaufbauendes Getränk nach der Sporteinheit, das geht Ihnen doch mit Sicherheit genauso?"

Und schon hat der Kunde im Fitnessstudio an der Bar ein Getränk für 6€ gekauft.

Sie bilden also eine rhetorische Frage, welche die direkte *Ego-Labeling* Ansprache als Gruppenzugehörigkeit suggeriert und so zum Kauf animiert, damit sich der Käufer nicht der Gruppe ablehnt.

Studie:

In den USA wurde mit Hilfe dieser Fragetechnik mehrere hunderte Anwohner in mehreren unterschiedlichen Städten befragt, ob diese „ebenfalls" als „wahre Amerikaner" dafür wären, die Stadt „Akraba" zu bombardieren. Ganze 40% der befragten Amerikaner antworteten tatsächlich mit einem „JA!", obwohl es diese Stadt gar nicht gibt. Naja nicht ganz, die Stadt in der Studie war das Dorf in dem Aladin wohnte.

Der perfekte Werbetext:

Wie könnte nun der Aufbau eines perfekten Werbetextes aussehen?

1. Überschrift (siehe Thema Bloggen)
2. Einstieg als verlängerter Arm der H1.
3. Das Problem bzw. der Engpass der psychografischen Zielgruppe
4. Die Vorteile des Kunden bzw. der Mehrwert
5. Die klare Positionierung
6. Das USP bzw. das Alleinstellungsmerkmal
7. Der Social Proof oder Referenzen
8. Der Call-to-Action
9. Garantien
10. Reziprozität

Wenn ich ein Restaurant hätte…:

Als ich letztens bei meinem guten Freund in seinem Restaurant saß, bat dieser mich um einen Rat sein Unternehmen zu verbessern. Ich überlegte kurz und antwortete wie folgt:

„Wenn ich ein Unternehmen besäße würde ich das perfekte Restaurant besitzen wollen. Ich würde jeden Gast mit einem Handschlag begrüßen und diesen zu seinem Platz bringt. Das Restaurant hätte ein Motto oder würde wie eine Grotte mit Steinen an der Wand oder eine Höhle aussehen. Jeder Gast erhält einen kostenlosen Schnaps. Die Karte ist extrem modern und nur auf maximal vier Themengebiete mit jeweils maximal fünf Gerichten spezialisiert. Zudem gibt es immer einen Einleger mit der Empfehlung des Tages, auf welchem ein Bild von mir ist und auf welcher ich mich persönlich für den Besuch bedanke. Der Gast erhält vor der Aufnahme der Gerichte immer eine Empfehlung ausgesprochen. Der Kellner stellt sich persönlich vor, sagt sein Namen und das er heute für diese Familie persönlich nicht als Kellner arbeite, sondern als persönlicher Held, welcher der Familie einen glücklichen Abend verschaffen möchte. Jeder Gast bekommt unaufgefordert eine kostenlose Vorspeise geliefert, die speziell nur für diese sei. Das Kind erhält beispielsweise ein Malbuch, damit es nicht so lange auf das Essen warten muss. Natürlich gibt es Extradeals für Gäste, die am gleichen Tag Geburtstag haben. Auch enthält mein Restaurant kostenloses WLAN. Witzige Schilder hängen an der Bar. Zum Beispiel, dass es drei Euro Rabatt für das Wort „Bitte" gibt. Es wird jeder Gast befragt, ob das Essen geschmeckt hat. Dem Gast bzw. den Gästen wird nach Zahlung ein weiterer Schnaps gebracht sowie die abgelegte Bekleidung. Es wird sich mit einem persönlichen Handschlag verabschiedet sowie sich für den heutigen Abend bedankt. Regnet es, bringe ich meinen Kunden trocken zum Auto. Jeder Gast, der zeigt, dass er den Besuch bei Facebook gepostet hat, bekommt zwei Gutscheine für jeweils 5€ für den nächsten Besuch ausgehändigt. Die Gäste erhalten einen Flyer bei der Verabschiedung und die Möglichkeit sich für Ihre E-Mail an dem Newsletter einzutragen, mit der Garantie, dass Sie für den nächsten Besuch ebenfalls ein Rabatt zugeschickt bekommt. Wenn nun noch auch das Essen sensationell ist, kann dies doch gar nicht schief gehen oder?

Storry-Telling:

Josef Kemper untersuchte jahrelang Geschichten. Er wollte herausfinden wie man Geschichten dazu nutzen kann Marketing effektiver zu machen. Warum wurde Harry Potter so erfolgreich? In den Büchern waren ja noch nicht mal Bilder vorhanden. Weiterhin waren diese extrem lang.

Was ihm aufgefallen ist, dass die wenigsten Unternehmer als Repräsentanten Ihrer Unternehmen agieren. Nur *Claus Hipp* war für sein Auftreten als Unternehmer bzw. als Garantie seiner Produkte in der Öffentlichkeit bekannt.

Ich teile seine Einschätzung, dass jeder Unternehmer mit seinen Werten und Garantien werben sollte. Es ist doch schon komisch, dass *Claus Hipp* immer noch nicht kopiert wurde. Haben Sie schon mal vom Geschäftsführer von Nestlé gehört?

Warum funktionieren Geschichten so genial?

40.000 Jahre wurden Geschichten genutzt um sich die Zeit am Lagerfeuer schöner zu gestalten. Jeder Journalist muss die Fähigkeit besitzen aus reinen Faktengeschichten Emotionen und Geschichten zu kreieren, die dadurch gelesen und gekauft werden.

Wenn Sie bei dem Energy Getränk Hersteller *Red Bull* nach den Inhaltsangaben im Internet suchen, dann müssen Sie auf die Internetseite gehen, müssen oben rechts klicken, weitere fünf Mal oben rechts klicken, sich durch die Webseiten suchen, bis Sie diese beim achten Klick endlich gefunden haben. Aber was ist auf der Homepage? Fast ausschließlich Videos von Extremsportlern, weil die Marke nur funktioniert, in dem das Getränk mit den Videos und dessen Emotionen verbunden wird.

Haben Sie schon mal gesehen, dass sich jemand das Telekom-Logo auf den Arm tätowiert hat? Nein? Ich auch nicht. Dafür abertausende mit einem *Harley Davidson* Tattoo, weil es nicht für ein Motorrad steht, sondern für Freiheit und einem bestimmten Lebensgefühl.

Storry-Telling wird einfach viel zu wenig als Medium genutzt und schon gar nicht auf den Social Media Kanälen. *Red Bull* hat mittlerweile über 55 Millionen Likes auf Facebook, die Telekom immerhin mehr als 750.000 und die Deutsche Bank? Diese hat sich nachweisbar Likes aus Indien gekauft und hat weniger Likes als Angestellte.

Also nutzen Sie das Medium, kreieren Sie Geschichten und nutzen dies um Ihre Werte zu transportieren!

Usability:

Wie Sie wissen bin ich auf Verkaufspsychologie und Usability spezialisiert. Doch was genau ist Usability? Diese Methodik wird bei der Verbesserung von Webseiten genutzt. Ich habe hunderte von Studien ausgewertet, die das Verhalten von Usern auf Webseiten dokumentiert haben. Aus diesen Studien kann man viele Dinge adaptieren, um sein Ziel der eigenen Webseite noch viel effektiver zu erreichen. Was ich zum Beispiel immer feststelle ist, dass die Telefonnummer auf der Webseite nach oben rechts gesetzt wird.

Leider ist es so, dass User von oben links nach unten wandern und erst zuletzt dem Bildschirm oben rechts angucken. Daher sollten Sie diesen Fehler zumindest schon mal vermeiden.

Gerne geben Ihnen jedoch die Basics mit auf dem Weg:

1. Das Logo gehört immer nach links oben
2. Beim Klicken auf das Logo sollte die Startseite erscheinen (Die Kunden haben sich an dieses Vorgehen gewöhnt)
3. Die Hauptnavigation erfolgt mit zentralen Begriffen. Finden Sie prägnante und aussagekraftige Schlagworte.
4. Nutzen Sie gerne einen Link-Pfad, damit Sie den Besucher jederzeit anzeigen, in welchem Bereich er sich auf der Webseite befindet.
5. Informationen zu Ihrem Unternehmen gliedern Sie bitte in den Menüpunkt „Über uns" oder „Das Unternehmen". In diesem Bereich erwarten die Besucher eine Unternehmensbeschreibung, Ansprechpartner mit Kontaktinformationen, Jobangebote oder Presseinformation.
6. Arbeiten Sie mit Untermenüs, die sich erst zeigen, wenn der gewünschte Hauptbereich aufgerufen wird.
7. Verlinkungen sind mit einer Farbe deutlich erkennbar zu gestalten. Dies können Sie auch gerne unterstreichen.
8. Alle Verlinkungen müssen einwandfrei funktionieren

9. Wenn ein Kunde einer Verlinkung folgt, sollten Sie programmieren, dass sich bei dem User ein neues Webfenster öffnet, damit er Ihre Webseite nicht ganz verlässt.

10. Auf der Startseite sollten Sie in einem prägnanten Satz erklären, welchen Mehrwert Ihr Unternehmen anbietet.

11. Nutzen Sie definitiv eine Kontaktseite, damit Sie Ihre Telefonnummer, E-Mail-Adresse oder Postanschrift nicht im Impressum verstecken müssen.

12. Damit der Kunde die Möglichkeit hat Sie zu kontaktieren, sollten Sie auf jeder Unterseite einen Kontaktbutton einfügen.

13. Veröffentlichen Sie Ihre Öffnungszeiten, damit Interessenten Ihre Dienstleistung auch in Anspruch nehmen können.

14. Sollten Sie Kunden persönlich in Empfang nehmen können, veröffentlichen Sie weiterhin eine Anfahrt Skizze.

15. Beim Kontaktformular sollten Sie darauf achten, so wenige Felder wie möglich zu nutzen, denn umso mehr Sie nutzen, desto höher ist die Abbruchrate.

16. Nutzen Sie ebenfalls gerne eine Suchfunktion auf Ihrer Webseite, die Sie oben rechts einfügen.

17. Es ist immer sinnvoll ein FAQ auf Ihrer Webseite zu integrieren, damit Sie Kunden nicht dauerhaft mit immer den gleichen Anfragen bombardieren.

18. Wählen Sie insgesamt maximal 2-3 Farben, damit die Seite nicht zu unruhig wirkt.

19. Wichtige Elemente können farblich hervorgehoben werden.

20. Zusammengehörende Bereiche haben immer die gleiche Farbe.

21. Die Farbe muss zum Thema passen bzw. zu der Zielgruppe.

22. Die Schriftgröße muss an die Zielgruppe angepasst werden, bei älteren Menschen sollte Sie daher das definitiv nicht zu klein sein.

23. Der Kontrast von Text und Hintergrund muss logisch sein.

24. Am besten nutzen Sie immer eine serifenlose Schrift.

25. Fremdwörter nutzen Sie bitte auch als Experte in sehr geringe Menge.

26. Umso einfacher der Satzbau, desto besser.

27. Es ist immer sinnvoll Symbole zu verwenden. Zum Beispiel bei der Kontaktmöglichkeit ein Telefon. Nutzen Sie immer lieber zweispaltige Texte an statt übereinander gestellte einspaltige Texte. In allen Tests wurden einspaltige Texte überflogen, zweispaltige Texte dahingehend jedoch gelesen. In der Studie wurde bewiesen, dass sich Probanden an 25 % der Inhalte erinnern konnten, bei zweispaltigen Texten jedoch 42 %.

28. Wenn Sie Aufzählungen nutzen, listen Sie nie mehr als fünf Punkte. Bei Aufzählung bis fünf Unterpunkte schauen immerhin 30 % genauer hin, sobald Sie die Aufzählung erweiterten, nahmen diese noch ungefähr 12 % wahr.

29. Setzen Sie bitte gerne Bilder ein, jedoch nicht direkt neben den wichtigsten Informationen Ihres Angebotes. Augen werden von Bildern magisch angezogen und die User werden daher sprunghaft von Text zu Bild hin und her springen.

30. Im Ladengeschäft kann man Ihr nonverbales Verhalten interpretieren, online ist dies nicht ganz so einfach. Daher nutzen Sie das menschliche Verlangen, dass wir alle etwas mit dem geringsten Aufwand erledigt haben wollen. So ist es immer effektiver eine Webseite namens Stühle.de zu betreiben, als Stühle in einer Auswahl von 100 Produkten auf Möbel.de zu vertreiben.

31. Wenn Sie hochpreise Produkte anbieten, dann müssen Sie dies auch mit Ihrer Webseite ausstrahlen, ähnlich wie Apple in schwarz und weiß.

32. Fragen Sie im Bezahlvorgang so wenige Daten wie möglich ab. 4 von 10 Abbrüchen des Kaufes basieren darauf, dass zu viele Daten abgefragt werden oder man sich einloggen muss.

33. Bieten Sie jedem Kunden die Möglichkeit als Gast zu bestellen. Versuchen Sie lieber den Kunden im Nachgang mit einem Gutschein zur Registratur zu bewegen.

34. Bieten Sie alle möglichen Bezahlformen an und weisen Sie schon am Start auf die Varianten hin. Es gibt nichts schlimmeres, wenn ein Kunde kaufen will und seine bevorzugte Bezahlvariante nicht angeboten wird. Im Laden finden Sie ja auch die Symbole für die Bezahlmöglichkeiten.

35. Liefern Sie immer ab einem positiven Wert X (bei Ihnen der Deckungsbeitrag 3 zuzüglich Gewinn) kostenfreie Lieferungen an. Drei von 10 Bezahl-vorgängen werden abgebrochen, weil der Kunde die Lieferkosten für zu hoch hält. Rechnen Sie diese lieber kalkulatorisch in Ihre Preise ein. Bilden Sie Kohorten, also Produkt-Kauf-Verhältnisse und berechnen Sie Produktwahrscheinlichkeiten.

36. Bieten Sie allen Kunden an den Warenkorb zurück stellen zu lassen. Dies erwartet der Kunde auch im stationären Handel. Mit Cookies können Sie diese Daten speichern lassen.

37. Bieten Sie immer zum Schluss ein Mehrwertpro-dukt, welches eine gute Marge aufweist und mit-bestellt wird. Vermeiden Sie jedoch, dass Sie das Produkt automatisch den Warenkorb hinzugefügt wird. Nochmals, vermeiden Sie dies bitte! Wenn alle Produkte Ihre Selbstkosten decken, aber jeder Dritte wie bei MC Donalds eine Pommes dazu kauft, weil der Kassier „Eine Pommes dazu?" fragt, dann ist dies Ihr Unternehmergehalt.

38. Oben rechts befindet sich in Ihrem Shop immer das Warenkorb Symbol und die aktuelle Anzahl der darin enthaltenen Produkte.

39. Bieten Sie Ihren Kunden die bestmögliche Vari-ante an, um Lieferungen kostenlos zurück zu schi-cken. Natürlich erhöht dies die Retourquote sagen Sie, aber dies ist nur das Symptom, bekämpfen Sie die Ursache. Nicht ohne Grund liegt in jedem Amazon Paket der vorgedruckte „Zurück-Sende" Zettel zum Aufkleben.

40. Vermeiden Sie zweispaltige Formulare.
41. Benennen Sie Ihren „Jetzt kaufen" nicht so, sondern „Jetzt bestellen"
42. Platzieren Sie diesen Button nie unten, sondern oben rechts. Wir User sind dies von Amazon und Ebay gewohnt.
43. Nutzen Sie Ihre TÜV Siegel, Verbandssymbole usw.

Allgemeine Hinweise zur Usability:

Ein Besucher benötigt durchschnittlich unter drei Sekunden um zu entscheiden, ob er auf der Webseite bleiben möchte oder diese wieder verlässt. Um auswerten zu können wie User auf Webseiten reagieren, wurde das sogenannte *Eye-Tracking* entworfen. Dabei bekommen Testpersonen eine Brille aufgesetzt, die die Pupillen beim Besuch auf Webseiten analysieren. Bisher wurde immer angenommen, dass das sogenannte *F-Pattern* als ziemlich durchschnittliche Analyse galt. Diese Methodik bzw. diese Annahme stammt aus dem Jahr 2006 und wurde in einer Studie mit 232 Teilnehmer nachgewiesen. *Jakob Pattern* führte diese durch und stellte fest, dass Besucher die Webseite in einer *F-Form* analysieren. Dazu stellen Sie sich einfach ein riesiges „F" auf Ihrer Webseite vor.

Die menschliche Pupille fokussiert hier durchschnittlich vier Punkte pro Sekunde. Dabei nimmt das Auge jeweils einen Kreis von ein bis 2° rund um diesen Punkt deutlich war, den fovealen Bereich. Und deutlich wird darüber hinaus auch noch ein Kreis von 2-5° rund um diesen Punkt wahrgenommen der parafovale Bereich. Außerhalb dieses Bereichs und innerhalb des peripheren Bereichs von 6-220° gelangen nur Informationen in die Wahrnehmung, die massiv die Aufmerksamkeit wecken. Das könnten etwa rennende Raubtiere oder blinkende Werbebanner sein. Sobald Ihre Augen auf einer Stelle verharren, sprechen wir von Fixation. Bei schnellen Augenbewegungen nennen wir dies Sakkaden. Da das menschliche Auge aus technischer Sicht nur mit einer betagten Webcam vergleichbar ist, kommt es auf raffinierten Regelmechanismen im Gehirn an, die Schwächen der Wahrnehmung zu korrigieren und mit Erfahrungswerten zu ergänzen. Ein menschliches Gehirn kann somit 60 % der Großhirnrinde an Wahrnehmung, Interpretation und Reaktion nutzen. 1990 zeigte *John Grimes* in einem Experiment, bei denen er Menschen unterschiedliche Bilder zeigte, die sich bewegten, dass die Testpersonen nicht in der Lage waren, Veränderungen innerhalb der Sakkade festzustellen. Wenn Sie also Pop-Ups nutzen, dann zentral und nicht seitlich.

Im Jahr 2016 wurden eine ähnliche Studie veröffentlicht, die das bisherige Modell nur teilweise bestätigt. Wichtig zu wissen ist jedoch immer, dass ein User aufgrund der deutschsprachigen Lesetechnik links beginnt und im ersten Moment gerade nach unten analysiert, bis er danach auf sogenannten Eye-Catchern wie Bilder schaut und wieder gerade nach unten analysiert.

Auch möchte ich Ihnen gerne die Untersuchung nahelegen, bei der Google analysiert wurde. Stellen Sie sich Google Suchergebnisse vor. Die ersten beiden Anzeigen werden als Block eins bezeichnet. 90 % der Teilnehmer betrachten diesen Block für 2,76 Sekunden. Danach folgen weitere drei

Anzeigen, die von 75 % der Teilnehmer betrachtet werden und ebenfalls eine Länge von ca. 2,74 Sekunden aufweisen. Nun wird es interessant. Alles was darunter liegt, wird als dritter Block bezeichnet. Nur noch 45 % der Teilnehmer betrachteten diesen. Der letzte Block wird durchschnittlich 2,69 Sekunden betrachtet, rechnet man dies jedoch auf alle restlichen Anzeigen aus, ist dies nicht mehr nennenswert.

Weiterhin ist es sehr interessant, dass *AdWords* Anzeigen von mehr als 60 % komplett ausgeblendet werden! Der Blick geht auf den Pagetitel und überraschenderweise auch auf die URL, anstatt wie bisher immer angenommen auf den Titel oder die AdWords Anzeigen.

Interessant ist auch, dass die User nie mehr als drei Klicks benötigen wollen, um an das gewünschte Ziel zu kommen. Das bedeutet, dass Sie hunderte von Unterseiten vermeiden sollten.

Achja und bevor ich es vergessen. Nutzen Sie auf Ihrer Webseite eine große prominente Suchbox, damit Kunden nicht lange nach etwas suchen müssen.

Online Marketing - Beim Schlafen Umsatz generieren

Warum ist Online Marketing so wichtig?

Seit dem Jahr 2015 finden mehr aller weltweiten Waren- und Dienstleistungsströme im Internet statt. Im asiatisch-pazifischen Raum sind es schon mehr als ein Drittel, Tendenz grundsätzlich stark steigend. Wer also seine Waren und Dienstleistungen auch zukünftig anbieten möchte,

muss sich spätestens jetzt mit diesem Thema intensiv beschäftigen. Man verliert Aufträge nicht an Konkurrenten,
sondern an der eigenen Unsichtbarkeit im Internet. Doch
alles was offline funktioniert, funktioniert nicht unbedingt
online.

Menschen glauben, dass Internet sei günstiger und zeitsparender, aber oft ist dies nur eine veränderte Wahrnehmung. Nun, wir glauben, dass es günstiger sei, weil die
Zwischenhändler und das Personal ja wegfallen würden,
aber viele Studien beweisen, dass die besten Preise doch
offline zu finden sind. Das wiederum würde viel Zeit kosten und daher kaufen wir online. 68% der US Bürger glauben, sie würden mit dem Internet Zeit sparen. Wie Paco
Underhill jedoch gezeigt hat, nehmen wir das Einkaufen
nur anders war, weil wir uns nicht aktiv dabei bewegen.
50% der Menschen nutzen drei Viertel ihrer gesamten On-
line-Shopping Zeit um nach Dingen zu suchen, die sie später eventuell offline kaufen wollen. Nutzen Sie hier die
Chance das Interesse in einen Bedarf zu wandeln, haben
Sie den Sale.

Nun ich habe Ihnen schon einmal in diesem Buch erklärt,
warum Amazon so erfolgreich wurde, aber gerne noch ein
Beispiel. Toys R US hat 2014 einen Online Shop eingeführt,
Amazon wurde 1995 gegründet. Die größte Büchersamm-
lung der Welt hat der Buchhändler „Barnes & Noble" in
New York mit 21 Kilometern Regale und 249.600 Büchern.
Wollten Sie alle Bücher der Welt ausstellen, müsste ihr
Geschäft trotzdem 520-mal so groß sein, jedoch ist es on-
line möglich diese Auswahl anzubieten.
Wissen Sie, was der größte Kaufabbruch im stationären
Handel ist? Mangel an Verfügbarkeit. An der Erasmus Uni-
versität fand Laurens Scott heraus, dass der Mangel an
Verfügbarkeit der größte Faktor für Unzufriedenheit beim
offline Kaufen ist.

Nutzen Sie auch gerne Ihre offline Kunden, um diese on-line im monatlichen Newsletter zu bespielen. Geben Sie Ihren Kunden in Ihrem Geschäft kostenloses W-Lan und geben Sie diesen einen 5€ Rabatt Gutschein ein, wenn diese sich an der Kasse in Ihren Newsletter eintragen. Wenn Sie immer noch denken, dass Sie offline keine Chance haben, dann gucken Sie sich gerne die Studie von schwedischen Forschern an, die herausgefunden haben, dass Preisunterschiede irrelevant werden, sobald ein Geschäft mit vergleichbaren Produkten mehr als drei Kilometer entfernt ist.

Kaufentscheidungen können folgend positiv manipuliert werden:
Sympathie, Komfort, Informationen, Kundenzuschnitt und Kompetenz.

Komfort:
Abwicklung von Verkäufen, Lieferbedingungen, Sichtbarkeit des Warenkorbes, einfache Navigation, Geschwindigkeit, Sprachstil

Sympathie:
Menüführung, Benutzerfreundlichkeit, Geschäftsbedingungen

Informationen:
Anleitungen, Verpackungsbeispiele, Ratgeber, Berichte

Kundenzuschnitt:
Service, Kontaktmöglichkeit, flexible Zustellungen

Kompetenz:
Qualität, Mitarbeiter-Service, Verbandszugehörigkeiten, Branchenkenntnis

Wie entstand das Internet?

1989 erfand der Elektroniker *Tim Barners-Lee* das World Wide Web, welches 1991 erstmals in Betrieb ging. Leider blieb die Entdeckung unbemerkt, bis das erste Unternehmen weltweit, Pizza Hut, seinen Kunden das Angebot online anpries.

Was ist Online Marketing?

Online-Marketing (auch *Internetmarketing* oder *Web-Marketing* genannt) umfasst alle Marketing-Maßnahmen, die darauf abzielen, Besucher auf eine bestimmte Internetpräsenz zu lenken, auf der ein Geschäft abgeschlossen oder angebahnt werden kann.

Wie funktioniert Google?

Suchmaschinen wie zum Beispiel Google oder Bing kennen nicht das gesamte Internet und durchsuchen dieses auch nicht bei einer Sucheingabe. Stattdessen funktioniert Google so: Google besucht in regelmäßigen Abständen alle bekannten Internetseiten. Befindet sich auf dieser Internetseite ein Link zu einer weiteren Webseite, so folgt Google diesen Pfad bis kein weiterer Link vorhanden ist. Nehmen Sie nun zum Beispiel Änderung auf Ihrer Webseite vor, kann es effektiv sein, wenn Sie bei *Google Analytics* die *Search Console* besuchen, um Google anzuzeigen, dass sich bei Ihnen etwas geändert hat und Google Ihre Webseite zeitnah neu überprüft.

Google hat insgesamt ca. 250 Faktoren, die einen eigenen Logarithmus bespielen, welcher dann dem User bei einer Suchanfrage die besten Resultate anzeigt.

Wie kann ich meine Webseite für Google optimieren?

Als erstes möchte ich Ihnen die Empfehlung geben, dass Sie bitte nicht blind irgendwelche online Marketing Agenturen vertrauen. Eine Agentur, die ihnen verspricht, dass Sie bei Google auf Platz eins landen, hat keinerlei Ahnung! Selbst Google Mitarbeiter kennen nicht alle Faktoren, die für den Logarithmus wichtig sind.

Grundsätzlich empfehle ich weiterhin, dass ein online Marketing Studium nicht sinnvoll ist, da sich die Inhalte wöchentlich ändern können. Wenn Sie online Marketing Manager in Ihrem Unternehmen beschäftigen, müssen Sie Ihnen die Möglichkeit geben, sich täglich eine Stunde auf den neuesten Stand zu bringen.

Früher war es so, dass gewisse Updates von Google, die den Logarithmus maßgeblich verändert haben, vorher angekündigt wurden. Mittlerweile werden die Updates sukzessiv vorgenommen, sodass Ihre Rankings von heute auf morgen unterschiedlich sein können. Wenn Sie nicht das eigene Know-how besitzen, nutzen Sie eine professionelle Agentur und lassen Sie Ihr Ranking mindestens alle paar Tage überprüfen.

Sie werden gleich einige Maßnahmen erfahren, die Ihnen helfen können um bei Google besser gefunden zu werden. Das wichtigste jedoch zuerst: Google ist daran interessiert die besten Ergebnisse bei bestimmten Suchbegriffen anzuzeigen. Ziel ist also immer Ihren Kunden bzw. den Suchenden die richtigen bzw. korrekten Inhalte zum Suchbegriff anzuzeigen. Hier zählt der Spruch Content is King!

Was genau kann ich nun verbessern?

Google wirklich gelistet zu werden, haben Sie drei Möglichkeiten.

1. Organische Suche (On-Page)
2. Ad Words (Werbung)
3. Link-Building (Off-Page)

Organische Suche:

Bei den organischen Suchergebnissen handelt es sich um Platzierungen in den Suchergebnislisten, die aufgrund der Algorithmen von Suchmaschinen entstehen und nicht mit Geld beeinflusst werden können. D.h. eine gute Platzierung kann hier nicht erkauft werden. Durch Suchmaschinenoptimierung können diese Rankings jedoch schon beeinflusst werden. Hierbei spielen viele verschiedene Faktoren eine Rolle. Je nach Konkurrenzumfeld kann ein gutes Ranking in den organischen Listings eine Menge Arbeit, Zeit und auch Geld erfordern.

Einige Faktoren zur Verbesserung Ihrer Rankings:

1. *Dauer der Besuche auf Ihrer Webseite (Conversion)*

Hier betrachtet Google wie lange die Suchenden auf Ihrer Webseite sind. Umso länger diese auf Ihrer Webseite sind, umso besser das Ranking, weil Google davon ausgeht, dass der Sucher passenden Inhalt zu seiner Suchanfrage gefunden hat. Haben Sie jedoch eine hohe Anzahl von Personen, die innerhalb von weniger Sekunden Ihrer Webseite wieder verlassen, wird Google suggeriert, dass sich der Suchbegriff nicht auf Ihrer Webseite befindet. Google wird Sie daher nicht gut listen. Für die Verlängerung der Seitenaufrufe kann sich ein Video gut eignen. Näheres finden Sie dazu im Kapitel Marketing.

2. Keywords

Ein **Keyword**, auch **Suchbegriff, Schlagwort, Schlüsselwort,** oder **Stichwort**, bezeichnet allgemein einen Eingegebenen Begriff in der Suchmaske einer Suchmaschine. Dieses Keyword wird daraufhin von den Suchmaschinen durch Ihre Suchalgorithmen behandelt und mit dem jeweiligen Index abgeglichen. Daraufhin bekommt der Nutzer eine Suchergebnisseite (SERP), die Ergebnisse zu diesem Keyword auflistet.

Money Keywords

Die Bezeichnung „Money" impliziert zwar eine Kaufabsicht, ist aber nicht darauf beschränkt. Für eine kommerzielle Webseite sind folgende Keywords Beispiele für Money-Keywords: *„Schuhe*

kaufen", „BWM leasen", „Angebote Online Marketing". Für nichtkommerzielle Seite ist das Keyword
das Money-Keyword, das den Inhalt und die (infor-
mationelle) Intention der Seite beschreibt. Beispiele wären: *„Republik Venedig 12 Jahrhundert"*,
„Raspberry Pi Programmierung", *„Wanderwege
Franken"*

Brand Keywords

Keywords, die speziell auf eine Marke zugeschnit-
ten sind, werden als „Brand-Keywords" bezeichnet. Bspw.: *„Apple"*, *„Coca Cola"*, *„Adidas"*,
„Schreinerei Meier".

Compound Keywords

Keywords, die sowohl Money als auch Brand
Keywords sind, werden als "Compound Keywords"
bezeichnet. Beispiele wären: *„Windows 7 günstig"*
oder *„Canyon Bicycles kaufen"*.

Other Keywords

Alles was nicht in die obigen Klassifizierungen
passt, wird als „other" bezeichnet. Beispiele wären *„hier klicken"* oder *„tolle Seite"*. Je nach Intention einer Webseite, können auch Begriffe wie
„Dienstleistung" unter „Other Keywords" fallen,
wenn die Webseite ein Vergleichsportal ist.

Long-Tail und Short-Tail

Money-, Brand-, und Compound-Keywords, können weitergehend in Long-Tail und Short-Tail Keywords klassifiziert werden.

Als Short-Tail werden kurze Keyword-Phrasen bezeichnet, wie *„Coca Cola Zucker"* oder *„Hose kaufen"*. Solche Suchanfragen haben in der Regel ein hohes monatliches Suchvolumen.

Als Long-Tail werden Suchanfragen bezeichnet, die komplexer, länger und somit seltener als Short-Tail Keywords sind. Beispiele wären: *„Marmelade aus Blaubeeren ohne Zucker selber machen"*, *„Rote Tanzschuhe für Herren"* oder *„Bunte Bleistifte aus Österreich"*.

3. Keyword Planer und Tools als Hilfe: (Quelle: seo-kueche.de)

Ein Beispiel:

Der Händler Paul verkauft Stifte. Er will mit seinem Webshop in Google gut gefunden werden. Es stellen sich mehrere Fragen:

1. Welche Arten von Stiften hat er auf Lager?

2. Welche Keywords geben Nutzer in Google ein, wenn Sie nach Stiften suchen, die Händler Paul auf Lager hat?

3. Welche Konkurrenz erscheint bei der Eingabe dieser Keywords?

4. In welchen Situationen können diese Keywords eingegeben werden (Long-Tail)?

1. Händler Paul hat Bleistifte und Kugelschreiber auf Lager.

2. Hier setzt der erste Teil der Keyword Recherche an: Suchen Kunden nach „Bleistifte kaufen" oder „Bleistifte günstig", oder „Bleistifte günstig kaufen" oder einfach nur nach „Bleistifte"? Wie hoch sind die jeweiligen Suchvolumina für diese Keyword-Phrasen?

3. Angenommen man gibt „Bleistifte kaufen" in die Suchmaske bei Google ein: Welche Konkurrenz erscheint dort auf den ersten 5 oder 10 Plätzen?

4. Gibt es andere Situationen in denen Nutzer das Keyword „Bleistift" mit anderen Begriffen kombinieren? Bspw.: „Bleistift abgebrochen", „Bleistifte spitzen"? Dies ist der sogenannte Long-Tail.

Die Antworten auf jede dieser Fragen, bestimmt wie die Homepage von Paul aufgebaut werden muss, um möglichst viele Keywords und Keyword-Kombinationen abzugreifen, d.h. bei möglichst vielen Keywords in den Top10 oder Top5 zu ranken.

AdWords Keyword Planer

AdWords bietet ein kostenloses Tool zur Analyse verschiedener Keyword-Phrasen an, auch ohne einen eigenen AdWords-Account: https://adwords.google.de/keywordplanner.

Es können Suchbegriffe oder Webseiten zur Analyse eingegeben werden. Der Keyword Planer liefert ein ungefähres monatliches Suchvolumen sowie mögliche Klickpreise. Mehr Informationen: Der AdWords Keyword Planer.

Google Suggest

Google Suggest ist eine Funktion der Suchmaschine Google. Es werden häufig gesuchte Begriffe in der Autovervollständigung der Suchleiste vorgeschlagen:

Ubersuggest

Das kostenfreie Tool "Ubersuggest" sammelt die Informationen aus "Google Suggest" und bietet es dem Nutzer in einer übersichtlich dar: http://ubersuggest.org/

Fragen Sie Ihre Kunden wonach diese Suchen!

4. *Integration der Keywords auf der Webseite:*

Früher war es noch möglich die Keywords in weißer Schrift auf weißem Hintergrund zu setzen, damit Google die Seite gut listet. Weiterhin hat man

das Wort einfach so oft wie möglich genutzt, jedoch sind diese Varianten nicht mehr möglich.

Was Sie machen können ist das Keyword in die
Überschrift zu setzen (H1 genannt), am besten als
erstes Wort. Weiterhin macht es Sinn Synonyme
mit in die Hauptseite Ihrer Webseite mitaufzuneh-
men. Bleiben Sie jedoch beim Grundsatz: Content
is King!

5. *Social Media:*

Wenn Sie Social Media Kanäle nutzen, dann verlin-
ken Sie diese auf Ihrer Webseite. Gleiches gilt für
YouTube-Kanäle, da YouTube auch zum Google
Konzern gehört.

6. *Strukturierung:*

Machen Sie Ihre Texte so gut wie möglich lesbar.
Nutzen Sie Zeilenabstände, neue Kurzüberschrif-
ten und Aufzählungen. Nutzen Sie auch gerne fett-
gedruckte Schrift um wesentliche Inhalte oder
Keywords hervorzuheben.

7. *Responsiv Design:*

Eines der wichtigsten Kriterien für eine gute Listung ist mittlerweile seit 2017, dass sich Ihre Webseite auf dem Handy und dem Tablet anpassen
kann und somit aufrufbar ist. Webseiten, die dies

noch nicht können, werden sofort abgestraft im Ranking.

8. *Keyword in URL:*

Unter Umständen kann es auch Sinn machen, dass Sie das Haupt Keyword in Ihre Domain bzw. URL mit integrieren.

9. *Interne Verlinkungen:*

Nutzen Sie die Chance Ihre Unterseiten gegenseitig zu verlinken, aber vermeiden Sie Kannibalismuseffekte.

10. *Ladezeiten:*

Umso länger Ihre Webseite lädt, umso schlechter für Google.

11. 404 Fehler:

Vermeiden Sie dringend, dass einige Ihrer Unterseiten fehlerhaft aufrufbar sind.

12. *Bilddateien:*

Wenn Sie Bilder auf Ihrer Webseite haben, dann beschriften Sie den Tag (Name der Bilder unter Beschreibung in der digitalen Version). So besteht die Möglichkeit, dass das Bild bei der Bildersuche von Google erscheint.

Der wichtigste Bestandteil von *Google AdWords* sind Schlüsselwörter (*keywords*): Mit Ihrer Hilfe kann ein Werbungtreibender vorab festlegen, dass eine Anzeige nur in den Ergebnissen für eine Suche nach den genannten Begriffen oder thematisch passenden Seiten dargestellt werden soll. Dies soll eine gezielte Ausrichtung an den Interessen der Besucher ermöglichen und die Streuverluste auf ein Minimum reduzieren. Außerdem lassen sich auch negative Schlüsselworte definieren, bei denen die Anzeige nicht eingeblendet wird.

Google AdWords erhebt keine Gebühren für die Darstellung von Anzeigen, sondern erst bei einer tatsächlichen Aktion des Nutzers – in der Regel einem Klick auf die Anzeige und dem damit einhergehenden Besuch auf einer verlinkten Webseite. Häufig werden dazu auf die jeweilige Anzeige passende Landingpages verwendet. Plätze für Anzeigen werden laut Google versteigert. Ein Werbetreibender kann für jede Anzeige einen Höchstpreis festlegen, der für die Interaktion einer Zielperson bezahlt werden soll.

Dies wird als maximaler CPC (*Cost-per-Click*) bezeichnet. AdWords kombiniert alle bestehenden Interessenten an einem Schlüsselwort oder der Kombination mehrerer Begriffe. Zusätzlich fließt seit einiger Zeit ein sogenannter *Quality Score* in die Platzierung einer Anzeige mit ein: Mit seiner Hilfe versucht Google einzuschätzen, wie interessant eine Anzeige für die Besucher thematisch verwandter Seiten sein könnte und beispielsweise auch an welchem Wochentag diese besonders gut ankommt. Ein Werbetreibender erhält von Google keine Garantie, dass seine Anzeige eingeblendet wird, auch wenn es für die festgelegten Suchbegriffe keine konkurrierenden Anzeigen gibt.

Nehmen wir zum Beispiel Lebensversicherungen als Analyse. Damit Ihre Werbeanzeige bei Google angezeigt wird, dann müssen Sie dafür heutzutage ca. 70€ für einen Klick bezahlen (CPC). Neben der CPC ist die sogenannte Conversion extrem wichtig. Diese Kennziffer gibt an, wie viele tatsächlich bei Ihnen gekauft haben im Verhältnis zu den Klickzahlen.

Nehmen wir an, dass Sie für einen Klick 100€ zahlen. Wenn Sie für die Vermittlung einer Lebensversicherung 1.000€ erhalten, dann muss mindestens einer von 10 Kunden kaufen, damit Sie den *Return of Investment* erhalten. Also benötigen Sie mindestens eine Conversion von 10%. Damit Sie also Gewinn machen, brauchen Sie eine Conversion in Höhe von 20%. Haben Sie nicht vorher kalkuliert, dann ist dies einer der größten Fehler unnötiges Geld auszugeben und der häufigste Grund dafür, dass Sie sich nicht weiter damit beschäftigen.

Mit der *organischen Suche* sowie mit *AdWords* können Sie also Besucher auf Ihre Webseite locken. Um nun möglichst viele Käufe, also eine gute Conversion, zu erzielen, lesen Sie bitte das Kapital Marketing mit den Inhalten der Verkaufspsychologie.

Link-Building bzw. Offpage-Optimierung:

Sie haben ja nun schon gelernt, dass Google alle Links verfolgt, bis Google keine weiteren Links mehr auf der zuletzt besuchten Webseite findet. Daher ist einer der wichtigsten Faktoren für eine gute Listung das sogenannte Link-Building.

Linkaufbau bezeichnet die gezielte Erzeugung der auf die eigene Webseite verweisenden Backlinks. Während früher die Anzahl und Stärke der Backlinks ausschlaggebend für ein erfolgreiches Link Building war, wird heutzutage ein möglichst natürliches Linkwachstum simuliert. Beim organischen Linkaufbau wachsen die Anzahl der Backlinks und die damit verbundene Domainpopularität einer Webseite auf natürlichem Weg. Das eigene Linkwachstum kann durch Maßnahmen wie hochwertige Inhalte (Content), themenrelevante und regelmäßig aktualisierte Informationen sowie PR-Maßnahmen beeinflusst werden.

Im Gegensatz dazu stehen Methoden, die zum Beispiel durch Linkkauf, Linkmiete, Linktausch, künstliche Linkfarmen, Expired Domains und deren bestehende Verlinkungen aus der Zeit vor der Domainlöschung oder auch Schattendomains auf eine Anhäufung der eigenen Domainpopularität setzen. Ein forcierter Linkaufbau besteht häufig aus Linkquellen wie Presse- und PR-Artikeln oder Links aus Texten, die zum Beispiel in Artikelverzeichnissen und freien Blogs nur zu dem Zweck des Linkaufbaus untergebracht werden. Da diese Maßnahmen aktiv durchgeführt werden, spricht man hierbei auch von einem künstlichen Linkaufbau. Auch die Teilnahme in sozialen Netzwerken, das Kommentieren auf Blogs oder Antworten in Experten-Communitys werden häufig zum Linkaufbau verwendet. Selbst Wikipedia-Artikel werden genutzt, um Links zu bekommen. Foren-, Blog- und Wikibetreiber setzen daher bei externen Links, die von Nutzern eingefügt werden können, oft automatisch das nofollow-Attribut. Eine solche Auszeichnung entwertet einen Link für die Suchmaschinen.

Dem künstlichen Linkaufbau durch gezielte Suchmaschinenoptimierung wirken Suchmaschinen durch regelmäßige Änderungen des Ergebnisalgorithmus entgegen. In diesem Zuge werden Webseiten, auf die in kurzer Zeit eine hohe Anzahl unnatürlicher Links gesetzt wurden, in den Suchergebnissen nach hinten befördert oder zum Teil auch gänzlich aus dem Index gelöscht. Mittlerweile ist Google in der Lage, künstliche Linkstrukturen wie gleiche Netzwerke, reziproken Linktausch oder die Teilnahme an Tausch- und Verkaufsnetzwerken aufzudecken. Insbesondere seit dem Google Pinguin-Update, welches sich gegen Webseiten mit künstlichem Linkprofil richtet, achtet Google auf eine branchen- und themenübliche Linkstruktur.

Fragen Sie also Blogbetreiber, ob diese von Ihnen vorgefertigte Artikel zum Inhalt des Blogs als Gastblogeintrag veröffentlichen können. Natürlich darf dann der Artikel einen Link von Ihnen erhalten. Wenn das Thema tatsächlich treffend ist, ohne Produktplatzierung, dann wird er sich freuen seinen Followern einen Beitrag zu übermitteln, ohne selber Arbeit gehabt zu haben.

Wettbewerbskiller:

Unseriös und moralisch nicht leicht vertretbar, aber möglich. Da für Google die Qualität des Links eine große Rolle spielt (Die Verlinkung von einer Universität auf Ihre Webseite, anstatt von einem Forum), gibt es Unternehmen die Anbieten, Links Ihrer Webseiten auf Pornoseiten in tausender flacher Menge zu setzen, damit Google Ihren Wettbewerber abstraft.

Facebook Werbung:

Facebook hat fünf Milliarden User und Sie erhalten mit Werbung auf Facebook die Chance extrem Zielgruppen genau, ohne Streuverluste, zu werben (targen) und somit extrem preisgünstig genau Ihre Zielgruppe anzusprechen.

Werbung wird Ihren Kunden direkt im *Feed* als gesponserte Anzeige angezeigt, also beim direkten Scrollen Ihres News-Feeds. Ihrer Kunde wird also definitiv die Anzeige sehen.

Wenn ich Ihnen nun erklären würde, wie Sie auch hier effektiv werben können, dann wird dieses Buch leider mehrere tausend Seiten dick, aber gerne möchte ich Ihnen die Möglichkeiten sowie die Unterschiede zur Suchmaschinen Optimierung aufzeigen:

Unterschied Google Werbung vs. Facebook Werbung:

Bei Google sucht der User nach einem gezielten Keyword, hat also eine direkte Kaufabsicht oder zumindest die Absicht passende Informationen zu finden.

Bei Facebook dagegen können Sie einer Zielgruppe haargenau Inhalte einspielen lassen, damit diese Ihr Angebot wahrnehmen. Hier suchen die User jedoch nicht aktiv nach Ihrem Angebot. Bei Facebook haben Sie die Chance Ihre Werbung genauestens zu targetieren. Das bedeutet, Sie können genau bestimmen, wie die demo- und psychographische Zielgruppe aussehen soll. Das geht nicht mit Google. Zum Beispiel: Geschlecht, Alter und Interessen, Fachzeitschriften, Filme, Einkommen usw.

Der Vorteil ist jedoch auch ein Nachteil, wenn Sie Ihre Zielgruppe nicht richtig ausgewählt haben bzw. die Anzeige für Ihre User keinen Mehrwert bietet. In diesem Fall wird Facebook diese wieder raus nehmen, da die Kunden keine Lösung erhalten haben. Da Sie auch hier nur Provisionen zahlen, wenn ein Kunde klickt, wird Facebook lieber eine andere Werbung mit mehr Klickzahlen nutzen anstatt Ihre weiter anzuzeigen.

Splitten:

Egal ob Sie Werbung bei *Google AdWords* oder bei Facebook bespielen, machen Sie immer *Split-Tests!* Das bedeutet, dass Sie nie nur eine Anzeige schalten, sondern gleich mehrere mit kleinen Unterschieden, um die bestmögliche herauszufinden und so Ihre Anzeigen immer effektiver zu verbessern.

Facebook-Gruppen:

Hier noch ein Geheimtipp. Bilden Sie als Administrator Facebook Gruppen. Dies sind homogene Gruppen Ihrer Kunden, in denen sich die User austauschen können. Die Gruppen haben mehrere Vorteile. Sie sind Administrator, das bedeutet, dass Sie hin und wieder komplett kostenlos Werbung oder Eigenanzeigen veröffentlichen können, die dem User als Benachrichtigung angezeigt wird und somit geöffnet wird. Weiterhin können Sie komplett kostenlos lesen was Ihre Zielgruppe interessiert, welche Probleme diese aufweisen, worüber Sie sich informieren und somit passende Produkte erstellen.

Ein Tipp:

Menschen sind wie schon gelernt Herdentiere und suchen Gruppenzugehörigkeit. Verbinden Sie die Offline-Welt mit der Online-Welt. Stellen Sie den Facebookgruppenmitgliedern Mitgliedcrauswcisc aus, bieten Sie Shirts mit dem Namen der Gruppe an oder sponsern Sie diese bei Gruppeneintritt. Dadurch schaffen Sie es, dass auf der virtuellen Gruppe eine reale entsteht und diese auch real wahrgenommen wird.

Ein Beispiel:

Für ein Fitnessstudiobesitzer haben wir mehrere Gruppen eröffnet. Eine davon war eine sogenannte Laufgruppe, in der sich Menschen innerhalb der Region zum Joggen verabreden können, Laufrouten posten oder sich gegenseitig austauschen. Schnell sprach sich die Gruppe in der Region herum. Nun sind mehr als 6.000 User in der Gruppe angemeldet, also alles Sportinteressierte Menschen innerhalb von 10 km Umkreis des Fitnessstudios. Nun kann er zum Beispiel bei Winterbeginn seine Werbung posten, dass Läufer ein Extra Angebot erhalten, damit diese nur für den Winter in seinem Fitnessstudio trainieren können bzw. die Laufbänder nutzen können. Da es sich nur um ein Angebot für die Gruppenmitglieder gehandelt hat, konnte man den Erfolg ausmessen. Seit dem macht er durchschnittlich 43 Neuverträge im Winter, wovon 23 ganz Jahres Verträge sind und die restlichen für sechs Monate. Klever oder? Auch kann er zum Beispiel bei Abnehmfragen mit guten Tipps kommentieren, damit er als Experte wahrgenommen wird, auf seine Sauna verweisen oder Ernährungsberatung anbieten kann.

Führung - Theorie vs. Praxis

Der Status entscheidet:

Bevor wir richtig einsteigen, ich Ihnen neue Möglichkeiten der Führung zeige, müssen wir erst definieren, welches Ziel sie überhaupt verfolgen. Um Ihr Ziel festzulegen, starten wir direkt die Anamnese. Ich bitte Sie nun sich auf einem weißen Zettel ihre Symptome (beruflich & privat) zu notieren, welche Sie in Bezug auf Führung erleiden und optimieren wollen. Dies könnte unter anderem sein: Mitarbeiter kündigen, ich arbeite 60 Stunden pro Woche, keine wahren Freunde, keine Partnerin, Ziele meiner Abteilung stagnieren, respektive Unternehmensziele stagniert und persönlich zu fett.

Als nächsten Schritt notieren Sie sich darunter wie es sich anfühlt, wenn sie sich diese Attribute verinnerlichen. Worum ich Sie bitte, ist nicht direkt das erste Wort „schlecht" hinzuschreiben, sondern Ihre aktuelle wirkliche Gefühlslage zu definieren. In einer Studie wurden 100 Menschen gebeten eine Woche lang ihre Gefühle zu notieren. Alle 100 Testpersonen erhielten einen Pieper und sollten, sobald der Piepton willkürlich innerhalb der eine Woche ertönte, ihre Gefühle notieren. Nach einer Woche wurden diese Zusammenfassungen der Gefühle notiert und die Grundhypothese der Wissenschaftler wurde bestätigt. Insgesamt wurden nur zwölf unterschiedliche Gefühle definiert, sechs gute und sechs schlechte. Aber sind dies wirklich alle Gefühle die innerhalb unseres Biosystems vorhanden sind? Daher ist es mir so extrem wichtig, dass Sie genau in sich hineinhören und in richtigen Sätzen definieren, wie Sie sich fühlen, wenn Sie sich Ihre Symptome durchlesen.

Meistens weisen alle Symptome einen einzelnen Nenner auf. Im oberen Fall ist es so, dass Sie keine Freundin finden, weil Sie angeblich keine Zeit haben. Aber wenn ich Ihnen vorschlage weniger zu arbeiten, dann sagen Sie, dass es wegen Ihrer Firma nicht geht. Wenn ich Ihnen vorschlage, dass Sie jemanden für ihren Job einstellen sollen, sagen Sie, dass es aufgrund des fehlenden Kapitals nicht gehe. Nun schlage ich Ihnen vor, dass Sie Ihre Preise erhöhen sollen, wohin Sie entgegnen, dass dies aufgrund der Kunden nicht gehen würde. Jetzt schlage ich Ihnen vor sich andere Kunden zu suchen, dieses Spiel könnten wir endlos weitermachen.

Machen Sie sich eine Liste mit Lösungen wie sie die einzelnen Attribute zukünftig lösen wollen. Auch notieren sie sich nun darunter, wie sie sich zukünftig fühlen wollen, beispielsweise: Frei, wirksam und selbstbestimmt. Ein Profiboxer beispielsweise geht in den Ring, weil er bereit wäre k.o. zu gehen. Gleiches Mindset gilt ebenfalls für Unternehmer. Es wird immer negative Dinge geben, wichtig ist nur, dass man den Stein, der einem in den Weg gelegt wird, als Meilenstein betrachtet. Es wird immer Steuerprüfungen geben, neue Wettbewerber, Kunden die nicht zahlen wollen oder noch intensivere Engpässe. Wichtig ist hierbei immer, dass sie sich immer noch so fühlen wie sie es nun definiert haben.

Ich zeige Ihnen nun, wie Sie mit neuen Techniken Ihr Ziel erreichen können.

Nun als erstes stellt sich die Frage was Führung überhaupt bedeutet? Fragen Sie zehn Leute dann erhalten Sie nie direkte gleiche Antworten. Außerdem gibt es einen Unterschied zwischen Handlungsmodell und Wahrnehmungsmodell. Natürlich könnte man ihnen eine Liste geben, die 100 verschiedene Fälle beinhaltet, mit jeweiligen Handlungsoptionen. Oder ich zeige Ihnen, wie Sie mithilfe ihrer Wahrnehmung ein Modell erhalten, das ihnen instinktiv die richtige Handlung suggeriert.

Wir sprechen immer von 3 Meta-Modellen. Diese zeige ich Ihnen nun.

Nicht was ist Führung, sondern wozu dient Führung? Wofür ist Führung die Lösung für ein Problem? In der Psychologie sprechen wir von vier emotionalen Basismodellen: Stimulans, Dominanz, Ballons und Sicherheit. Um zu verstehen, wann man welches emotionale Instrument nutzt, müssen wir uns angucken wie Führung überhaupt entstanden ist. Dies wird der mit Abstand wichtigste Teil Ihres Learnings beim Thema Führung.

Dazu gucken uns die Hierarchiestufen bei den Primaten an. Der Nutzen in einer Gruppe zu leben, muss demnach hier größer sein, als Nachteile mit sich bringen. Jetzt werden sie sagen natürlich hat sich die Welt verändert und das ist auch richtig, aber was sich nicht geändert hat ist, dass 70-99 % unserer täglichen Handlungen unbewusst stattfinden. Am Anfang mussten Sie bewusst lernen wie Autofahren funktioniert, wie man ein Gang einlegt, wie man das Auto anfährt. Nun können Sie unbewusst Auto fahren, weil die einzelnen Handlungen instinktiv vorgenommen werden. Früher kam Stress auf, wenn ein Tiger das Leben gefährdet hat, heute den Prüfer kommt. War es erfolgreicher, wenn Gorillas in großen oder in kleinen Gruppen waren? Große Gruppen waren besser, weil diese Vorteile in der Verteidigung des Rudels besaßen. Untersuchungen zeigten, dass es Korrelationen zwischen der Größe des Gehirnes zur Größe der Gruppe gab. *Robin Londor* hat untersucht, wie viele Individuen eine perfekt funktionierende Gruppe benötigt. Das Ergebnis war 150 individuellen.

Ohne Führung werden sich kleine Gruppen immer spalten und innerhalb der Gruppe Streiterelen entstehen. Also muss kausal Führung dafür sein, diese zu beseitigen, weil die Gruppe an sich mehr Vorteile als Nachteile bringt. Entspannt ist hier die Untersuchung an verschiedenen Affengruppen. Eine Gruppe Affen wurde ein Jahr lang untersucht. Den Alphaaffen sowie die zwei Betaaffen, die für die Führung der Gruppe verantwortlich waren, wurden entfernt. Alle Streitereien wurden bisher von diesen drei Affen beseitigt. Nun als man diese drei Affen entfernt hat, stieg der Faktorstreit innerhalb der Gruppe um den Faktor fünf. Als man die drei Affen wieder zurück in das Rudel integrierte, ging der Faktor Streit auf den Ursprung zurück. Also ist Führung maßgeblich für die Konfliktreduzierung verantwortlich. Erst dadurch kann eine Gruppe die Vorteile des Rudels sinnvoll nutzen. Gucken Sie sich Länder wie Somalia an, dies ist ein Land ohne Führung mit extrem hoher Konfliktrate.

Nun ja das Rudel sammelt gemeinsam Essen ein und verteidigt sich gemeinsam. Affen, die nicht mit jagen kamen, wurden vom Chef bestraft. Beim Jagen waren diese nur erfolgreich, wenn sich das Rudel an sich an eine Strategie gehalten hat. Beim Pilze sammeln bedarf es keiner Strategie, es war wichtig, dass die Gruppe beisammen war, damit kein Verlust entstand und die Informationen weitergegeben wurde, wenn ein Affe einen guten Platz mit vielen Pilzen gefunden hat. Wenn die Affen beim Pilze sammeln angegriffen wurden, musste das Alphatier entscheiden, ob das Rudel ebenfalls zum Gegenangriff ansetzt oder flüchtet. Würde es hier keinen Chef geben, würde man erst diskutieren und alle wären tot. Als Kollektiv gelten immer egoistische Werte, die Gruppe muss wachsen. Führen bedeutet also das gemeinsame Ziel, mit dem Zweck, dem Mehrwert vom Kunden zu erfüllen.

Evolution bedingt ist es am effektivsten, wenn die stärksten Affen ihre Nahrung zuerst bekommen. Dadurch ist gesichert, dass die Verteidigung des Rudels höchste Priorität hat. Im Unternehmen bedeutet dies also Ressourcen zu verteilen.

Nun lernen wir die fünf Formen der Führung. Wichtig dabei ist die folgende goldene Regel: Jede neue Form ersetzt die der vorherigen, aber existiert weiterhin. Funktioniert eine neue Form nicht, springt man auf die der vorherige zurück.

Die erste Form ist der Zwang. Wir kennen den Zwang aus der Sklaverei, im Unternehmen könnte dies sein, wenn einem Mitarbeiter gekündigt werden muss, respektive die Mitarbeiter müssen zukünftig den Kaffee zahlen, sich an feste Zeiten halten oder das Büro tauschen. Nach dem Intervall der Sklaverei folgte die freie Anstellungsmöglichkeit. Die Leibeigenschaft wurde abgeschafft. Nun konnten die Menschen ihre Anstellung frei wählen und so Aufgaben gegen Geld tauschen. Als dritte Form kamen dann die Marktänderungen und Innovation als Führung mit Zielen, also mit selbst Verantwortung. Dies nennt man auch „EOA" für ergebnisorientierte Aufgaben. Als vierte Form kam nun hinzu, dass durch schnelle Veränderungen zu oft Ziele angepasst werden müssen, also dauerhaft sukzessiv neue Ziele fürs Team modifiziert werden mussten. Dadurch entstanden flexible Ziele. Das letzte Modell basiert auf die

Emotionalität. Hier geht es um die emotionale Führung statt der rationalen Führung.

Nun wofür brauchen Sie das?

Fast alle Führungsprobleme basieren immer auf der gleichen Hypothese. Es liegt am fehlenden Respekt. Dieser basiert allein auf Status. Daher müssen sie immer an sich selber anfangen. Wir haben schon bei den Affen gesehen, dass die Konfliktquote um den Faktor fünf sinkt, wenn ein ranghohes Alphatier vor Ort ist. Also entweder können Sie sich eine Krone besorgen oder Sie lernen als Abteilungsleiter richtiges Führen. Wenn Ihr Status unklar ist, dann erhalten Sie Drohungen und ihre Gruppenmitglieder sind kampfbereit. Der Status lässt sich verbessern durch Mimik und Gestik. Es gibt bei Menschen immer den inneren und externen Status. Langfristig sieht jedoch immer der innere Status. Mitarbeiter beschweren sich um Anerkennung zu bekommen, damit ihr eigener Status höher wird. Man erwartet Entscheidungen über die Erhöhung des Status von Mitarbeitern. Daher sollten Sie sich immer vor Augen halten, den Status anderer Mitarbeiter nie zur reduzieren, respektive diese zu erniedrigen, sondern den eigenen inneren Status zu erhöhen.

Früher machte man das nicht rational. Ein Affe wollte aufgrund von seiner Intelligenz und seiner Stärke das Alphateam werden, ohne zu wissen, dass er dadurch Vorteile beim Geschlechtsverkehr und bei der Essensversorgung hatte. Er wusste nicht, dass er mit diesem Verhalten seine Spezies sichert. Daher ist es essenziell zu wissen, dass alle

Gruppen, auch in Ihrem Unternehmen, nach einem Alpha-führer suchen, der das Überleben der Gruppe sichert!

Aber wie können Sie nur den Status erhöhen? Vielleicht kennen Sie beispielsweise manche Fußballer oder Promis, bei denen Sie wissen, dass diese ein mega Charisma hat. Früher ging dies durch die Körpergröße. In der Gesamtbevölkerung sind nur 6 % der Menschen größer als 1,90 m, jedoch bei den heutigen DAX Unternehmen mehr als die Hälfte der amtierenden Manager.

Nun Ihre Größe können Sie nicht beeinflussen, aber Wissenschaftler haben festgestellt, dass die Alphatiere doppelt so viel Serotonin besaßen, als andere Gruppenmitglieder. Dieses Hormon können Sie selber beeinflussen, indem sie sich gesünder ernähren, sich gesund schlafen und Sport betreiben. Weiterhin gibt es die Möglichkeit, diesen durch Meditation positiv zu beeinflussen.

Aber wie hilft Ihnen das jetzt?

Wenn das nächste Mal jemand im Flur rumschreit, dass die Kaffeemaschine leer sei, dann rufen Sie zurück: „Ruhe bitte, ich kann mich so nicht konzentrieren!"

Lassen Sie daher niemals zu, dass ein Gruppenmitglied in Ihrem Rudel für das Überleben sorgt, Ihre Alphaposition infrage stellt und somit ihren Status reduziert.

Nun ich habe Ihnen diese Form des Denkens mitgegeben, damit Sie sich das Modell vom Status immer wieder in Erinnerung rufen. Unser Bewusstsein ist in der Lage, 40 Bit/s verarbeiten zu können, unser Unterbewusstsein ist jedoch in der Lage 11 Mb/s verarbeiten zu können. Natürlich könnten Sie für jede Handlung nun eine Liste erstellen, wie sie zukünftig handeln wollen, aber erst, wenn ihr Unterbewusstsein dieses Modell verstanden hat, werden sie in 99 % der Fälle richtig handeln können.

Sie glauben immer noch nicht? In einer Studie sollte ein Proband eine Reihe von Wörtern in der richtigen Reihenfolge auswendig lernen. Der Test bestand aus zwei Personen. Der eine musste bei einem Fehler einen Elektroschock auslösen, der andere saß auf einem Elektrostuhl und musste die Wörterreihen auswendig lernen. Diese Studie wurde 1970 vom *Professor Mildrin* durchgeführt. Die Stromstöße gingen bis 400 Volt. Das brisante an der Studie war, dass die Testperson auf dem Elektrostuhl ein Assistent vom Professor mit hervorragenden Schauspielkünsten war. Es sollte getestet werden, wie weit diejenige Testperson geht, welche die Stromstöße per Knopfdruck auslöst, wenn diese von einem Doktor in einem weißen Mantel beauftragt werden. Bei jedem Fehler wurde die Volt Zahl erhöht, der Schauspieler erlitt immer deutlich höhere Schmerzen bis er sich irgendwann nicht mehr auf dem Stuhl halten konnte. Als der Doktor die Testperson beauftragte immer weiter zu machen und immer höher zu stellen, machten zwei Drittel der Testpersonen weiter. Der Status des Doktors beeinflusste also maßgeblich die Handlung, obwohl die

Mehrzahl an Testpersonen eindringlich darum bat, das Experiment aufgrund der Schmerzen der anderen angeblichen Testperson abzubrechen. Dass sie selber einfach aufhören könnten, wurde in der Entscheidung gar nicht berücksichtigt. Der Test wurde umgedreht, der Doktor bat darum das Experiment abzubrechen, obwohl der Schauspieler im Elektrostuhl darum bat, dass weitergemacht wird. In 90 % der Fälle wurde der Test abgebrochen. Also alles war abhängig vom Status des Auftraggebers.

Fehlerhafte Beförderungstheorie:

Wahrscheinlich kennen Sie es aus eigener Erfahrung. Der beste Verkäufer wird Abteilungsleiter oder Regionalleiter, der beste Buchhalter wird Leiter der Bilanzen und der beste Controller wird Leiter der Finanzen. Es gibt sogar Unternehmen wie Sparkassen, indem man nur befördert werden kann, wenn man seine Ziele zu 110 % erreicht. Es wird lediglich darauf geachtet, ob er der die besten Ergebnisse innerhalb seiner Organisation erreicht. Es wird nicht darauf geachtet, ob er der neuen Aufgabe überhaupt organisatorisch und von der Führungskompetenz her überhaupt gewachsen ist. Ich kenne viele Personen, die aufgrund dieser Systematik befördert und innerhalb von kürzester Zeit wieder gekündigt oder auf die alte Stelle zurück besetzt wurden. Warum ist das so?

Viele dieser Personen nehmen die leitende Tätigkeit nur aufgrund der Gehaltserhöhung und der Reputation des Lebenslaufes an. Dies ist jedoch ein riesengroßer Denkfehler. Nur weil ein Vertriebler wahnsinnig gut verkauft heißt dies nicht, dass er das Wissen auch an seine anderen Kollegen weitergeben kann. Er wird nun mit ganz anderen Aufgaben wie Organisation, Abrechnungen Controlling und Management sowie Führungsproblemen konfrontiert. Studien zeigen, dass 46 % aller Personen die befördert wurden, gerne in Ihre alte Tätigkeit zurück möchten. Also genial wäre es doch, wenn Sie Ihre Führungsmentalität bzw. Ihre Führungskultur so aufbauen können, dass ein Mitarbeiter bei einer Gehaltserhöhung bzw. bei einem Angebot der leitenden Tätigkeit sagt: „Vielen Dank für das Vertrauen was Sie in mich setzen, jedoch bin ich fest der Meinung, dass das Unternehmen so viel mehr von mir hat, wenn ich in meiner bisherigen Tätigkeit bleiben kann. Darf ich Ihnen Mitarbeiter XY empfehlen, der insgeheim schon in unserer Abteilung als nicht offizieller Abteilungsleiter agiert."

Oft führt diese fehlerhafte Methodik dazu, dass die neue Führungskraft versagt und dadurch auch das Team. Gucken Sie wirklich nur nach dem Stellenprofil und wer diese Skills am besten erfüllt. Wenn der Mitarbeiter so gut ist, dass Sie ihm eigentlich zum Abteilungsleiter befördern wollen, dann geben Sie ihm dieses Feedback und geben Sie ihm eine Gehaltserhöhung, auch wenn Sie ihn nun nicht als Abteilungsleiter einstellen. Er bleibt weiterhin als bester Vertriebler der Abteilung bestehen. Was spricht dagegen, wenn er mehr Gehalt bekommt als der Abteilungsleiter?

Ein Fußballtrainer kann auch nicht besser spielen als seine Spieler auf dem Platz, sondern er sorgt ausschließlich für den Sieg und für die Strategie. Er muss auch nicht alles wissen, sondern er muss wissen wer diese fehlende Information besitzt. Er würde auch nie auf den Gedanken kommen sich selber in dem Spiel einwechseln zu wollen.

Das Mentoren-System:

Das sogenannte *Mentorensystem* habe ich im Jahr 2016 für eine zu hohe Fluktuation nach Neusteinstellungen entwickelt. Eine Lösung war dabei sicherzustellen, dass der Mitarbeiter weiterhin ein *A-Mitarbeiter* bleibt. Das Mentorensystem basiert auf der Annahme, dass ein neuer Mitarbeiter aufgrund der Massenpsychologie nach Anschluss sucht. In der Evolution war es essenziell wichtig einer Gruppe zugehörig zu sein, um nicht zu sterben. Ein neuer Mitarbeiter wird also bei Stellenantritt ebenfalls nach Anschluss suchen. Oftmals wird Anschluss in der eigenen Abteilung gesucht oder bei denen Kollegen im Raucherraum. Was vermieden werden muss ist, dass sich der der neue Mitarbeiter nun Mitarbeitern anschließt, die unmotiviert sind und durchgehend nur das negative Unternehmen sehen.

Unabhängig davon, dass Sie diese Mitarbeiter eigentlich kündigen sollten, wurde das Mentorensystem geschaffen, damit neue Mitarbeiter den Großteil Ihrer Zeit mit einem vorher definierten *A-Mitarbeiter* verbringen. Dadurch erhält er schneller Anschluss, wird durch den hoch motivierten Mitarbeiter ebenfalls motiviert und es werden ihm ausschließlich positive Impulse des Unternehmens nahegelegt. Als Grundlage diente das sogenannte *PAS Syndrom*. Umgangssprachlich wird dies auch *Eltern-Kind-Entfremdung* genannt. 1985 formulierte *Richard A. Gardner* den Einfluss von Eltern in die Bewertung der eigenen Erziehungsberechtigten. Oft passiert es, dass sich die Eltern scheiden und das Kind nur noch alle zwei Wochen ein Wochenende beim Papa verbringt. Der Papa möchte natürlich die Zeit mit seinem Kind effektiv nutzen und geht daher mit ihm ins Kino, kauft ihm Spielzeug und fährt mit ihm in den Vergnügungspark. Das Kind kommt am Sonntag dann zu Mama zurück und erzählt wie cool das Wochenende war. Die Mutter fühlt sich machtlos, weil Sie dem Kind nicht jeden Tag diese Benefits anbieten kann. Nun führt dies dazu, dass Sie dem Kind bewusst oder auch unbewusst suggeriert, das der Papa „doof" sei oder an der Scheidung maßgeblich schuld war. Irgendwann fängt das Kind an nicht mehr der Mutter zu erzählen wie cool sein Wochenende war, weil es nicht möchte, dass die Mutter traurig ist. Dies wiederum führt irgendwann dazu, dass sich das Kind zum Vater entfremdet.

Diese gleiche Systematik lässt sich auch auf das Unternehmertum beziehen. Es zeigt, dass man durch andere Personen soweit beeinflussbar ist, bis man dessen unterbewusste Grundeinstellung adaptiert und gleiche Werte lebt.

Intrinsische Motivation:

Wie der Management Experte *Ken Blanchard* gesagt hat: „ Keiner ist so klug wie alle zusammen". Ich habe dieses Zitat gezielt gewählt, weil ich Ihnen im folgenden Absatz verdeutlichen will, wie der Zusammenhalt, das Teamgefühl und das Verständnis für die eigene Position maßgeblich an den Grad der Motivation beteiligt sind.

Viele Lehrbücher sprechen von der sogenannten *intrinsischen Motivation*. Hier hat die Führungsperson die Aufgabe herauszufinden wie sich die einzelnen Personen in seinem Team motivieren lassen und wie er dieses fördern kann. Führungskräfte nennen diese Form der Führung die *Transformationelle Führungsmethode*. Es geht darum in persönlichen Einzelgesprächen mit Mitarbeiter herauszufinden, welche Faktoren dem Mitarbeiter wichtig sind.

Einflussfaktoren können sein: Lob, Kritik, Feedback, Verantwortung, Freiheit, Selbständigkeit usw. Was ich jedoch ergänzen möchte ist das Privatleben des Mitarbeiters. Lassen Sie mich dazu eine Geschichte erzählen. Unter meiner Führung gab es einen Mitarbeiter, welcher immer zu spät kam. Er machte Überstunden, saß bis tief in die Nacht am Arbeitsplatz, sah dauerhaft müde aus und aus diesen Gründen wollte ich den Kollegen für das ständige zu spät kommen abmahnen. Viele seiner Kollegin und Kolleginnen haben sich über die morgendliche Unpünktlichkeit beschwert, sodass mir nichts anderes übrig blieb. Ich konfrontierte den Kollegen mit dem Thema und er fing das Weinen an.

Was ich erfuhr war, dass er seine schwer kranke Frau pflegen muss, kein Geld für die Pflegebetreuung aufbringen kann und morgens warten muss, bis um 9 Uhr der Kindergarten öffnet. Ich war schockiert. Mir flossen Tränen über das Gesicht und ich zitterte am ganzen Körper. Ich war schockiert, aber über mich selber. Wie konnte ich das jah relang übersehen? Bin ich eine so schlechte Führungskraft, die so wenig über die Laster der Kollegen und Kolleginnen weiß? Seitdem habe ich mir geschworen einen anderen Führungsweg zu gehen. Heutzutage lade ich jeden neuen Mitarbeiter meiner Abteilungen zu einem persönlichen Gespräch ein. Dieser erhält vorab einen Fragenkatalog was ihn motiviert, wie oft er Feedback erhalten will, was ihm bei der Zusammenarbeit mit mir und dem Team wichtig ist, was seine persönlichen Ziele sind und was in seinem Umfeld sowie im privaten Voraussetzung sein muss, dass er seine Aufgabe im Unternehmen übererfüllen kann.

Nach heutigen Lehrbüchern heißt es, dass Ziel der Führungskraft ist nicht zu motivieren, sondern nicht demotivierend zu sein. Ich jedoch versuche meine Teammitglieder so zu fördern, wie ich es mir selber von meiner eignen Führungskraft wünschen würde. Dem genannten Kollegen wurde sofort angeboten sein Kind morgens bis zur Eröffnung des Kindergartens mitzubringen oder auf Wunsch eine Anpassung der Arbeitszeiten vorzunehmen. Auch verlängerte ich für Ihn die Mittagspause, damit er in der Zeit nach Hause fahren kann um seine Frau zu pflegen. Nun, nach den Anpassungen leistet der Kollege unglaubliche Arbeitsresultate. Was ich mit der Geschichte verdeutlichen will ist, dass Sie als Führungskraft Dinge und Taten hinterfragen müssen und als Angestellter offen mit Ihrem Vorgesetzen über Probleme sprechen müssen. Jede Führungskraft, die mit seinen Mitarbeitern solche Gespräche führt, kann die Person genauso führen wie Sie sich es wünscht. Dadurch erhalten Sie als Vorgesetzter ein Team von Mitarbeitern, welche alle genauso behandelt werden, wie diese sich das wünschen. Daraus ergibt sich kausal ein produktives und glückliches Team.

Ein weiterer großer Vorteil ist, dass Personen, die sich so glücklich und verstanden fühlen, eine deutlich geringere Wechselbereitschaft aufweisen, da Sie dafür gesorgt haben, dass das Privat- und Berufsleben interagiert und das nur, weil Sie die Rahmenbedingungen angepasst haben.

Es gibt drei Dinge die ein Mitarbeiter braucht, damit er eine von Ihnen delegierte Aufgabe erledigt. Wenn Sie wollen, dass das Ergebnis Ihre Erwartungen übertrifft, müssen Sie folgendes beachten.

1. Die übertragende Aufgabe muss einen Sinn haben

2. Durch die Bearbeitung der Aufgabe muss der Mitarbeiter besser werden

3. Der Mitarbeiter erhält von Ihnen das Ziel der Aufgabe, aber keine Vorschrift des Weges

Halten Sie sich immer vor Kopf: Der größte Antrieb des Menschen ist es bedeutend zu sein.

Gerne zeige ich Ihnen einige Beispiele und Ideen für mögliche Motivationshilfen. Was niemals fehlen darf sind Teamevents. Und diese bitte nicht nur einmal im Jahr, sondern quartals- oder ereignisbedingt. Gehen Sie Essen, besuchen Sie zusammen Konzerte, spielen Sie Minigolf oder Lasertag, machen Sie einen Ausflug, besuchen Sie andere Unternehmen oder gucken Sie zusammen Fußball beim Grillen. Lassen Sie Ihrer Kreativität freien Lauf. Gründen Sie in Ihrer Abteilung die Wahl des Mitarbeiters des Monats. Dieser erhält einen Wanderpokal, welchen er sich einen Monat lang auf seinen Schreibtisch stellen darf. Wer gute Arbeit macht, hat die Chance mit dem Vorstand zu Mittag zu essen.

Es ist egal was Sie sich einfallen lassen, aber Sie sind keine Fachkraft. Sie sind Führungskraft und haben Ihr Team zum Ziel zu leiten. Dafür müssen Sie Ihre Abteilung oder Ihr Unternehmen motivieren. Wenn Sie zu einer Personengruppe gehören, die das nicht können oder ständig schlecht gelaunt sind, dann suchen Sie eine andere Position im Unternehmen! Ein chinesisches Sprichwort aus dem 1.600 Jahrhundert sagt: „Wer kein freundliches Gesicht hat, sollte keinen Laden aufmachen".

Das Bewerbungsprozessparadoxon:

Was mir auffällt bei heutigen Auswahlprozessen ist, dass zu viel auf den bisherigen Lebenslauf geschaut wird. Früher hat der Bewerber eine Bewerbungsmappe eingereicht und wurde entweder eingeladen oder nicht, aber heutzutage sind die Mechanismen viel ausgereifter. Es gibt mittlerweile Unternehmen, die mit Software nach geeigneten Bewerbern selektieren. So werden Keywords in die Software eingespielt und die Bewerbungen nach diesen Keywords gefiltert. Die Bewerber mit den meisten Keywords werden eingeladen. Andere Unternehmen fordern einen Freitext an wie die Otto Gruppe, wo ein Bewerber eine individuelle Frage beantworten muss. Was der Bewerber jedoch nicht weiß ist, dass die Software auch weitere Faktoren analysiert. So prüft diese zum Beispiel die Schreibgeschwindigkeit oder das Tippverhalten wie lange man für den Text benötigt und ob dieser nochmal geprüft wird. Neben normalen Stellenanzeigen werden diese jedoch heutzutage oft missbraucht.

Manche Unternehmen nutzen Stellenanzeigen um den Wettbewerbern Expansion und Wachstum zu signalisieren, andere nutzen Stellenanzeigen für Stellenabbau. Klingt paradox finden Sie? Die Personalabteilung schreibt eine Stelle aus, lädt einige Bewerber ein und kommuniziert nach innen in die Abteilung, dass kein passender Bewerber gefunden wurde und die Stelle nicht neu besetzt wird. Das sind einige Beispiele, warum sich der Bewerbungsprozess stark verändert hat. Meiner Meinung suchen Personaler zu stark die *Eierlegende Wollmichsau*. Bewerber müssen genau die geforderten Skills mitbringen, die Aufgaben am besten schon seit mehr als fünf Jahren ausüben, eine dritte und vierte Fremdsprache sprechen und einen Masterabschluss mitbringen. Aber ob ein potentieller Mitarbeiter die Motivation mitbringt sowie die essentielle Fähigkeit unternehmerisch zu denken, dies wird nicht überprüft.

Ein Beispiel:

Josi ist ein junger Mann. Seine Familie ist arm und benötigt dringend Geld, daher beschließt er zu recherchieren, bei welchem Job er genug verdienen würde, wenn er seine Arbeit als Firmenbester machen würde. So entschied er sich als Automobilverkäufer zu arbeiten. Josi ging zu einem regionalen Automobilverkäufer. Er stellte sich vor und sagte den Geschäftsführer, dass er Automobilverkäufer werden möchte und dafür alles tun würde um sein Ziel zu erfüllen. Da Josi keinerlei Erfahrungen mitgebracht hatte und nicht nachweisen konnte, dass er in der Historie schon viele Autos verkauft hat, lehnte der Geschäftsführer die Einstellung von Josi ab. Josi wollte jedoch nicht aufgeben und fragte den Geschäftsführer ob er nicht einen alternativen Automobilverkäufer kenne.

Der Geschäftsführer dachte nach und schickte den jungen Mann zu seinem direkten Konkurrenten. Dort bekam Josi die Chance und wurde eingestellt. Er beschäftigte sich intensiv mit Verkaufen und allen Verkaufsmethodiken. Was passierte seitdem? Seitdem steht Josi im *Guinness Buch* der Rekorde. Er hat es geschafft 15 Jahre lang durchschnittlich neun Autos pro Tag zu verkaufen. Seitdem ist er der erfolgreichste Autoverkäufer der Welt und aufgrund der Provisionen Multimillionär.

Wissen Sie wann Jobportale die meisten Seitenaufrufe generieren? Montags um 11:00 Uhr. Dieser Fakt zeigt uns wie unzufrieden die Mehrzahl aller Arbeitnehmer in Deutschland ist. Wenn Sie also Stellenausschreibungen online stellen, schreiben Sie diese montagmorgens aus bzw. automatisieren Sie die vakanten Stellen so, dass diese erst montagmorgens online geschaltet werden.

Wenn Sie eine Stelle besetzen wollen, suchen Sie sich *A Mitarbeiter*. Wahrscheinlich kennen Sie die Theorie der

ABC Mitarbeiter. A Mitarbeiter sind diejenigen, die über Ihre eigene Position hinaus denken, dass Unternehmen voranbringen wollen, andere Mitarbeiter motivieren, als Beispiel voraus gehen und immer mehr geben bzw. die Erwartungen immer Überfüllen. B Mitarbeiter sind diejenigen, die genauestens das Stellenprofil erfüllen. Sie machen Ihre Arbeit zu 100 % genau, Sie erfüllen die Erwartungen, aber leisten auch nicht mehr als erwartet. C Mitarbeiter sind diejenigen, die innerlich schon gekündigt haben.

Aus meiner Erfahrung her kann ich Ihnen nur empfehlen alle C Mitarbeiter umgehend zu kündigen, nur noch A Mitarbeiter einzustellen und die B Mitarbeiter zu A Mitarbeitern zu machen. Um überhaupt A Mitarbeiter zu rekrutieren, müssen Sie auch einen A Mitarbeiter für das Recruitment verantwortlich machen. In den meisten Bewerbungsprozessen dauert eine Stellenbesetzung zwei bis drei Monate, worauf auch noch eine dreimonatige Kündigungsfrist des Arbeitnehmers folgt. Was Sie daraus lernen sollten ist, gute Leute immer zu recruiten und nicht erst, wenn eine Stelle vakant wird. Das gibt ihnen die Chance neue A Mitarbeiter für bestehende C und B Mitarbeiter zu substituieren. Der Personalverantwortliche bzw. der Verantwortliche für das Recruiting spielt dabei die Schlüsselfigur in Ihrem neuen Unternehmen.

In einem Unternehmen hat der Vorstandsvorsitzende die Bewerbungsgespräche organisiert, welche dann von seiner Assistentin und einer Trainee durchgeführt wurden. Keine der anwesenden Personen hatte einen psychologischen Hintergrund. Das führte dazu, dass nur berufliche Fähigkeiten und historische Tätigkeiten für die Stellenbesetzung berücksichtigt wurden. Keiner hat die Motivation hinterfragt. Wie sollen Sie als Chef dann sicherstellen, dass zukünftig auch wirklich nur A Mitarbeiter eingestellt werden? Ich bin mir ziemlich sicher, dass Mitarbeiter, die wegen Gehalt kommen, auch wieder wegen Gehalt gehen werden. Daher ist es umso wichtiger, dass Sie die Person, die für die Neueinstellungen verantwortlich ist, besser auswählen als Ihre eigene Assistentin. Denken Sie daran: „Ein intelligenter Mann stellt Menschen ein, die in einem Fachgebiet klüger sind als er selber."

Beispiel:

Ein Unternehmen hat sich auf den Handel von Zigaretten spezialisiert. Der Unternehmer bzw. der Vorstand wollte von mir wissen, was er denn tun könnte, damit seine Mitarbeiter nicht mehr so viel klauen würden. Er hatte einige Ideen selber entwickelt, zum Beispiel Teambuilding-Maßnahmen oder dauerhafte Personenkontrollen. Nach einem Tag, welchen ich vor Ort mit den Mitarbeitern verbracht habe um diese zu befragen, antwortete ich den Vorstand, dass das Unternehmen ein anderes Problem hat. „Wissen Sie, es ist gar kein Problem, dass Mitarbeiter klauen, denn geklaut wird immer und es wird immer eine kalkulatorische Dunkelziffer geben. Sie werden es nicht schaffen die Kennziffer auf null zu reduzieren. Was Sie tun können, ist an dem Recruiting zu arbeiten! Es stellt sich daher nicht die Frage nach den Dieben oder wie man dies verhindern könnte, sondern nach der nicht perfektionierten Personalauswahl. Sie versuchen das Symptom zu bekämpfen und nicht die Ursache."

Für mich ist immer wichtig, dass sich der neue Mitarbeiter für das Thema begeistert. Daher stellte ich in den Unternehmen, bei denen ich leitend tätig war, nicht die Frage der Schwächen und Stärken, sondern ich hinterfrage wirkliche Begeisterung. Wenn Sie einen Mitarbeiter für die IT suchen, lassen Sie sich von dem neuen Mitarbeiter erklären, woran er denn auch privat arbeitet. Nun wird er Ihnen hoffentlich erzählen, dass er alle Computer seiner Bekannten heilmacht, an Robotern baut, den Toaster mit dem Computer verbunden hat und seinem Hund mit einem selbst gebauten ferngesteuerten Auto spazieren führt. Ich glaube Sie wissen worauf ich hinaus will. Wenn Sie eine Person für Webdesign suchen, lassen Sie sich unterrichten, ob er denn auch eine eigene Webseite gebaut hat oder einen Blog führt. Wenn Sie einen Einkäufer suchen, lassen Sie sich unterrichten, was der neue Mitarbeiter zuletzt getan hat, um seine Fähigkeiten zu verbessern.

Praxis -Tipp:

Um die wirkliche Motivation bei einem potentiellen Bewerber zu hinterfragen, nutzen Sie die Arbeitgeber-Frage. In dem Bewerbungsgespräch fragen Sie Ihren gegenüber was denn der alte Arbeitgeber über die Person sagen würde. Er wird Ihnen eine Antwort geben, die wahrscheinlich gelogen ist. Nun bitten Sie dem potentiellen Bewerber darum, Ihnen die Telefonnummer und Durchwahl seines alten Chefs aufzuschreiben, damit Sie im Anschluss des Gespräches dort anrufen können. Fragen Sie die Person noch einmal, warum Sie das bisherige Unternehmen verlassen möchten. Nun erhalten Sie wahrscheinlich eine ehrliche Antwort.

Ich kann Ihnen zusätzlich noch einen weiteren Tipp mitgeben um sicherzustellen, dass Sie zukünftig nur A Mitarbeiter einstellen werden. Lassen Sie es einfach mal wirken. Bei einem großen Automobilhersteller, wenn nicht sogar der erfolgreichste Automobilhersteller weltweit, wurde folgende Logik integriert.

Es gibt zwei Möglichkeiten herauszufinden, ob ein Mitarbeiter die gleichen Werte teilt. Bei Option A wird eine Personalreferentin bei den potentiellen Bewerbern eingeschleust und als weitere Bewerberin getarnt. Diese betreibt dann Smalltalk und hinterfragt die wirklichen Absichten warum die Mitarbeiter bzw. die Bewerber zum neuen Unternehmen wechseln wollen und wo die Probleme beim bisherigen Arbeitgeber lagen. Bei Option B wird der Bewerber in einem Büro alleine gelassen und eine Putzfrau wird hinein geschickt. Zuerst soll die Putzfrau ein Gespräch mit dem Bewerber aufbauen und gucken wie kommunikativ dieser ist. Nachdem eine Verbindung aufgebaut wurde, soll die Putzfrau dann eine Vase oder etwas anderes umstoßen, sodass dieses kaputt geht. Bei diesem Test soll herausgefunden werden, ob der Bewerber sich zu schade ist um zu helfen und wie er darauf reagiert. Falls er nicht aktiv Hilfe anbietet ist er raus.

Gehaltserhöhungen:

Es gibt nichts selbstverständlicheres, als wenn ein Mitarbeiter mehr Gehalt fordert. Grundsätzlich geht man davon aus, dass jeder Mitarbeiter eine Liste macht, mit welchen

Tätigkeiten er der Firma einen Mehrwert erbracht hat. Alternativ könnte der Mitarbeiter auch eine Liste machen, mit allen Kosten, die durch ihn gespart wurden. Sollten Sie selber einmal eine Gehaltserhöhung fordern, welche vom Chef abgelehnt wird, vergessen Sie niemals die Abschlussfrage: „Was muss ich tun, damit Sie mir die Gehaltserhöhung in einem halben Jahr geben?" Dies führt dazu, dass sich der Chef nicht hinter zu schwer interpretierenden Floskeln verstecken kann.

Wenn ein Mitarbeiter mich um Gehalt gefragt hat, wurde er mit folgender Frage wieder weggeschickt: „Wenn Sie ich wären und es kommen jährlich 50 Mitarbeiter auf Sie zu und wollen jeweils 1.000 € mehr Gehalt, wie würden Sie sich entscheiden? Machen Sie bitte eine Liste wie Sie Ihr Gehalt nächstes Jahr refinanzieren wollen." Sie glauben gar nicht was passiert, wenn gute Mitarbeiter Ihren Kopf benutzen. Sie erhalten Verbesserungsvorschläge bzw. Kosteneinsparungen in Massen. Natürlich ist nicht jede Idee umsetzbar, jedoch konnte ich zum Beispiel feststellen, dass mir ein Mitarbeiter folgendes gesagt hat: „Herr Illauer, es ist so. Da die Stelle des Lagerleiters vor einem Jahr eingespart wurde, werden seitdem bei neuen Projekten gleich alle notwendigen Schrauben, Muttern und Kabel bestellt, obwohl diese im Lager vorrätig wären. Die Mitarbeiter sind einfach zu faul vom Büro in das Lager zu gehen, die Lagerbestände abzugleichen um dann im Anschluss die Bestellung auszulösen. Dies führte dazu, dass wir ein hohes Einsparungspotenzial in den Lagerbeständen aufweisen bzw. bei neuen Projekten erst Lagerbestände aufbrauchen sollten. Im Lager liegt somit totes Kapital."

Fakten aus der Praxis:

Bei Toyota ist es Pflicht geworden sich jährlich einmal mindestens mit Verbesserungsvorschläge auseinander zu setzen. Dadurch erhält das Management jedes Jahr mehr als 400.000 Ideen zwecks Marketing, Umsatzsteigerung und Kosteneinsparung.

Mögliche Idee:

Eine Idee möchte ich Ihnen noch mitgeben. Wenn Sie einen Angestellten haben, der verheiratet ist und 60 Stunden die Woche arbeitet, dann geben Sie diesem Mitarbeiter nicht ein 14tes Gehalt und noch mehr Boni, sondern nutzen Sie meine Theorie der Familie. Ich finde, dass die Ehepartner viel zu oft vergessen werden. Jede Beziehung leidet darunter, wenn der Partner deutlich mehr als üblich arbeitet. Daraus entwickelt sich oft Streit bei Wochenendschichten und Überstunden. Wenn Sie zum Beispiel Wettbewerbe der Vertriebler haben, dann verschenken Sie kein Geld, sondern Reisen. Egal ob Reise oder bei Siegerehrung der Besten, laden Sie immer den Partner mit ein! Wenn der Mann nun eine Reise auf die Malediven erhält, wo er mit seiner Frau hinfliegt und einen Traumurlaub erlebt, dann wird die Frau das nächste Mal nicht genervt sein, wenn Ihr Mitarbeiter länger arbeiten muss, sondern sie bestärkt ihn dies durchzuziehen, damit das Paar nächstes Jahr wieder in einen Traumurlaub fliegen kann.

Freie Arbeitszeitgestaltung:

Bei einem großen Pflegeanbieter war es so, dass die Pausen zwischen 13:00 – 14:00 Uhr verbindlich genutzt werden musste. Auf der Webseite wurde damit geworben, dass alle Mitarbeiter freie Arbeitszeiten hätten. Nach Antritt der Stelle wurde ich jedoch darauf hingewiesen, dass das Büro von 08:00 bis 17:00 Uhr besetzt werden musste. Bei Gehaltserhöhungen wurde zunächst recherchiert wie viele Überstunden denn der Mitarbeiter aufweisen konnte. Alle Überstunden in einem Quartal, bis auf zwei Tage die man freimachen konnte, wurden auf null gesetzt. Was hat das jetzt mit freier Arbeitszeitgestaltung zu tun?

Die 40 Stundenwochen kommen noch aus der Industrialisierung aus dem Jahr 1918. Seitdem wurde die Basis der 40 Stundenwoche nie mehr abgeschafft. Aber haben wir heutzutage noch die gleichen Umstände bzw. das gleiche Umfeld wie damals? Was hat die Digitalisierung für Einflüsse in unsere Arbeitswelt getan? Ich behaupte, dass nur noch die wenigsten Berufe wirkliche Fließbandarbeit sind. Die Mehrzahl der Berufe sind kreative Tätigkeiten. Kann man Kreativität durch Zeitdruck erreichen?

Nehmen wir an wir haben ein Projekt um 15:00 Uhr erfolgreich abgeschlossen. An diesem Projekt hat der Mitarbeiter zwei Monate gearbeitet. Ich würde den Mitarbeiter umgehend nach Hause schicken, damit er sich nicht die letzte Stunde im Internet vertreibt. Der Fehler im System ist, dass selbst heutzutage noch Produktivität anhand von Überstunden bewertet wird. Viel empfehlenswerter wäre doch die Bewertung anhand von Aufträgen und Aufgaben oder?

Wenn ein Mitarbeiter alle seine vordefinierten Tagesaufgaben erledigt hat, warum sollte er nicht früher nach Hause gehen dürfen? Hätte er sich mehr Zeit nehmen sollen? Kann er etwas dafür, dass er schneller ist als seine Kollegen? Wenn ein Mitarbeiter bei mir sagt, dass er alle Aufgaben erledigt hat, die ich ihm aufgetragen habe, klatschte ich mit ihm ab und schicke ihn mit guten Gewissen nach Hause. Anstatt die eine Stunde abzusitzen, sollte er nach Hause um Sport treiben und sich auszuruhen, damit er am nächsten Tag das nächste Projekt motiviert umsetzt.

Fakt ist, dass nur 12 % aller Arbeitnehmer von Hause aus arbeiten. Ist dies heutiger Möglichkeiten gerecht? Sollten sich die Mitarbeiter nicht Ihre eigenen Pausen so einteilen können, dass diese sich an den jeweiligen Biorhythmen anpassen? Wenn ein Mitarbeiter morgens lieber länger schläft und nach eigener Reflektion erst ab Mittag richtig kreativ wird, warum sollte ich ihn dann um 7:00 Uhr morgens einsetzen? Lassen Sie Ihre Mitarbeiter den Spielraum den Sie brauchen um voll produktiv zu werden.

Praxis-Tipp:

Calvin Hollywood hat in seinem Unternehmen zum Beispiel festgelegt, dass nur bis 14:00 Uhr gearbeitet werden darf. Die anschließende restliche Arbeitszeit ist für Weiterbildung zu nutzen. Dies führt dazu, dass sichergestellt ist, dass konstant neue Impulse geprüft werden, um das Unternehmen noch erfolgreicher weiter zu entwickeln. Gleiches System hat auch *Charies Lazarus*, geschäftsführender Gesellschafter von Toys R US genutzt. Jeden Tag hat er sich 45 Minuten Zeit genommen, um mit den eigenen Produkten zu spielen bzw. sich damit intensiv zu beschäftigen: „Die besten Ideen kommen mir, wenn ich selber spiele und vorstelle ich bin mein eigener Kunde". Leider ist auch das Unternehmen beim Verfassen dieses Buches insolvent gegangen, jedoch nicht an neuen Impulsen, sondern daran, dass sie es einfach nicht geschafft haben, ihren Online Shop professionell auszustellen. Es wurde die Digitalisierung verpennt.

Exkurs Toys R US:

Im Mai 2017 verkündete das Unternehmen noch, dass der Online Shop nun modernisiert wurde, im September wurde dann doch Insolvenz angemeldet. Aber was kann man daraus lernen? Der Konzern betrieb 1.600 Geschäfte, aber hat die Digitalisierung verpennt. Zehn Jahre lang lagerte der Konzern diesen Vertriebskanal aus, erst 2015 sollte es doch eigens gelenkt werden. Das bedeutet, dass der Konzern in zwei Jahren Innovation von zehn Jahren nachholen musste. Dies wurde dem Konzern zum Verhängnis. Es fehlte einfach vorher an Expertise und an Bedeutung für diesen wachsenden Markt. Im Jahr 2016 wuchsen die Umsätze im Online Shop zwar auf 1,5 Milliarden Euro, jedoch im digitalen Zeitalter im Verhältnis zum Gesamtumsatz nur 12%. Sinkende Verkaufszahlen, ohne proportionalem Wachstum im Online Markt, bedeuteten früher oder später halt einen finanziellen Engpass, der meiner Meinung nach früh hätte erkannt werden müssen. Wieso ich dies behaupte? Wenn ein so mächtiger Konzern den Posten des CTO (Chief-Technology-Officers) erst im Jahr 2016 besetzt, der sich dann noch ein Team aufbauen muss, ja dann sagt das doch alles oder?

Aber wann soll ich nun gewisse Teilbereiche eines Unternehmen extern managen lassen?

Ich empfehle definitiv die Buchhaltung abzugeben, außer Sie führen ein Millionenunternehmen, dann sieht das anders aus, bedarf jedoch einer Strategie. Als Selbständiger sehe ich fast gar keine andere Wahl als die Buchhaltung einem Profi zu überlassen. Die Gründe:

1. Das Buchhaltungs-Know-How reicht nicht aus.

2. Das Wissen ist veraltet.
    In den letzten fünf Jahren gab es 20 neue Info Broschüren zum Thema Steuer der Eidgenössischen Steuerverwaltung mit jeweils 20-200 Seiten an Änderungen; Weiterhin strengere Regelungen seit 2015: Alle geschäftsvorfälle müssen innerhalb von zehn Tagen erfasst werden)

3. Zu viel Zeit für Belege tippen, Konten abstimmen, Zahlungen vorbereiten, Zahlungen buchen und Prüfungen vorbereiten.

4. Das Kerngeschäft kommt zu kurz.

5. Im Kostenvergleich ist der externe Dienstleister günstiger.
    (Quelle firma.de: Die Ersparnis durch das Auslagern der Lohnbuchhaltung beträgt jährlich 23.012€. Das sind ganze 51&

Die drei Rollen des Henry Mintzberg:

Für Henry *Mintzberg*, einen kanadischen Professor für Management, gibt es drei elementare Rollen für Führungskräfte. Wichtig dabei ist, dass die Führungskraft zwischen den Rollen unterscheiden kann bzw. erkennt, wann welche Rolle bei welchem Mitarbeiter förderlich ist. Egal welche Modelle Sie kennenlernen, bitte verabschieden Sie sich vom *Binärdenken*. Jeder Mensch hat verschiedene Rollen und Charaktereigenschaften. Der Vorteil liegt darin, wenn man diese denn kennt, dass man diese effektiv einsetzen kann um das Unternehmensziel schneller zu erreichen. Zum einem gibt es die Rolle als Informateur. Sie beinhaltet, dass man zentral für alle Informationen einholt und diese dann individuell, nur bei Bedarf zur Verfügung stellt. Es gibt Führungskräfte, die jegliches Wissen und Informationen einsaugen und gesammelt weitergeben, was eher kontra produktiv ist als hilfreich ist. Die zweite Rolle ist die interpersonelle Funktion. Diese beinhaltet, dass man ein Vorbild abgibt und als Führungskraft autorisiert wird. Die Dritte Funktion ist die Rolle des Entscheiders. Darunter ist zu verstehen, dass man genauestens erkennen muss, wann Sie als Führungskraft eine Entscheidung fallen müssen und wann Sie dies dem Mitarbeiter übergeben können.

Praxis-Tipp :

In einer empirischen Untersuchung im Jahr 1957 hat der Management Guru *Douglas Gregor* bewiesen, dass die Produktivität bei den Mitarbeitern bis zu 21% steigt, wenn diese mehr Entscheidungen als vorher treffen dürfen. Er nannte diese Methodik *Partizipative Führung.*

Das Warum:

Als Führungskraft ist es nicht immer leicht herauszufinden, ob es sich bei Engpässen um ein Symptom handelt oder um die eigentliche Ursache. Schildert Ihnen ein Mitarbeiter ein Symptom, wenden Sie die „Warum-Technik" an. Diese Fragetechnik wurde bei Toyota entwickelt. Fragen Sie nach jeder Antwort des Mitarbeiters „Warum", bis Sie dies fünf Mal getan haben. So kommen Sie schnell vom Symptom zur Ursache.

Praxis-Tipp:

Sie merken, dass sich in Ihrem Team langsam Missgunst und Anfeindungen bilden. Sie fragen einen Mitarbeiter was los sei und dieser antwortet: „Dieser Herr Illauer. Er kommt jeden Tag zu spät zur Arbeit und braucht drei Kaffee bis er überhaupt an den Arbeitsplatz geht um zu arbeiten". Was sollen Sie nun tun? Ein Mitarbeitergespräch führen? Den Mitarbeiter abmahnen? Sie laden Herrn Illauer zu einem Gespräch und fragen warum er denn immer zu spät komme. Herr Illauer antwortet: „Nun ja, der Bus fährt morgens nur jede volle Stunde und vorher muss ich meinen Sohn in den Kindergarten bringen, daher schaffe ich es nicht rechtzeitig den Bus zu erwischen. Ich will ehrlich sein, ich nehme mir morgens manchmal die Zeit zehn Minuten mich zu verabschieden". Normalerweise denken Sie, naja was geht mich das an, wir alle haben ein Laster was wir tragen müssen. Sie fragen jedoch: „Warum stehen Sie nicht früher auf? Wie kann ich Sie darin unterstützen, dass Sie sich morgens nicht mehr hektisch von Ihrem Sohn verabschieden müssen? Gibt es Dinge, Sie die mir erzählen wollen, warum Sie in letzter Zeit so müde wirken?" Herr Illauer: „Wissen Sie, ich rede nicht gerne darüber, aber meine Frau ist vor zwei Monaten verunglückt. Sie ist nun pflegebedürftig und ich habe kein Geld um eine professionelle Pflegefachkraft Vollzeit zu engagieren. Ich stehe also nachts um 4:00 Uhr auf, versorge meine Frau bis um 05:00 Uhr, wecke meinen Sohn, bereite das Essen vor, bringe ihn zum Kindergarten und fahre dann zur Arbeit". Was würden Sie in der Position der Führungskraft machen?

Unwahrscheinlich, dass ein solcher Fall eintreten wird? Falsch. Genau dies ist mir passiert, nur war ich die Führungskraft. Durch den Paradigmenwechsel empfand ich Empathie, eine Grundvoraussetzung als *emotionale Intelligenz*.

Der Mitarbeiter war in seinem Fachgebiet die Nummer eins, ich wollte ihn nicht verlieren. Wenn ich ihm helfen könnte, dann würde er als Multiplikator agieren und allen erzählen wie toll das Unternehmen sei und definitiv zukünftig wechseln, wenn ihm mehr Gehalt geboten würde. Raten Sie was ich getan habe. Ich glaube, durch das Lesen des bisherigen Kapitals haben Sie eine Idee von meiner Denkweise. Na klar, ich ließ das Team entscheiden, nachdem ich die Umstände erörtert habe. Einen Tag später informierte ich mich, welches Ergebnis erzielt wurde und ich war sprachlos. Das Team beschloss, dass der Kollege zukünftig spätestens um 10:00 Uhr im Büro erscheinen sollte, also eine Stunde später, alle Meetings in der Abteilung würden zukünftig erst ab 11:00 Uhr beginnen. Dem Mitarbeiter wurde ein leeres Büro, welches dekoriert und eingerichtet wurde zur Verfügung gestellt, damit dieser Mittagschlaf in seiner Mittagspause machen konnte. Zu guter Letzt: Die Mitarbeiter haben Überstunden gesammelt, 85 Stück, damit der Kollege drei Wochen lang Urlaub machen konnte, um sich um seinen Sohn zu kümmern.

In der Management Literatur wird immer wieder über die Wichtigkeit von Visionen, Ziele und Werte geschrieben. Wahrscheinlich geht es Ihnen so wie mir. Lange habe ich gedacht, dass das Quatsch sei, dass sich dies mit Sicherheit irgendwelche Unternehmensberater ausgedacht haben. Wie Sie mittlerweile wissen habe ich mich auf Verkaufspsychologie spezialisiert. Ich fing an mich mit Neuromarketing und Neuro-linguistisches Programmieren zu beschäftigen. Mir wurde klar, dass Ziele und Visionen absolute Grundbausteine sind und definitiv in jedem Unternehmen kommuniziert werden müssen.

Haben Sie sich mal gefragt, was passiert, wenn Sie Auto fahren? Wie war es früher, bevor Sie noch nicht Auto fahren konnten? In der Fahrschule lernten Sie, wann Sie welchen Gang einschalten müssen und wie Sie die Kupplung zu betätigen haben. Mittlerweile nehmen Sie gar nicht mehr wahr bzw. agieren Sie gar nicht mehr bei vollem Bewusstsein. Mit der Zeit haben Sie gelernt instinktiv zu handeln. Warum ist das so?

Es ist neurologisch bewiesen, dass 70-99 % aller Handlungen unbewusst durchgeführt werden. Wenn Sie morgens ins Badezimmer gehen, greifen Sie wahrscheinlich auch als erstes zur Zahnbürste oder? Diese Thematik kann man auch in das Business integrieren. Nehmen wir an Sie führen ein Unternehmen und haben zwei mögliche Ziele. Ziel eins ist, dass Sie hohe Renditen erwirtschaften, um in den nächsten zwei Jahren ein Buy-out herbeizuführen. Ziel zwei ist, dass Sie das Unternehmen so aufbauen wollen, dass Sie noch jahrelang davon profitieren werden. Nehmen wir nun an, dass sich ein Großkunde über die aktuelle Lieferung beschwert hat. Glauben Sie, unabhängig davon, dass die Kundenzufriedenheit die maßgebende Kennziffer im Unternehmen sein sollte, dass der Mitarbeiter unterschiedlich mit der Beschwerde bzw. der Lösung umgehen würde, wenn ihm das Ziel des Unternehmens bekannt wäre? Wenn das Ziel bzw. die Vision des Unternehmens nicht bekannt ist, ist es uns unmöglich, sich richtig zu entscheiden. Sie können sich sicher sein, dass Ihr Unternehmen scheitern wird, selbst wenn Sie alle bewusste Entscheidungen richtig machen, sich jedoch nicht auf die unbewussten Entscheidungen konzentrieren. Am Ende ist es wichtig, dass Sie mehr richtig als falsch entscheiden.

Nach neuesten Erkenntnissen ist klar, dass 85 % der Belegschaft keine emotionale Bindung zum Unternehmen haben, 71 % jedoch würde nach einem Lottogewinn weiter arbeiten. Suchen Sie sich also Mitarbeiter, die die gleichen Visionen teilen und machen Sie Ihr Unternehmen so attraktiv, dass Ihre Mitarbeiter auch nach einem Lottogewinn Sie weiterarbeiten würden.

Nutzen Sie den mentalen Hebel.

Zentrale Abteilungen:

Wahrscheinlich teilen Sie meine Meinung, dass es immer diese eine Gemeinsamkeit bei jedem Unternehmen gibt. Jedes Unternehmen besteht aus verschiedenen Abteilungen, in welchen die Prozesse eigens definiert sind. Dieses Abteilung System wurde 1865 im *Taylorismus* entwickelt. Die meisten angestellten Mitarbeiter sind dabei einer der Abteilungen zugeordnet. Es gibt eine Marketingabteilung, eine Buchhaltung, den Vertrieb und die IT. Abgesehen davon, dass ich die Buchhaltung immer extern vergeben würde, möchte ich Ihnen anhand der Abteilungen Marketing und Vertrieb ein Beispiel geben.

In bisher allen Unternehmen für die ich tätig werden durfte, sind diese Abteilungen getrennt, respektive autark. Der Vertrieb ist jedoch meistens weiter unterteilt. Es gibt den Vertriebler für B2B, drei Vertriebler für B2C, einen Abteilungsleiter und einen Sachbearbeiter. Im Marketing gibt es dann Mitarbeiter mit ähnlicher Zuständigkeit. Der Support ist häufig eine extra Abteilung. Jetzt frage ich Sie: „Macht es nicht vielmehr Sinn, wenn ich den Vertriebler für B2B, den Marketing Mitarbeiter für B2B und den Support Mitarbeiter für B2B in ein gemeinsames Büro arbeiten lassen?" Der Marketing Mitarbeiter bekommt viel eher ein Gefühl für seine Zielgruppe, der Support Mitarbeiter erhält schon vorab Informationen, die immer wieder vom Kunden eingefordert wurden um so ein Video zu kreieren, mit dessen Hilfe sich die Supportzeit reduziert und der Vertriebler erhält Marketing Informationen aus erster Hand. Ich denke, dass der Aufbau solcher Abteilungen viel effizienter und deutlich höhere Synergie-Effekte mit sich bringen wird, als das bisherige Abteilungssystem. Der große Unterschied ist nun, dass sich die Mitarbeiter nicht nach Ihren eigenen Zuständigkeiten sortieren, sondern, dass sich die Abteilung anhand der Kundensegmentgruppe orientiert.

Mitarbeiterbewertung durch Kunden:

Aus eigener Erfahrung kenne ich es, wenn die Führungskraft mit mir Zielvereinbarung trifft und in monatlichen Gesprächen erörtern will. Ganz ehrlich, mir stehen immer noch die Haare zu Berge. Als ich in einer Sparkasse beschäftigt war, wurde immer mit unabhängiger und kompetenter Beratung geworben. Als Mitarbeiter musste ich jedoch feststellen, dass unabhängig nicht ganz das richtige Attribut war. Es gab insgesamt elf Jahresziele. Unter anderem ein Ziel für den Ertrag im Bereich Altersvorsorge, Fonds, Einmalanlagen, Komposit- und Sachversicherungen sowie für die Anlagesummen in Aktien.

Ist dies jetzt noch unabhängig? Nehmen wir an, dass der Mitarbeiter zehn von elf Zielen erreicht hat und ihm nun noch die Altersvorsorge fehlt, damit er sein 13. und 14. Gehalt erhält. Nun teilt der Kunde dem Angestellten mit, dass er monatlich 100 € sparen möchte. Der Kunde gibt offen zu, dass er keine Ahnung von Finanzinstrumenten hat. Weiterhin besitzt er keine großen Geldanlagen als Puffer. Ein kompetenter Berater würde nun empfehlen, zumindest zwei bis drei Monatsgehälter auf einem Tagesgeldkonto anzusparen. Aber da war ja was. Was ich tatsächlich real mitbekommen habe war nun folgendes. Der Berater empfiehl 50 € in ein Tagesgeldkonto anzusparen und 50 € in die

Altersvorsorge. Der Kunde willigt ein und der Mitarbeiter hat seine Ziele erreicht. War dies nun unabhängig?

Es war der richtige Schritt die Provisionen der Berater für Finanzinstrumente abzuschaffen, da diese nur die Produkte vermittelt haben, welche die meisten Provisionen erzielt haben. Dies aber zu substituieren, indem man den Mitarbeitern Ziele für völlig verschiedene Segmente zugeordnet hat, ist der mit Abstand schlechteste Ansatz. Was könnte man stattdessen machen? Verstehen Sie mich bitte nicht falsch, ich bin ein Fan von Zielen, jedoch sehe ich Ziele immer nur als Instrument für das Cotrolling und nicht als Motivation oder Mitarbeiter Bewertungssystem.

Viele der Vorstände erwiderten: „Das ginge doch nicht". Und ich versprach ihnen, dass es doch ginge. Oberstes Ziel ist, dass der Kunde zufrieden ist oder? Also warum lasse ich nicht die Kunden meine Mitarbeiter bewerten? Es wird immer Konflikte bzw. Beschwerden geben, aber ein guter Mitarbeiter würde auch folglich mindestens 90 % positiv bewertet würden. Man kann Ziele auf jeden einzelnen Mitarbeiter herunterbrechen, indem man visuell darstellt, was jeder Mitarbeiter hypothetisch zu leisten hat, damit das Unternehmen das fiktive Jahresziel erreicht.

Ich würde meinen Mitarbeitern nur das Ziel setzen, zum Beispiel pro Tag fünf Beratungsgespräche durchzuführen. Wenn ich tatsächlich gute Mitarbeiter habe, so wird er mindestens bei drei von den fünf Gesprächen einen Abschluss erzielen, der im Gegensatz zu der bisherigen Zielvereinbarung tatsächlich am Bedarf des Kunden orientiert ist. Am

Jahresende werden dann zehn Kunden gebeten die Mitarbeiter zu bewerten. Anhand dessen wird dann die Prämie gezahlt. Warum macht das nun mehr Sinn? Unter anderem, weil Mitarbeiter unter Druck nicht arbeiten können.

Der zweite Grund basiert auf reine Logik. Nehmen wir an Sie verkaufen Bagger. Ihr Jahresziel ist es sechs Bagger pro Jahr zu verkaufen. Wenn Sie das Schaffen bekommen Sie 10.000 € Bonus. Nun ist es Oktober und das Jahr ist fast um. Das letzte Quartal ist angebrochen. Sie haben schon alle sechs Bagger erfolgreich verkauft. Jetzt überlegen Sie was würden Sie machen? Bekommen Sie einen extra großen Bonus, wenn Sie auch noch den siebten Bagger verkaufen? Nein. Wenn Sie einen siebten Bagger verkaufen wird Ihr Chef das Jahresziel im nächsten Jahr mit Sicherheit auf sieben Bagger anheben. Also nutzen Sie die letzten drei Monate um Informationen für potentielle Kunden zusammenzustellen, damit Sie diese direkt in der ersten Januarwoche ansprechen können. Nun was hat Ihr Chef davon? Wäre er intelligenter gewesen und hätte mit Ihnen zum Beispiel vereinbart, dass Sie 3.000 € Provision pro verkauften Bagger erhalten, so hätte sich Ihr Chef vielleicht über zwei mehr verkaufte Produkte gefreut.

Mit diesem Beispiel möchte ich kenntlich machen wie viele Unternehmen die Macht von Zielvereinbarungen unterschätzen und die Unternehmensziele einfach ohne nachzudenken vorgeben. Eine letzte Sache noch. Einmal war es so, dass der Vorstand mich folgendes gefragt hat: „Wenn ich meinem Mitarbeiter nun nur vorschreiben, dass er pro Tag fünf Beratungstermine durchführen soll, dann kann ich Ihnen mit Sicherheit versprechen, dass er nicht mehr so viel verkaufen wird wie früher". Mittlerweile haben Sie mich ein bisschen kennengelernt. Als ich das hörte, musste ich mir die Hand an die Stirn schlagen. Ich sagte: „Wenn Ihre Mitarbeiter den Bedarf des Kunden bei Gesprächen nicht erkennen, dann schmeißen Sie Ihre Mitarbeiter raus oder die direkte Führungskraft, weil Sie anscheinend kein Verständnis dafür haben, wie man seine Mitarbeiter motiviert und schult. Es ist wieder falsche Personalauswahl".

Der Postbote:

Als ich meinen damaligen Mentor kennenlernte, standen wir bei ihm im Büro und tranken einen Kaffee. Ich dachte, dass wir uns nun mehrere Stunden austauschen würden, aber um Punkt 9:00 Uhr stand mein Mentor auf und forderte mich auf mitzukommen. Wir gingen die Stockwerke nach unten bis hin zur Postabteilung. Mein Mentor nahm sich die tägliche Post und packte diese in einen Trolley. Damit gingen wir nun durch alle Abteilungen und verteilten die Post. Ich war sprachlos, weil er sich die Zeit nahm jeden Morgen jeden Mitarbeiter die Hand zu schütteln und nachzufragen ob Engpässe bestanden, was es Neues gab oder woran der Mitarbeiter gerade arbeite. Um 10:00 Uhr begaben wir uns dann wieder in sein Büro und ich nutze die Chance zu fragen, warum er dies nicht von seiner Postabteilung machen lasse. Er sagte, weil ihm der persönliche Kontakt zu seinen Mitarbeitern wichtig ist. Es ist ihm wichtig zu erfahren woran die Mitarbeiter arbeiten, womit sich diese beschäftigen, eine freundliche Atmosphäre zu schaffen und das Signal zu geben, dass er sich für elementare Aufgaben nicht zu schade ist. Seitdem habe ich das *Postbotenmodell* adaptiert.

Warum ein Mentor?

Falls Sie sich fragen warum Sie sich einen Mentor holen sollten, seien Sie sich, jeder Profisportler hat einen Trainer. Warum sollte dann ein Unternehmer nicht einen Trainer haben? Selbst der beste Prodi-Bodybuilder hat einen Coach. Der beste Fußball- oder Tennisspieler hat einen Coach. Warum? Weil dieser mehr Erfahrung mitbringt und extern objektiv bewerten kann. Suchen Sie sich einen erfolgreicheren Mentor als Sie selbst sind. Einen, der es schon geschafft hat. Einen, den Sie bei Fragen oder Situationen anrufen dürfen. *Reinhold Würth*, alter geschäftsführender Gesellschafter der Würth Gruppe mit 25.000 Mitarbeitern, hat bei seinem Vater gelernt und ein Milliardenunternehmen erschaffen. Der Vater war übrigens noch für einen weiteren Unternehmer ein Mentor. *Reinhold Würth* hat damals mit *Albert Berner* seine Ausbildung beim Familienbetrieb absolviert. Auch Herr Berner hat ein 500 Millionen Unternehmen erschaffen. Zufall?

Das Fehler-System:

Ein guter Freund von mir erzählte einmal wie mit Fehlern in seinem Unternehmen umgegangen wird. Sobald ein Mitarbeiter einen Fehler gemacht hat, wurde der Mitarbeiter abgemahnt oder direkt fristlos gekündigt. Manchmal hat sogar der Chef im Kündigungsgespräch gesagt, dass der Mitarbeiter eine Gefahr für sein Unternehmen sei. Ich glaube, dass Fehler immer da passieren wo Menschen arbeiten und dass es gut ist, dass das überhaupt Fehler passieren. Es ist normal, dass Fehler passieren, selbst bei der besten ausgearbeiteten Arbeitsanweisung. Es ist nicht dumm einen Fehler zu machen, sondern es wäre dumm aus den Fehlern nichts zu lernen und den Fehler somit ein zweites Mal zu machen.

Weiterhin konzentrieren wir Menschen uns immer nur darauf was schlecht läuft. Das ist genauso wie in einer Partnerschaft. Es werden Vorwürfe erhoben und dem Partner alles an die Stirn geworfen was in letzter Zeit schlecht lief. Was dabei vollkommen vergessen wird sind die 99 % der Vergangenheit die der Partner vollkommen richtiggemacht hat. Wichtig ist immer aus Fehlern zu lernen und dafür Sorge zu tragen, dass diese nicht ein zweites Mal passieren. Lassen Sie Ihre Mitarbeiter den Fehler dokumentieren sowie dessen Lösung, damit diese Dokumentation in die Arbeitsanweisung integriert wird. Ich sehe Mitarbeiter, die einen Fehler gemacht haben und daraus gelernt haben, als nützliche Multiplikatoren. Da diese ein wahrscheinlich schlechtes Gewissen haben, werden Sie zukünftig genau darauf achten, dass dieser Fehler nicht ein zweites Mal passiert und somit wird er andere Mitarbeiter schulen bzw. warnen.

Das Praktikum:

Ein geniales Medium meiner Meinung nach um das Arbeitsklima aufrecht zu erhalten sowie Innovationen zu fördern ist das Praktikum. Wie genau läuft das ab? Jeder Mitarbeiter hat einmal pro Jahr ein einwöchiges Praktikum in einer anderen Abteilung zu absolvieren. Dies führt dazu, dass der Mitarbeiter abteilungsübergreifend und unternehmerisch denkt, sich mit anderen Mitarbeitern austauscht und das

Arbeitsklima durch neue Kontakte steigt. Die *Bertelsmann-Stiftung* brachte im Jahr 2011 eine Studie heraus. 72 % der Befragten antworteten, dass ihnen das Arbeitsklima am Wichtigsten ist. Auf die Gegenfrage was Ihnen am meisten am jetzigen Arbeitsklima störe, antworteten diese, dass Abteilungen viel zu häufig unter sich kommunizieren und andere Abteilungen meiden. Daher habe ich die Praktikumswoche entwickelt. Die Mitarbeiter waren anfangs skeptisch, freuen sich jedoch nun jedes Jahr auf diese Abwechslung. Ach ja, ebenfalls erwähnen sollte ich, dass der Chef bzw. der Geschäftsführer oder Vorstand selbstverständlich ebenfalls mitmachen muss. Vormittags hat sich der Manager zwecks Praktikum in eine andere Abteilung begeben, nachmittags hat ihn ein Angestellter bei seinen Vorstandsaktivitäten zwecks Praktikum begleitet.

Das Vorstandsvideo:

Bei einem großen Mobilfunkanbieter sollte die Kommunikation bzw. die Transparenz von der Managementebene zu den Mitarbeitern verbessert werden. Nach vielen Befragungen stellte sich heraus, dass sich die Mitarbeiter mehr Informationen wünschen würden wie es dem Unternehmen geht, welche großen Kunden gewonnen wurden, ob die Ziele zum jetzigen Stand erfüllt werden oder welche Neuigkeiten es gibt. Auch nannten Mitarbeiter das Beispiel, dass die neue stellvertretende Vorstandsvorsitzende nur anhand eines zehnzeiligen Steckbriefes vorgestellt wurde. Zusammen mit dem Social Media Team entwickelten wir nun das Vorstandsvideo. Mitarbeiter können per E-Mail Fragen an eine vordefinierte E-Mail-Adresse senden. Der Mitarbeiter aus dem Social Media Team selektiert diese dann und reicht diese dann an das Vorstandsbüro weiter. Freitags beantwortet nun der Vorstand diese fünf Fragen in einem Video, welches dann im Intranet den Mitarbeitern Verfügung gestellt wird. Aus eigener Erfahrung kann ich Ihnen diese Art von Transparenz ans Herz legen. Ihre Mitarbeiter werden diese neue Form lieben.

Studie:

In der sogenannten *Grant-Studie* wollte man herausfinden, inwieweit transparente Informationen maßgeblich an der Produktivität mitwirken. Die Studie wurde in einem Callcenter durchgeführt. Die dort arbeitenden Mitarbeiter wurden in drei Gruppen unterteilt und Ziel war es Spenden für ein Stipendium für einen Studenten zu akquirieren. In der ersten Testgruppe wurde ein Schauspieler engagiert, welcher sich als Student ausgab und in fünf Minuten erklärte warum er das Stipendium brauch. In der zweiten Gruppe wurde ein Brief vorgelesen, von dem angeblichen Studenten, warum er das Stipendium braucht. Weiterhin wurde nach jeweils zwei Wochen ein Chat eröffnet, in dem die Angestellten fünf Minuten mit dem angeblichen Studenten chatten konnten. Die dritte Gruppe hatte keinerlei Kontakt mit einem fingierten Studenten. Was denken Sie, welche Gruppe hat die meisten Spenden akquiriert?

Sie denken es ist die Gruppe eins, die den persönlichen Kontakt hatte? Nach acht Wochen wurde gemessen wie viele Spenden akquiriert worden, gemessen im Verhältnis zur Telefon Anrufzahl und der jeweiligen Telefon Anrufdauer. Gruppe eins hatte gegenüber der Gruppe drei eine Steigerung von 140 %. Am erfolgreichsten war jedoch

Gruppe zwei mit 172 % Steigerung gegenüber der Gruppe drei. Festzuhalten ist also, dass man unmotivierte Mitarbeiter, obwohl man die Tätigkeiten nicht verändert, deutlich produktiver machen kann, indem man Sie motiviert und mit dem Sinn Ihrer Tätigkeit konfrontiert bzw. in vordefinierten Intervallen die Kommunikation stärkt.

2007 - Elizabeth Campbell, Grace Chen, David Lapedis und Keenan Cottone von der University of Michigan - Impact and the Art of Motivation Maintenance

Feed-Good-Manager:

Haben Sie schon einmal von einem Feel-Good-Manager gehört? Ich auch bis 2016 auch nicht. Einige wenige Unternehmen in Deutschland haben dieses Modell adaptiert. Oft handelt es sich hierbei um eine Person, in den meisten Fällen um Rentner, die sich um das Wohlbefinden der Mitarbeiter kümmern. Wenn Ihr Unternehmen zum Beispiel anbietet, dass Mitarbeiter Ihre Haustiere mitbringen dürfen, so geht der Feel Good-Manager mit diesem Gassi, räumt den Geschirrspüler aus oder bringt den Mitarbeitern etwas zu trinken. Natürlich handelt es sich hierbei nicht um eine reine Kellnerin, sondern um eine Art Mitarbeiter, welcher sich um die privaten Belange der Mitarbeiter kümmert.

Zum Beispiel holen Sie auch Pakete ab, bestellen das Mittagessen oder leisten den Mitarbeitern in der Pause Gesellschaft. Auch kenne ich viele Unternehmen die dieses Modell perfektioniert haben. Es wurde sich intensiv damit beschäftigt wie man die Mitarbeiter komplett entlasten kann und hat so Benefits kreiert, damit Sie die Mitarbeiter noch intensiver bzw. interaktiver um Ihre Tätigkeiten kümmern können oder stressfrei arbeiten. Manche Unternehmen bieten zum Beispiel an, dass jeder Mitarbeiter seine Wäsche mitbringen kann, die dann von einem Wäscheservice Unternehmen abgeholt und gewaschen zurückgebracht wird. Anstatt ein 13tes Gehalt auszuzahlen, kenne ich Unternehmen, die den Mitarbeitern zweimal in der Woche eine Putzfrau nach Hause schicken. Ein weiteres Unternehmen bietet nicht nur an, dass man sein Hund mit zur Arbeit bringen darf, sondern bietet sogar eine Art Kindergarten mit Betreuung für die Haustiere an. Egal was Sie sich einfallen lassen, diese Art der Unternehmensbindung wird deutlich effektiver sein als Auszahlungen von Provisionen oder Firmenautos.

Warum ist diese Form der Mitarbeiterbindung so wichtig?

Die *Eisenberg Studie* bewies wissenschaftlich eindeutig, dass Mitarbeiter, die sich nicht zum Unternehmen verbunden fühlen, deutlich unproduktiver arbeiten als andere. In dieser Studie wurden mehrere Personen in einem MRT untersucht. Das Ergebnis war, dass Schmerzen neurologisch im gleichen Hirnteil erzeugt werden wie das Gefühl von Verlust der Verbundenheit. Warum ist das so?

Als Baby war man auf die Hilfe Dritter angewiesen, dies war überlebenswichtig. Wenn jemand weggegangen ist, so wurde uns evolutionsbedingt beigebracht nach Hilfe aufmerksam zu machen. Ziel war es also kausal zu schreien bevor ich physischen Schmerz erleide. Daher gibt es tatsächlich neurologische Erklärungen, dass jemand, wenn er vom

Partner verlassen wird bzw. Liebeskummer hat, fast identische Schmerzen aufweist wie reales Schmerzempfinden.

Dieser Verlust von Verbundenheit kann auch im Unternehmen Realität werden. Ein Mitarbeiter, der sich der Gemeinschaft nicht verbunden fühlt, wird sich hilflos fühlen und im Unterbewusstsein nach Aufmerksamkeit schreien. Dieses Gefühl vor Verlust der Verbundenheit tritt meist bei Umstrukturierungen statt sowie bei der Neubesetzung der direkten Führungskraft. Wenn eine Person, die panische Angst vor Hunden hat, mit einem Hund in unmittelbarer Nähe konfrontiert wird, so aktiviert sich die *Amyctala* im Gehirn. Dieser Hirnbereich aktiviert sich ebenfalls bei Umstrukturierung im Betrieb und führt dazu, dass ein kreatives Denken undenkbar wird. Der Bluthochdruck steigt, dass Stresshormon Cortisol wird aktiviert und ein stressfreies Arbeiten ist undenkbar.

Darum ist es auch so wichtig Gruppenarbeiten hin und wieder zu fordern. Der sogenannte *Duke Test* zeigte, dass das Arbeiten in der Gruppe dazu führt, dass sich 38% der Gruppenmitglieder mehr dem Unternehmen zugehörig fühlen und im Anschluss bis zu 21 Tage produktiver arbeiten als ohne Gruppenarbeit.

Wenn Sie schon dabei sind sich Gedanken zu machen, wie Sie produktivere Mitarbeiter bekommen können, dann nutzen Sie ebenfalls den Broken-Window-Effekt. Eine Studie wollte herausfinden, in weit das äußere Umfeld in seiner Beschaffenheit, Einfluss auf das rationale Handeln hat. In drei Briefkästen wurde jeweils ein Briefumschlag eingeklemmt, sodass der Brief halb rein und halb rausguckte, man sah jedoch, dass sich darin Geld befand. Ein Briefkasten war komplett sauber und gereinigt. Ein weiterer leicht schmutzig und einer mit Schmierereien beschmutzt und beschädigt. Was denken Sie bei welchem der drei am meisten das Geld entwendet wurde? Genau beim Dritten, genau 36% höher als bei den anderen beiden Varianten. Das sagt uns, dass uns das direkte Umfeld in unserem Verhalten beeinflussen kann. Sorgen Sie für saubere Toiletten, vollständige und funktionale Küchen, ein gutes Putz Team, lassen Sie keine unordentlichen Schreibtische zu, geben Sie Ihren Mitarbeitern den Freiraum die Büros komplett eigenständig zu dekorieren.

Praxis-Tipp:

Nutzen Sie den Feel-Good-Manager ebenfalls als zusätzlichen Trust-Mitarbeiter. Der Trust-Mitarbeiter stellt eine unabhängige Person im Unternehmen da, mit welchem Probleme innerhalb der Belegschaft besprochen werden können, ohne sich identifiziert an den Abteilungsleiter oder Betriebsrat wenden zu müssen.

Das Netflix & Trivago Konzept:

Es gibt eine kleine Anzahl an Unternehmen die ich seit Jahren intensiv analysiert und untersucht habe, die Strategien adaptiert habe, theoretische Modelle aus deren aktuellen Führungskulturen erarbeitet habe und welche ich gerne als Praxisbeispiel für innovative Führung innerhalb von Startup bis hin zu börsennotierten Unternehmen nenne.

Unter anderem gehören dazu *Netflix* und *Trivago*. Wahrscheinlich hatten Sie gedacht, dass ich Google nun nenne, aber selbst Google könnte sich von diesen Unternehmen noch etwas abgucken.

Die erste geniale Idee ist das Büro für Kranke. Die Idee dahinter ist, dass ein Mitarbeiter lieber zu Hause bleibt, weil er Angst hat seine Mitarbeiter im Großraumbüro anzustecken. Eigentlich möchte der Mitarbeiter gerne arbeiten, weiß aber ganz genau, dass er die anderen Mitarbeiter nerven würde bzw. Sie ihn direkt nach Hause schicken würden, damit er sich erhole. Wichtig dabei ist natürlich, dass ein kranker Mitarbeiter auch zu Hause bleibt! Es geht hier lediglich darum, Mitarbeitern die Möglichkeit zu geben zumindest ein paar Stunden bei einem Schnupfen arbeiten zu können.

Durchschnittlich kostet ein Krankheitstag dem Unternehmen ca. 360-580 €. Dies kommt durch den Ausfall, das anteilige Gehalt für diesen Tag und dessen Vertretung zustande. Ein Mitarbeiter fehlt durchschnittlich 16 Tage im Jahr. Rechnen wir nun mit dem Durchschnitt von 470 € pro Tag mal 16 Krankheitstage im Jahr so ergibt sich ein Fehlbetrag von 7.520 € pro Mitarbeiter pro Jahr. Rechnen wir nun mit einem Unternehmen, welches die Durchschnittsmitarbeiteranzahl von 120 Mitarbeiter beschäftigt, so ergibt sich ein kalkulatorischer Fehlbetrag pro Jahr für Krankheitstage in Höhe von 902.400 €.

Schaft das Unternehmen die Krankheitstage von durchschnittlich 16 auf zehn Tage zu reduzieren, so spart das Unternehmen pro Jahr 338.400 €. Es gibt viele Unternehmen die ein Bonussystem integriert haben und zum Beispiel 300 € pro Quartal auszahlen, wenn ein Mitarbeiter nicht krank war. Diesen Ansatz finde ich nicht gerade förderlich, möchte dies aber auch nicht weiter thematisieren. Stattdessen finde ich das Büro für Kranke eine mehr als geniale Lösung. Das Unternehmen bietet seinen Mitarbeitern an, bei Krankheit drei bis vier Stunden täglich anstatt 8-9 Stunden täglich in ein Büro zu arbeiten, welches sich man online buchen kann und in dem nur der eine Mitarbeiter arbeitet. Um die Gesundheit bzw. den Krankheitsverlauf positiv zu beeinflussen ist dabei natürlich sehr wichtig die Mitarbeiter nicht den vollen Stundensatz pro Tag arbeiten zu lassen. Der große Vorteil ist also, dass das Unternehmen nicht ganz auf dem Mitarbeiter verzichten muss, der Mitarbeiter ein Teil seiner Arbeit trotzdem erledigen kann und die anderen Beschäftigten nicht in deren Arbeit gestört oder angesteckt werden.

Ein weiterer genialer Ansatz ist, dass der Geschäftsführer von Netflix kein eigenes Büro mehr unterhält. Es gibt zwar ein Konferenzraum, welches ihm für Meetings und für externe Kunden zu jeder Zeit zur Verfügung steht, jedoch arbeitet er mithilfe seines Laptops mobil und arbeitete jeden Tag in einer anderen Abteilung an einem anderen Arbeitsplatz. Dadurch erhält er die Möglichkeit mit seinen Mitarbeitern direkt zu agieren, Informationen zu erhalten und sich nicht als oberstes Gremium unnahbar zu zeigen.

Die Gehaltsstruktur orientiert sich auf die jeweilige vakante Stelle, jedoch nur auf drei Faktoren. Es wird nicht darauf geguckt, wie viel er beim letzten Arbeitgeber verdient hat oder wie viel seine anderen Kollegen verdienen, sondern nur auf diese drei folgenden Faktoren: Wie viel Erfahrung bringt der Mitarbeiter mit und inwieweit könnte er sein Gehalt refinanzieren? Was bietet die aktuelle Konkurrenz? Was würde es uns kosten die Stelle neu zu besetzen zuzüglich der Kosten für den Prozess der Neubesetzung sowie des Ausfalles?

Normalerweise geht man betriebswirtschaftlich davon aus, dass ein neuer Mitarbeiter in seiner Stellenfunktion neu angelernt werden muss und daher nicht ab dem ersten Eintrittsdatum die 100-prozentige Erfüllung seiner Aufgaben erbringen kann. Die Theorie lehrt uns, dass der Mitarbeiter im ersten Monat 60 % Leistung bringt, im zweiten Monat 80 %, im dritten Monat 90 % und erst im vierten Monat 100 %. Also wie schaffe ich es, dass der Mitarbeiter schon vor dem vierten Monat voll seine Leistung erbringt?

Es entscheidet sich oft in den ersten zwei bis drei Monaten, ob ein Mitarbeiter innerhalb seiner Probezeit gekündigt wird oder nicht. Objektiv bewerten kann man dies aber ja eigentlich erst nach diesem theoretischen Modell nach vier Monaten oder? Was hier gemacht wird, ist das dem Mitarbeiter im ersten Monat 100 % des Gehaltes ausgezahlt werden, im zweiten Monat 120 %, im dritten Monat 110 %, und im vierten Monat wieder 100 %. Warum wird das gemacht? Zum einen entstehen oft neue Kosten für den Mitarbeiter im privaten Bereich, zum anderen möchte man die Mitarbeiter dazu motivieren sich in kürzester Zeit in die Aufgaben einzuarbeiten und seine Arbeitstätigkeit zu integrieren. Wenn Sie einen A Mitarbeiter eingestellt haben, dann wird er gerade in der ersten Phase Vollgas geben und Überstunden leisten, damit er Sie als Arbeitgeber davon überzeugen kann Sie auch nach der Probezeit weiter zu beschäftigen. Für diesen Fall wird gleich für die erste Phase das Gehalt angepasst. Glauben Sie, dass er nach außen hin ein guter Multiplikator wäre, wenn er erzählt, dass das Unternehmen ihm zwei Monate lang mehr ausgezahlt hat als überhaupt vereinbart wurde? Ich glaube ja.

Ein weiteres mega geniales Instrument meiner Meinung nach ist die sogenannte Firmenbibliothek. Sie wollen, dass sich Ihre Mitarbeiter weiterbilden? Sie möchten weiterhin, dass das Unternehmen innovativ und auf dem aktuellsten Stand der Technik bleibt? Diese Unternehmen haben einen Mitarbeiter in der Personalabteilung zum Verantwortlichen für die Firmenbibliothek ernannt. Dieser kümmert sich darum, dass Mitarbeiter Wünsche äußern für Bücher, die in der Thematik das eigene Geschäftsmodell beinhalten können, jedoch auch themenfremde Inhalte wie Persönlichkeitsentwicklung, Digitalisierung, Management oder andere Inhalte. Mitarbeiter können also Wünsche äußern und die Personalabteilung kümmert sich darum, dass die Bibliothek erweitert wird. Die Bibliothek wird in einem eigenen Büro innerhalb des Firmenkomplexes eingerichtet und jeder Mitarbeiter hat die Möglichkeit sich Bücher auszuleihen.

Dieses Modell der Bibliothek wurde sogar noch erweitert. Die Unternehmen haben Ihren Mitarbeitern erlaubt sich fünf Stunden in der Woche um Ihre eigene Weiterbildung zu kümmern. Innerhalb dieser Stunden können Sie sich YouTube Videos angucken, lesen oder Kurse machen. Die

Inhalte müssen eigens organisiert werden, es kann aber sogar an einem eigenen Unternehmen gearbeitet werden. So soll konstant das Wissen der Mitarbeiter wachsen und kausal auch die Innovation des Unternehmens gefördert werden.

Als ich einmal zu Gast bei einem der Unternehmen war und mich mit einem leitenden Manager verabredet habe, holte mich dieser im Foyer ab und ich war verwundert warum wir nicht in sein Büro gingen. Stattdessen sagte er mir, dass wir nun spazieren und im Anschluss frühstücken gehen würden. Im ersten Moment war ich sprachlos und im späteren Verlauf des Kennenlernens wollte ich mehr über diese Form der Meetings wissen. Er erzählte mir, dass er gerne Meetings bei Bewegung mache und mit anderen seiner täglichen Aufgaben verbindet. Frühstücken müssten beide sowieso, spazieren gehen tut der Gesundheit gut und eine Hausführung war ebenfalls geplant. Bewerbungsgespräche führt er ausschließlich bei einem Spaziergang. Er nutzt also die Chance sich zu bewegen und den potentiellen neuen Mitarbeiter aus der Reserve zu locken, um auch die Person privater kennen zu lernen.

Der Manager gab mir mal ein gutes Beispiel für die Führungsmentalität in seinem Unternehmen. Ein Auszubildender kam einmal auf ihn zu und bat ihn um einen 50 € Vorschuss, weil er sich nicht mehr das Benzin leisten konnte, um die restlichen vier Tage des Monats zur Arbeit zu kommen. Ein normaler Chef hätte wahrscheinlich den 50 € Vorschuss genehmigt. Er stattdessen hat ihm 50 € aus seinem persönlichem Portmonee direkt in bar geschenkt, sich für die Offenheit und Ehrlichkeit bedankt anstatt sich der Mitarbeiter bzw. der Auszubildende die letzten Tage krankmeldet und hat ihn für die letzten Tage ein Firmenauto kostenlos zur Verfügung gestellt. Der Auszubildende ist selbstverständlich nach Ende der Ausbildung übernommen worden und obwohl er Angebote mit deutlich höheren Gehältern erhalten hat geblieben.

Zeitmanagement - Die besten Zeit-Hacks

Eine Sekretärin, eine Assistentin und ein Diktiergerät:

Falls Sie die finanziellen Möglichkeiten besitzen sollten Sie sich definitiv überlegen, ob Sie eine oder gleich zwei unterstützende Person beschäftigen sollten. Abgesehen von den Kompetenzen und den Fähigkeiten, die essenziell für die vakanten Stellenbesetzungen notwendig sind, sollten Sie folgendes Schema beibehalten. Ich unterscheide in die Assistenten und die Sekretärin.

Ihre Sekretärin ist die Person, die maßgeblich dafür verantwortlich ist Ihnen den Rücken zu stärken. Dafür ist es essenziell notwendig, dass auch die Sekretärin Zeit hat sich intensiv in die gesamten Themen einzuarbeiten. Was nützt Ihnen eine Sekretärin, die mehr Arbeit schafft als Sie ihnen abnehmen könnten?

Die Assistentin ist maßgeblich dafür verantwortlich den Rücken Ihrer Sekretärin frei zu halten. Als Assistentin würde sich zum Beispiel eine Notarfachangestellte eignen. In der Praxis funktioniert dies so:

Als erstes räumen Sie Ihrer Sekretärin und Assistentin vollständige Lese- und Bearbeitungsrechte in Ihrem Postfach ein. Ihre Sekretärin wird zukünftig täglich mehrmals Ihr E-Mail-Postfach prüfen, dabei wird Sie E-Mails in verschiedene E-Mail Ordner verschieben. Sie hat also kausal eine Selektionsfunktion. Ein Ordner könnte für dringende Aufgaben sein, ein Ordner für wichtige Aufgaben, ein Ordner für schnelle Entscheidungen die notwendig sind und ein Ordner mit E-Mails wo Sie nur als BBC genannt werden und es sich um nicht wichtige und nicht dringende Informationen handelt. Letzteren Ordner werden Sie zukünftig nur noch freitags überprüfen. Dadurch haben Sie die Möglichkeit sich täglich nur noch mit den Aufgaben vertraut zu machen die für Sie wichtig oder dringend sind.

Nun verabschieden sich von dem Glaubenssatz, dass Sie zukünftig dafür zuständig sind E-Mails und Briefe eigenständig schriftlich zu beantworten! Ab diesem Zeitpunkt werden Sie sich zukünftig die Fähigkeit aneignen Briefe und E-Mails mit einem Diktiergerät zu beantworten. Hier empfehle ich Ihnen das Produkt von Amazon „Olympus 7000". Sie werden schnell feststellen, dass Sie nur einen Bruchteil dafür verwenden müssen sich mit Ihren E-Mails zu beschäftigen. Dadurch gewinnen Sie die Zeit, die Sie essenziell benötigen, um an Ihrem Unternehmen zu arbeiten, anstatt in Ihrem Unternehmen zu arbeiten. Ihr Diktiergerät wird zukünftig mehrere Ordnerfunktionen enthalten. Jedem Ordner wird eine E-Mail eines Ihrer Mitarbeiter zugeordnet. Anstatt nun eine E-Mail schriftlich zu beantworten, nehmen Sie Ihr Diktiergerät und erläutern kurz die Aufgabe bzw. die Antwort. Nach Beendigung und Beantwortung aller schriftlichen Anfragen verbinden Sie Ihr neues Diktiergerät nun mit Ihrem Computer. In diesem Moment werden Ihre vorformulierten Antworten an die jeweiligen E-Mailempfänger weitergeleitet. Ihre neue Assistentin wird nun Ihre formulierten Antworten praktisch durch die vorherigen neuen Benutzerrechte umsetzen. Falls Sie sich immer noch Fragen warum Sie dies tun sollten, glauben Sie mir: 1. Werden Sie viel mehr Zeit für die wichtigen Aufgaben am Tag haben und 2. Beträgt der Stundenlohn der Assistentin und der Sekretärin nur einen Bruchteil Ihres Stundenlohns. Sie würden ja auch niemanden für Ihren Stundenlohn einstellen der Ihre E-Mails bearbeitet oder?

Tipp für virtuelle Assistentin:

eBüro oder Taskwunder

Der Tagespuffer:

Einen Fehler, den ich bei jedem meiner Kunden feststelle ist der, dass sich leitende Mitarbeiter, Führungskräfte, Vorstände und Geschäftsführer täglich die vollen acht bis zehn Stunden verplanen. Es wird niemals einen Tag geben an denen Sie Ihre Aufgaben so abarbeiten werden wie Sie es am Vortag geplant haben. Weiterhin sollten Sie es vermeiden, dass Sie zwischen kreativer Arbeit und Verwaltungsaufgaben hin und her springen. Sie müssen sich die Frage stellen wann Sie persönlich am Tag Ihre kreativste Phase haben. Ob morgens, mittags, oder abends, es ist völlig egal. Wichtig ist nur, dass Sie selber erkennen wann Sie am produktivsten sind. Halten Sie sich immer vor Augen, dass Sie am

Unternehmen arbeiten wollen und nicht im Unternehmen. Können Sie also folglich Ihr Unternehmen voranbringen, wenn Sie täglich acht bis zehn Stunden nur Aufgaben abarbeiten und auf Impulse reagieren statt zu agieren?

Nehmen wir beispielsweise an, dass Ihre kreativste und bzw. produktivste Phase am Tag der Morgen ist, dann blocken Sie sich zukünftig jeden Morgen zwei Stunden für Unternehmensentwicklung. Im Anschluss daran verplanen Sie vier Stunden am Tag, so wie Sie es bisher gemacht haben. Die restliche tägliche Arbeitszeit steht nun spontanen Impulsen zu Verfügung. So können Sie sich sicher sein, dass Sie genug Zeit haben Ihr Unternehmen weiterzuentwickeln, die täglichen Aufgaben abzuarbeiten und unvorhergesehene Dinge nicht an die Arbeitszeit hinten dran zu hängen.

Nutzen Sie dabei Ihre neue Sekretärin und teilen Sie dieser mit in welchen Tageszeitfenstern Meetings und Gespräche stattfinden können. Ein Tipp von mir: Sagen Sie zu Ihrer Sekretärin, dass Sie dafür verantwortlich ist, dass diese Zeitfenster täglich eingehalten werden. Schafft Sie dieses, so würden Sie Ihr nach einem Jahr einen Bonus geben. Durch Ihre neue Zeit sich mit der Entwicklung Ihres Unternehmens beschäftigen zu können, sollten Sie nach einem Jahr in der Lage sein diesen Bonus refinanzieren zu können.

Weiterhin planen Sie zukünftig einzelne Tage für einzelne Abteilungen bzw. Aufgaben bzw. Unternehmensfeldern ein. Bündeln Sie Kreativarbeit mit Kreativarbeit und nutzen dafür einen einzelnen festgelegten Tag. An diesem Tag werden Sie keine operativen Aufgaben erledigen. So könnten Sie sich beispielsweise montags mit Marketing beschäftigen, dienstags mit Finanzen, mittwochs mit Vertrieb, donnerstags um Führung und Personal und freitags für Controlling und Kreatives.

Wer darf stören?

Ein Vorstandsvorsitzender eines Pflegeunternehmens mit 15.000 Mitarbeitern hat folgendes System in das operative Geschäft integriert. Er hat Verhaltensregeln aufgestellt wer ihn stören darf und wer nicht. Ich weiß, dass in vielen Büchern und in der historischen Literatur gelehrt wird, dass die Tür des Chefs immer aufstehen sollte. Dies soll auch weiterhin so sein. Wichtig ist nur, dass Sie in der Zeit in der Sie sich mit der Entwicklung Ihres Unternehmens und in der Entwicklung neuer Produkte beschäftigen nicht gestört werden. So hat er eine Art Wartezimmer bzw. ein Sprechstundensystem eingeführt. Mitarbeiter können zum Beispiel montags, mittwochs und freitags von 15:30 Uhr bis 17:00 Uhr hineintreten. In allen anderen Fällen müssen sich die Mitarbeiter an die Sekretärinnen wenden.

Wichtig bei diesem System ist, dass Sie klar kommunizieren warum Sie die neuen Sprechstunden eingeführt haben. Es darf nicht den Anschein erwecken, dass Sie zu beschäftigt sind. Im Gegenteil, erläutern Sie, dass Sie durch die täglichen operativen Aufgaben nicht mehr die Möglichkeit haben sich intensiv mit der Entwicklung zu beschäftige. Damit die Arbeitsplätze auch zukünftig in zehn Jahren gesichert sind, werden Sie sich daher Zeitblöcke einplanen, an denen

Sie nicht gestört werden möchten. Für Notfälle besteht jederzeit und weiterhin die Möglichkeit die Sekretärin zu kontaktieren. Dieser Vorstandsvorsitzende ist einer meiner besten Freunde geworden.

Pausen:

Wenn ich Ihnen nur einen Tipp für Produktivität geben könnte, dann wäre es dieser sich Pausen einzuplanen und diese in gar keinen Umständen ausfallen zu lassen! Sie sind der Entscheider. Sie sind die führende Kraft in Ihrem Unternehmen und daher auch wenn es egoistisch klingt derzeit die wichtigste Person. Sie können nur produktiv sein, wenn Sie gesund, fit und geistig klar. In der Management Literatur sowie in der Persönlichkeitsentwicklung findet man immer wieder die gleichen Bausteine die man benötigt, um produktiv arbeiten zu können. Dabei decken sich immer wieder folgende Bausteine:

1. Fitness und Gesundheit
2. Familie, Partnerschaft und Freunde
3. Finanzielles

Nur wer an allen drei Bausteinen parallel aktiv arbeitet wird langfristig in der Lage sein fokussiert zu arbeiten und glücklich zu sein. Viele meiner unternehmerischen Freunde planen sich sogar diese drei Grundbausteine in die wöchentliche Tagesplanung ein. So plant sich ein befreundeter Geschäftsführer mit einem Bauunternehmen wöchentlich vier Mal das Fitnessstudio ein, zweimal das Joggen und sonntags drei Stunden Lesen für die mentale Gesundheit. Für die Partnerin stehen zwei Abende fest zur Verfügung, die jedes Mal verbindlich eingehalten werden. Alle zwei Wochen steht ein Tag am Wochenende für Freunde zur Verfügung. Wenn Sie die Chance haben Familie, Partnerschaft, Freunde und mit dem Thema Fitness zu verbinden, so profitieren alle davon. Falls Sie sich jetzt fragen was der der Punkt drei finanzielles mit Produktivität zu tun hat, so werden Sie dies in einem späteren Kapitel erfahren.

Also planen Sie sich bitte zukünftig vier Pausen täglich a 15 Minuten ein. Bitte denken Sie auch daran die Inhalte der vorherigen und nachfolgenden Lektionen im Fall in Ihre neue Planung zu integrieren.

Ein Beispieltag könnte so aussehen:

07:00 Uhr	Von der Sekretärin gefilterte E-Mails mit dem Diktiergerät bearbeiten
07:30 Uhr	Tagesplanung
07:45 Uhr	Frühstück
08:00 Uhr	Unternehmensentwicklung & Chancen
10:00 Uhr	Humankapital
11:30 Uhr	Eigene mentale Fitness (Lesen)
12:30 Uhr	Mittagspause
13:30 Uhr	Operative Aufgaben

15:30 Uhr	Pause
15:45 Uhr	Meeting 1
16:30 Uhr	Meeting 2
17:30 Uhr	Von der Sekretärin gefilterte E-Mails mit dem Diktiergerät bearbeiten
18:00 Uhr	Fitness
20:00 Uhr	Familie

Morgen-Routinen:

Wenn Sie sich fragen, was *Warren Buffet, Bill Gates, Steve Jobs und Tim Ferriss* gemeinsam haben, dann sind es morgendliche Routinen. *Steve Jobs und Kim Dot Com* (Mega Upload.com) gingen sogar so weit, dass diese sich 20 Mal die gleichen Klamotten gekauft haben, damit diese nicht morgens überlegen müssen was sie anziehen wollen. Aber warum ist dies so wichtig? Die meisten fangen mit dem Bett machen an. So hat man direkt eine Aufgabe positiv erledigt und fängt den Tag geordnet an. Der wichtigste Tipp zuerst: Trinken Sie nach dem Schlafen einen halben Liter Wasser. Jedem, wirklich jedem, dem ich diesen Tipp gegeben habe, hat sich im Nachhinein bei mir bedankt. Wenn Sie schlafen verlieren Sie bis zu einen halten Liter Flüssigkeit und trinken zumeist acht bis zehn Stunden kein Wasser in dieser Zeit. Das führt zu Dehydratation. Die meisten Menschen glauben, dass sie am Morgen Hunger verspüren, aber der Magen kann dies gar nicht richtig unterscheiden. In 99% aller

Fälle handelt sich um Durst. Biologisch ist es so, dass das Verlangen nach Wasser schon Dehydration bedeutet und der Körper Wasser benötigt und das man vorher hätte trinken sollen. Trinken Sie direkt einen halten Liter Wasser und ich verspreche Ihnen (Wasser, kein Kaffee!), dass Sie keinen Hunger verspüren und extrem wacher sein werden!

Ich zum Beispiel trinke gerne direkt gerne einen Protein Shake mit Wasser, nachdem ich um 05:00 Uhr aufgestanden bin, gehe mit dem Hund spazieren, bereite alle Mahlzeiten für den Tag vor, fahre zum Sport für 90 Minuten, trinke einen Kaffee beim 45-Minütigem morgendlichem Lesen in Fachliteratur und fange mit der Arbeit an, nachdem ich also dafür gesorgt habe, dass ich Sport gemacht habe, mich weitergebildet habe und mich gesund ernähren werde. In einer meiner Pausen am Morgen nehme ich mir übrigens 20 Minuten zum Meditieren. Wahrscheinlich denken Sie nun: „Was für ein Spinner". Auch ich habe dies jahrelang gedacht, bis ich feststellen musste, dass alle erfolgreichen Milliardäre morgens meditieren. Ich sitze nun nicht wie der Öko-Heilige im Schneidersitz auf einem Teppich und sage immer „Ohm", nein, ich habe ein 15 Minuten Sound, bei dem ich einfach ruhig sitze und nachdenke. Ich denke über Probleme und neue Möglichkeiten nach. Versuchen Sie es. Wir haben komplett verlernt ohne externe Impulse und ohne Akustik nachzudenken.

Endlich gesund schlafen und ernähren:

Warum soll ich mir in Business-Themen Inhalte zum Schlafen aneignen? Ich will Sie nicht mit allen Inhalten zum Schlafen langweilen, lesen Sie sich gerne einfach bei Wikipedia mal den Schlaf durch. Fakt ist, dass Schlafen dafür da ist, dass sich unser Körper erholt und regeneriert. Bei Schlafmangel können Symptome wie Kopfschmerzen, Unkonzentriertheit, Müdigkeit, Unproduktivität und zur Senkung der weißen Blutkörperchen. Eigentlich ja auch logisch. Wer schlecht schläft, der kann tagsüber nicht Vollgas geben.

Wissen Sie, wir suchen alles Mögliche in Suchmaschinen. Zum Beispiel Rezepte, C-Promis und Katzenvideos, aber grundsätzliche Themen wie „Schlafen" und „Ernährung" werden nie gesucht, nicht einmal in der Schule gelehrt. Googeln Sie gerne beispielsweise zehn erfolgreiche Unternehmer. Fällt Ihnen etwas auf? Mindestens acht von zehn sind körperlich fit!

Aber warum ist das so?

Weil erfolgreiche Unternehmer funktonal denken. Ein Profi-Sportler wird nie seine Höchstleistung abrufen, wenn er privat im Scheidungskrieg lebt. Unternehmer zu sein bedeutet eine Höchstleistungsform und eine aktive Lebensform. Wer nicht gesund und fit ist, kann sein Maximum nicht abrufen. Dies gilt für Ernährung und Schlafen.

Es gibt sogar Studien die beweisen, dass Schlafentzug zum Tod führen kann. Die Studie wurde nach 72 Stunden ohne Schlaf abgebrochen.

Der Schlaf besteht aus mehreren Zyklen. Für die Erholung sorgt die sogenannte Tiefschlafphase. Es kann sein, dass wir bei einer Schlafdauer mit zwei Stunden weniger Schlaf fitter sind als die Nacht davor. Dies liegt daran, dass wir vielleicht eine effizientere Tiefschlafphase hatten als zuvor.

Aber wie können wir dies positiv beeinflussen?

Serotorin ist ein Neurotransmitter, der für das Schlafen verantwortlich ist. Um die Produktion dieses Stoffes im Körper anzuregen, ist es wichtig, dass Ihr Schlafzimmer dunkel ist. Serotorin wird überwiegend bei Dunkelheit produziert. Dazu helfen Ihnen auch Apps, die beim Tablet, TV und Handy bestimme Farben aus dem Bildschirm nehmen, sodass die Produktion des Stoffes nicht behindert wird. Weiterhin sollten Sie vorm Schlafen nichts mehr essen. Wenn Sie vorher essen, dann wird Ihr Körper im Schlaf mit der Verdauung zu tun haben, anstatt sich vollständig um die Regeneration zu kümmern. Mir hilft auch eine Schlafmaske wunderbar. Man muss sich zwar daran gewöhnen, aber danach schläft man wie ein Baby.

Zum Thema Ernährung möchte ich Ihnen folgendes Beispiel mitgeben. Sie werden Ihren Ferrari ja auch nicht mit minderwertiges Benzin tanken oder? Evolutionsbedingt dient uns Essen als Nährstoffgeber. Nährstoffe, die wir extern zuführen müssen, weil der Körper bestimme Nährstoffe nicht selber herstelle kann. Irgendwie logisch oder? Also warum essen wir dann Brötchen, Süßigkeiten und trinken Cola? Lebensmittel, die uns keinen Mehrwert bieten, füllen uns nur mit unverwertbaren Mikronährstoffen.

Wir sind uns also einig, dass gesunde Ernährung wichtig ist. Nahrung besteht immer aus drei Makronährstoffen. Protein, Kohlenhydrate und Fette. Ich verschone Sie nun als ausgebildeter Ernährungstrainer mit allen Möglichkeiten, aber Fakt ist: Ein Kaloriendefizit am Tag führt dazu, dass wir abnehmen. Ein Überschuss zur Zunahme. 7.000 Kalorien zu viel bedeuten ein Kilogramm Fett mehr. Gleiches gilt bei der Abnahme. Wenn Sie täglich 1.000 Kalorien im Defizit essen, dann werden Sie pro Woche in Kilogramm Fett abnehmen. Jeder Makronährstoff hat bestimmte Wirkungen, die für den Körper essentiell sind. Vergessen dürfen Sie aber auch nicht die Mikronährstoffe wie Vitamine, Zink, Mineralien usw. Brötchen zum Beispiel sind einfach nur leere Kalorien ohne Mikronährstoffe.

Ich ernähre mich seit Jahren nach Paleo, auch Steinzeiternährung genannt. Warum? Nun ja, mehrere Millionen Jahre haben wir nur Fleisch und Nüsse gegessen. Irgendwann wurde dann angebaut und es kam der Weizen, der bis heute beliebter ist als alles andere. Also seit tausend Jahren isst der Mensch Weizenprodukte, aber Millionen Jahre zuvor sah unsere Ernährung anders aus. Bei der Paleoernährung wird auf Kohlenhydrate wie in der Steinzeit verzichtet. Dies führt dazu, dass die Kohlenhydrate, die vom Körper in Zucker umgewandelt werden, kein Insulin ausstoßen können. Insulin führt dazu, dass Fetteinlagerung unterstützt wird. Fällt der Insulinspiegel nach Zuckerabbau, wird dem Körper ein Mangel angezeigt und wir verspüren Heißhungerattacken. Daher verzichte ich komplett darauf und lebe seit dem ohne Hungergefühl. Auch esse ich nicht morgen direkt nach dem Aufstehen, denn wer hat Ihnen beigebracht, dass wir am Tag drei Mal essen sollen? Wer hat Ihnen beigebracht, dass wir bei jeder Mahlzeit vollständige Sättigung erlangen müssen? Nahrung wurde im Zeitalter des Überflusses zum Luxusgut und wird nicht mehr als Funktion angesehen. Esse ich auch Süßigkeiten? Na klar! Gehe ich auch in Restaurants? Natürlich! Ich genieße jedoch, nehme also die Mahlzeit viel wertvoller wahr und gönne mir ab und zu etwas, jedoch nicht mehr täglich. Seitdem kann ich besser schlafen, habe einen inneren unbeschreiblichen Antrieb und habe seit dem nie mehr das MC-Donalds Tief nach einer ungesunden Mahlzeit.

Ich verschone Sie nun mit weiteren Inhalten zum Thema Ernährung und Schlafen, aber denken Sie darüber nach. Gesundheit ist Ihr größtes Gut. Ein gesunder Mensch hat tausende von Wünschen, ein kranker dagegen nur einen Wunsch.

Multitasking:

Bitte vergessen Sie alles was ihnen beigebracht wurde zum Thema Multitasking. Es ist zwar richtig, dass das menschliche Gehirn in der Lage ist zwischen Themen hin und her zu springen, aber es ist neurologisch wissenschaftlich bewiesen, dass wir nicht parallel mehrere Aufgaben gleichzeitig mit Denkvermögen bearbeiten können. Die neuesten neurologischen Studien beweisen eindeutig, dass es deutlich produktiver ist sich in einem Zeitblock mit nur einem Thema zu beschäftigen. Man geht davon aus, dass man durchschnittlich 13 Minuten benötigt, um einen sogenannten *Flow-Zustand* zu erreichen. Dieser ist zwar nicht wissenschaftlich bewiesen, jedoch kennt jeder von uns diesen genannten Zustand, in dem wir eine Aufgabe, für die wir mehrere Stunden eingeplant haben, in kürzester Zeit bearbeitet haben. Wenn Sie in diesem Zustand immer wieder durch externe Impulse herausgerissen werden, dauert es jedes Mal die 13 Minuten, um produktiv dort weiterzumachen, wo Sie aufgehört haben.

Eine Sparkasse wollte den Servicebereich produktiver machen. Diese Sparkasse beschäftigte 60 Service Berater, die an vorderster Front Kundenanfragen persönlich bearbeiten. Der Arbeitgeber beschäftigte durchschnittlich vier Personen gleichzeitlg In einer Fillale und stellt diesen drei Tresen zwecks Beratung zur Verfügung. Das bisherige System sah so aus, dass die Mitarbeiter an Ihrem Schreibtisch saßen und aufgestanden sind, wenn ein Kunde zum Schalter gegangen ist.

Da ein systematisches Schema fehlte, beschlossen die Service Kräfte sich die Tresen untereinander fest zuzuordnen. Das führte dazu, dass Servicekraft A immer dann zum Schalter geht, wenn ein Kunde am linken Tresen stand. Um den Kunden zu beraten und um den Engpass des Kunden zu lösen, musste Sie sich an Ihrem Arbeitsplatz abmelden und am Tresen neu anmelden. In meiner IST-Analyse musste ich feststellen, dass eine Vollzeit Servicekraft sich täglich durchschnittlich 46-mal ab und anmeldet und Ihre täglichen Aufgaben am Schreibtisch durchgehend von Kunden am Tresen unterbrochen werden. So kann es sein, dass die Beantragung einer Kreditkarte am Schreibtisch, welcher Prozess durchschnittlich acht Minuten benötigt, nun durch mehrere Unterbrechung 32 Minuten benötigt. Weiterhin wurde die Liste mit den abzuarbeiten Aufgaben durch immer neue Kundenanfragen immer länger anstatt kürzer.

Was wir gemeinsam erarbeitet und in das Filialnetz integriert haben, ist nun ein Springersystem. Ein Mitarbeiter stellt sich für drei Stunden am Tag an einen festen Tresen und ist nur für die Kundenanfragen zuständig. Einem Mitarbeiter wird die Sachbearbeitung diesen Zeitraum geordnet und erhält die Springerfunktion, die beinhaltet, dass er der erste Mitarbeiter ist, der unterstützend an die Tresen geht. Der dritte Mitarbeiter kümmert sich allein um die Bearbeitung der Kundenaufträge, wobei er eingehende Telefonanrufe annimmt. Im nachfolgenden Zeitblock wird dann rotiert.

Selektive Ignoranz:

Selektive Ignoranz bedeutet, dass Sie ganz bewusst auf externe Impulse verzichten. Viele von Ihnen kennen das Buch *Die vier Stunden Woche,* in dem der Verzicht auf täglichem Nachrichtekonsum erörtert wird. Ich kann aus eigener Erfahrung sagen, dass dies eine der besten Tipps ist die ich jemals bekommen habe. Nehmen Sie sich einen Testmonat. Verzichten Sie darauf sich Inhalte von Nachrichten online sowie offline anzueignen und Sie über einen Monat was Sie angeblich verpasst haben. Ich garantiere Ihnen, dass Sie auch zukünftig wichtige und notwendige Informationen von anderen Quellen und Medien halten. Gucken Sie dazu in das *Kapitel Tools*. Hier stelle ich unter anderem eine vor, die die tägliche Nutzung an verschiedenen Anwendungen auf Ihrem Mobiltelefon auswertet. Es ist extrem spannend festzustellen wie viel Zeit wir am Tag mit Facebook, auf Bild.de oder mit anderen Anwendung verschenken. Zeit von der wir immer wieder behaupten, dass Sie uns Sport und Geschäftsentwicklung fehle. Sie wollen einen Beweis?

Fragen Sie einen Freund oder einen Mitarbeiter an welche Inhalte er sich betreffend News im gesamten letzten Monat erinnern kann. Glauben Sie mir, er wird nicht mehr als vier Inhalte nennen können.

Fragen Sie nach:

Wenn ich einen meiner Mitarbeiter ein Projektauftrag übertragen, so definiere ich im aller ersten Schritt die genauen Zielsetzungen des Projektes. Hierzu finden Sie übrigens auch einen beliebten Produktivitätsfehler im Bereich der Meetings.

Virtuelle Assistentin:

Falls Sie selbstständig sind und 1-Mann-Unternehmen leiten, so kann ich Ihnen nur den Tipp geben, sich eine virtuelle Assistentin anzuschaffen. Viele den ich diesen Tipp geben habe, haben sich weder mit diesem Thema beschäftigt bzw. auseinandergesetzt, noch jemals von einer virtuellen Assistentin gehört. Ich gehe davon aus, dass Sie sich selbstständig gemacht haben, weil Sie in dem was Sie machen regional der beste bzw. das beste Angebot bereitstellen. Das bedeutet, dass Ihr Tag täglich begrenzt an Stunden ist.

Nehmen wir an Sie sind Handwerker. Ihre Kunden stellen Ihnen die Möglichkeit, Ihr Angebot von morgens 7:00 Uhr bis abends 19:00 Uhr durchzuführen. In Jeder Stunde innerhalb dieses Zeitraums, in der Sie sich nicht aktiv um die Durchführung von Kundenaufträgen kümmern, folgt kausal kein Umsatz bzw. Cashflow. Dadurch, dass Sie alleine sind, können Sie Ihr maximal zu erreichenden Umsatz eines Monats durch die Anzahl der täglichen Stunden Mal Ihres Stundensatzes errechnen. Umso mehr verwaltende Aufgaben täglich bearbeitet werden müssen, umso mehr müssen Sie diese Zeit von Ihrer möglichen Kunden Beauftragung Zeit subtrahieren.

Ziel kann es sein, alle Aufgaben, die keinen direkten Umsatz oder Cash-Flow bringen, an eine Assistentin bzw. eine dritte Person abzugeben. Die Buchhaltung könnte der Steuerberater übernehmen und den Kundenkontakt Ihre neue virtuelle Assistentin. Diese nimmt für wenig Geld alle Kundenanfragen auf sammelte diese, filtert und beantwortet diese und leitet diese per E-Mail an Sie weiter. Das führt dazu, dass Sie sich nur noch um die umsatzbringenden Aufgaben kümmern können und weiterhin den neuen Benefit vorweisen können ganztags erreichbar zu sein.

Ehrenämter:

Viele der Leser werden mich wahrscheinlich falsch verstehen. Es ist unabdingbar und elementar, dass sich Menschen in unserer Gesellschaft Zeit nehmen als Investment um Ämter wahrnehmen. Jeder weiß, dass das Geben glücklicher macht als Nehmen.

Worauf ich hinaus möchte ist, dass ich viele Unternehmer kennengelernt habe, die so viele Ehrenämter wahrnehmen, dass dies in diesem Maße schon wieder proportional hilfreich ist. Spenden Sie lieber konstant 10 % aller Ihrer Einnahmen an regionale Organisationen. In den ich mich weiterhin auf mein Business konzentriere, kann ich mehr Einnahmen generieren, welche kausal auch dann die regionalen Organisationen zugutekommen. Bei jedem Unternehmen bzw. bei jedem Unternehmer, der mich für ein Coaching gebucht hat, versuche ich nicht zu missionieren, jedoch schon das Spenden anzupreisen. Auch wer nicht wöchentlich seine Arbeitszeit vor Ort zur Verfügung stellt kann helfen, indem er 10 % aller seiner Einnahmen (Reingewinn) spendet. Dies kann unter Umständen sogar noch effizienter sein, weil dadurch gleich mehrere neue Helfer eingestellt werden können.

Übrigens:

Gemeinnützige Vereine und Spendenaktioneninitiatoren berate ich selbstverständlich kostenfrei!

Unterscheidung von „wichtig" und „dringend":

Ich gehe davon aus, dass jedem das *Eisenhower Prinzip* bekannt ist. In dieser Theorie für das Zeitmanagement wird zwischen *wichtig* und *dringend* unterschieden. Generell sollen alle Aufgaben zwischen diesen beiden Selektionsmöglichkeiten unterschieden werden. Wichtige Aufgaben sind alle Aspekte die sich auf die Entwicklung des Unternehmens beziehen. Dringende Aufgaben sind alle Aspekte, die zeitnah aufgrund rechtlicher, buchhalterischer oder externer Impulse umgehend bearbeitet werden müssen.

Letzteres könnte zum Beispiel der Jahresabschluss sein. Nur wer es schafft sich den Tag so einzuplanen, dass man immer genug Zeit hat auch an den wichtigen Aufgaben zu arbeiten, wird erfolgreich werden. Das Eisenhower Prinzip wende ich zum Beispiel auch für mein E-Mail Postfach an. Wie schon im vorherigen beschrieben selektiert meine Sekretärin alle E-Mails in verschiedene Ordner vor. Es gibt einen Ordner namens dringend und drei Ordner namens wichtig. Eine Stunde am Tag ist für den Ordner dringend eingeplant. Bei den Ordnern für Wichtiges gibt es wie gesagt drei Unterordner. Der erste Ordner beinhaltet alle wichtigen Aufgaben und Projekte bzw. die, welche ich diese Woche bearbeiten werde oder über diese ich diese Woche nachdenken möchte. Der zweite Ordner bezieht sich auf den Zeithorizont von einem Monat. Der dritte Ordner bezieht sich auf den Zeithorizont von einem Quartal. Die Bearbeitung dieser Ordner ist Teil meines Kalenders und wird verbindlich geblockt. So schaffe ich es auch neben stressigen und nervenaufwendigen Aufgaben niemals die wichtige Aufgabe der Unternehmensentwicklung aufzuschieben oder durchdringende Aufgaben zu substituieren.

Monkey Management:

Unter *Monkey Management* versteht man, dass es immer wieder Mitarbeiter gibt, die Ihre Aufgaben an die Führungspersonen bzw. die Führungskraft zurück delegieren. Idealtypisches Ziel sollte es ja sein, dass Sie einem Mitarbeiter eine Aufgabe übertragen und er diese ordnungsgemäß und zielorientiert erfüllt. Wichtig dabei ist, dass der Mitarbeiter dies eigenständig umsetzt und Ihnen nicht die Arbeitsergebnisse präsentiert bzw. Ihnen die Entscheidung vorlegt. In diesem Fall mussten Sie sich mit dem Projekt oder der Aufgabe beschäftigen, haben diese einen Mitarbeiter übertragen und die Mitarbeiter in das Projekt eingewiesen und erhalten dann die bearbeitenden Ergebnisse zurück zwecks Entscheidungsfindung.

Ziel müsste es sein, dass Delegieren zu delegieren. Das hat den Vorteil, dass Sie die Ergebnisse bzw. die Entscheidung erst gar nicht mehr auf den Tisch bekommen und somit an den wichtigen Aufgaben weiterarbeiten können. Um das zu schaffen bedarf es einer *Anti-Monkey-Strategie*, in der die Aufgaben der Mitarbeiter nicht mehr an Sie zurückgegeben werden. Oft fühlen sich Führungskräfte als Retter in der Not, wenn der Mitarbeiter mit einem Problem um Hilfe bittet. Einmal war ein Freund in den USA und jemand fragte ihn, wie er es denn rechtfertigen könnte sein Team einen Monat alleine zu lassen. Als er ihm mitteilte, dass diese ohne ihn auskommen würden fragte er, ob er denn nicht der richtige für diese Position wäre. Er sagte ihm, dass er einen exzellenten Job gemacht habe, begründet darin, weil er es geschafft hat, die Prozesse und Aufgaben so zu definieren, dass Probleme eigenständig bearbeitet werden, Aufgaben im Team gelöst werden und er sich voll und ganz um die Entwicklung kümmern kann.

Es ist ein System was Ihre Zeit als Investition bedarf, sich aber später rentieren wird. Seit der Geschichte wies ich meine Sekretärin an, jeden Mitarbeiter mit einem Engpass zu vertrösten, so lange, bis er seine Frage sowie den Engpass genauestens schriftlich fixiert hat und drei Alternativlösungen mitbringt.

Was ich damit bezwecken wollte ist, dass der Mitarbeiter sich eigenständig um Lösungen bzw. nach Lösungen sucht oder jemand fragt wer eine Lösung herbeiführen könnte. Es geht dabei nicht darum zu definieren warum etwas nicht geht, sondern sich damit zu beschäftigen welche Voraussetzungen erfüllt werden müssen, um den Engpass langfristig strategisch zu lösen. Erst, wenn der Mitarbeiter seine Frage sowie den Engpass schriftlich formuliert hatte, wurde ein Termin vereinbart.

Im zweiten Schritt wies ich meine Sekretärin an, dass zukünftig nur noch Mitarbeiter einen Termin bekommen, die zusätzlich zu der bisherigen Systematik, auch zumindest drei Lösungsvorschläge mit in den Termin bringen müssen sowie diesbezügliche Kosten und Voraussetzung. Eine wichtige Spielregel war dabei, dass der Termin nur mit zehn Minuten datiert wurde. Dies führte dazu, dass sich die Mitarbeiter im Vorwege genauestens überlegen mussten, wie sie den Engpass kurz und knapp definieren können. Mit der Zeit konnte ich feststellen, dass die Anfragen immer weniger wurden, weil die Mitarbeiter sich eigenständig mit alternativen Lösungen beschäftigen mussten.

Um mich auch von den letzten Nachfragen lösen zu können, fühlte ich den dritten Schritt ein. Seit zwei Jahren stelle ich immer die gleiche erste Frage: „Wenn es Ihr Geld wäre, wie würden Sie sich entscheiden?" Dies machte ich so lange bis sich 90 % aller Entscheidungen mit derer der Mitarbeiter kongruent deckten.

Die Mitarbeiter lernten so immer unternehmerischer zu denken und mich aus den Großteil aller Entscheidungen bzw. Engpässe herauszuhalten. Natürlich ist es wichtig, dass Mitarbeiter die Chance haben Probleme bzw. Engpässe direkt anzusprechen, aber Sie werden schnell feststellen wie Sie einen Großteil an mehr Zeit erhalten und Ihre Mitarbeiter glücklicher werden, aufgrund der eigenen Stärkung für Entscheidungskompetenz.

Falls Sie mit diesem System nicht ganz einverstanden sind, stelle ich Ihnen gerne eine Alternative vor. Wenn ein Mitarbeiter Sie um Rat bittet stellen Sie die oben genannte Frage. Wenn der Mitarbeiter es schafft acht von zehn Entscheidungen wie Sie zu entscheiden, erhöhen Sie die Entscheidungskompetenz des Mitarbeiters um 10 %. Dies machen Sie so lange bis Sie vollstes Vertrauen in die Entscheidungskompetenz Ihres Mitarbeiters haben, um folglich ganz aus diesem Prozess auszuscheiden.

Praxis-Tipp:

Anbei möchte ich Ihnen noch einen Praxistipp mitgeben. Sie müssen verstehen, dass es kein *wir* Problem gibt. Jedes Problem ist eine Chance Prozesse zu verbessern und zukünftig Geld einzusparen. Sie müssen lernen nicht direkt die Lösungen anzupreisen, sondern die richtigen Fragen zu stellen: Ist das Problem früher schon mal aufgetreten? Wenn ja, wie war die Lösung? Gibt es einen Unterschied zu dem Problem von früher zu heute? Wer hat die Lösung damals gefunden? Wie hat sich das Problem entwickelt? Wer wurde damals informiert? Was wurde schon mal gemacht und was war das Ergebnis? Was würden Sie in meiner Situation machen? Wie würden Sie das Problem lösen, wenn Sie unbegrenzte Ressourcen zur Verfügung hätten? Was würde passieren, wenn wir gar nicht reagieren?

Erst im Anschluss wird das Problem bewertet und nach der Eisenhower Theorie selektiert. Falls dieses Problem bzw. der Engpass immer noch nicht gelöst wurde, ordnen Sie eines der folgenden Lösungsvoraussetzung zu. Kernfrage: Was fehlt um den Engpass zu lösen? Mögliche Lösungsvoraussetzungen: Kapazität, Zielkonflikt, Verständnis, Motivation, Führung, Technik, Wissen, Prozess, Kompetenz, Team, Schnittstelle, Akzeptanz oder Befindlichkeit?

Bitte merken Sie sich, jeder *Monkey* der kommt, muss auch wieder gehen.

Exkurs Prozesse:

Umso größer Ihre Mitarbeiteranzahl oder die Fluktuation ist, umso wichtiger ist die genaue Definition von Prozessen. Ein Beispiel: Reinhold Würth hat in seinen 25.000 Personen Unternehmen bis zu seinem 70ten Lebensjahr monatlich Touren von Außendienstmitarbeitern begleitet, damit er immer mehr dazu lernt und die den Kontakt zum Vertrieb verliert. Ihm fiel auf, dass der Mitarbeiter zehn Minuten zum Tanken während der Arbeitszeit brauchte. Wenn jeder Außendienstmitarbeiter der 25.000 Vertrieblern jeden Tag zehn Minuten tankt, dann nimmt dies schon gigantische Ausmaße an, die dem Abschluss von Geschäften fehlen.

Meetings:

Wahrscheinlich spreche ich Ihnen aus der Seele. Jede Woche sieben Meetings, zweiwöchentliche Fixtermine beim Abteilungsleiter, Meetings mit mehr als fünf Personen, ohne Ergebnis und Ziel. Meetings sind einer der Hauptgründe für Zeitfresser die Sie in der Erfüllung Ihrer täglichen Aufgaben ändern. Gehen wir davon aus, dass Ihnen pro Tag neun Stunden zur Verfügung stehen. Ich kann aus eigener Erfahrung sagen wie deprimierend es ist, wenn davon drei Stunden täglich für Meetings verplant werden.

Zu oft habe ich im Nachhinein darüber nachgedacht, ob meine Anwesenheit überhaupt dem Ziel förderlich war. Aufgrund dieser Systematik habe ich einige Spielregeln in die Unternehmen, bei denen ich tätig war oder welche ich unterstützt habe, eingeführt und getestet. Ich verspreche Ihnen, dass diese Spielregeln dafür sorgen werden, dass Unternehmen schneller, effektiver und motivierter entwickeln zu können. *Marcel Remus*, Immobilienmakler auf Mallorca, hat mal gesagt, dass er eine goldene Regel hat. *Die fünf A´s. Alle anders als alle anderen.*

Als erstes wird kommuniziert, das alle vereinbarten Termine verbindlich eingehalten werden. Wenn Sie zum Beispiel einen Mitarbeiter eine Aufgabe übertragen haben und dieser Ihnen mitteilt, dass er den Termin nicht wahrnehmen möchte, weil er noch nicht so weit sei, dann erinnern Sie diesen daran, dass alle Termine eingehalten werden. Dies suggeriert ebenfalls, dass Sie sich als Führungsperson verbindlich die Zeit nehmen und als Vorbild agieren. Lassen Sie sich in diesem Fall zeigen wie die bisherigen Ergebnisse aussehen oder wie Sie Ihre Mitarbeiter unterstützen können.

Im zweiten Schritt machen Sie eine Liste mit allen Meetings für das nächste halbe Jahr. Wo ist Ihre Anwesenheit elementar bzw. was könnten Sie absagen? Wenn Ihre Anwesenheit nicht dem Ziel förderlich ist bzw. Sie gar keine Kompetenz besitzen eine Entscheidung treffen zu können, so sagen Sie diesen Termin ab und teilen den Terminmitgliedern mit, dass man Ihnen im Anschluss das Protokoll zur Verfügung stellt. Wo könnten Sie das Meeting in eine Telefonkonferenz substituieren? Dadurch sparen Sie sich Fahrzeiten.

Im dritten Schritt kommunizieren Sie die Spielregel, dass zukünftig nicht mehr als vier Personen in einem Meeting zusammensitzen dürfen. Aus eigener Erfahrung kann ich Ihnen sagen, wie oft es passiert, dass Termine vereinbart wurden, die nur dazu dienten, dass der Abteilungsleiter seine eigenen Ideen vorstellt. Um sicherzustellen, dass künftigen Meetings effizient gestaltet sind, muss allen Beteiligten eine vorherige Tagesordnung zur Verfügung gestellt werden. Auf dieser ist ebenfalls das Ziel des Meetings formuliert. Unterscheiden Sie hierbei immer, ob es nicht reicht, dass gewisse Mitarbeiter nach dem Meeting informiert werden, anstatt selber dabei zu sitzen.

Im vierten Schritt kommunizieren Sie die Spielregel, dass zukünftig Meetings nie mehr länger als 30 Minuten betragen dürfen. Das würde dazu führen, dass man sich nur an die Tagesordnung hält und sich um das Ziel des Meetings kümmert. Entstehen in diesem Meeting weitere Aufgaben oder Ideen, die nicht auf der Tagesordnung stehen, so ist ein Folgetermin zu vereinbaren. Ein Mitarbeiter wird dabei ein Protokoll führen, welches nicht länger sein darf als eine DIN-4 Seite.

Mein damaliger Vorstandsvorsitzender in der Sparkasse war das Paradebeispiel dafür wie man Meetings so unproduktiv wie möglich machen konnte. Obwohl er Regionalleiter beschäftigte, wollte er mit allen 200 Mitarbeitern jährlich persönliche Gespräche führen. 200 Stunden zuzüglich Fahrtzeiten waren weg. Weiterhin hatte er eingeführt, dass er jede Woche mit jedem Abteilungsleiter ein Fixtermin wahrnahm. Dies führte dazu, dass jede Woche 14 fixe Termine stattgefunden haben, unabhängig vom eigentlichen Bedarf. Kausal lief es in der Realität so, dass er unvorbereitet in die Termine kam, meistens mit zehn Verspätungen und dem Hinweis, dass er in zehn Minuten gehen müsste. Ich glaube Sie verstehen worauf ich hinaus will.

Termine machen nur Sinn, wenn es einen festen Bedarf gibt und nicht nach Zeitintervallen. Fangen wir an Terminen nach Logik zu vereinbaren!

Ich bin dann mal weg:

Wie im vorherigen Text genannt sollte es Ihr Ziel sein, dass das Unternehmen bzw. die Abteilung funktioniert, auch wenn Sie abwesend sind. Was wäre, wenn Sie drei Monate weg wären? Was wäre, wenn Sie schwer erkranken würden und daher nicht mehr die Zeit hätten täglich acht Stunden zu arbeiten? Nutzen Sie die *Replacement Technik*. Schreiben Sie sich alle Sorgen und Engpässe bzw. Probleme auf die auftreten könnten. Definieren Sie dafür mögliche Lösungen bzw. wer diese Probleme lösen könnte.

Definieren Sie dafür Handbücher oder Prozessbeschreibungen, gerne auch Arbeitsanweisungen und kommunizieren Sie diese offen in Ihr Unternehmen. Testen Sie es aus, verabschieden Sie sich für zwei Wochen in den Urlaub und kontrollieren, für welche Probleme Sie persönlich anwesend sein mussten. Verbessern Sie Ihr Lösungshandbuch und testen Sie es erneut, indem Sie das nächste Mal vier Wochen abwesend werden. So schaffen Sie es, sukzessiv Ihre Person in Prozesse abzuleiten. Sie können das Ganze auch hypothetisch durchführen, wenn Sie Abteilungsleiter sind. Haben Sie immer das Ziel vor Augen! Wenn Sie erschaffen Ihre Person aus den Prozessen fernzuhalten, haben Sie die Chance, sich um Ihre wichtigen Aufgaben zu kümmern und so das Unternehmen weiter zu entwickeln. Das kommt dann auch wieder Ihren Mitarbeiter zugute.

Weiterbildung:

Dieses Buch habe ich geschrieben, weil ich mir selber gewünscht hätte, dass mir dieses einer zum 18. Geburtstag geschenkt hätte. Stattdessen habe ich mehrere hunderte Bücher gelesen, tausende Stunden Bücher gehört und eine Vielzahl an Coachings gebucht. Ich wünschte, ich hätte nicht erst mit 25 Jahren damit angefangen, sondern hätte mich mit 16 oder 17 Jahren dafür begeistert. Alle Inhalte aus den genannten Bildungsmöglichkeiten stelle ich Ihnen in einer zusammengefassten Form in diesem Buch zur Verfügung. Mit vielen Inhalten konnte ich mich nicht identifizieren, respektive musste ich mich erst einmal intensiv damit beschäftigen. Da ich täglich zum Sport gehe, täglich mit dem Hund ausgehe, sehr auf meine Ernährung achte, neun Stunden täglich arbeiten und natürlich auch Zeit mit der Familie, meiner Partnerin verbringe, musste ich lernen effektiv zu arbeiten.

Ich fing an mich auf Bücher zu konzentrieren und mir ein Zweithandy zu besorgen, indem ich die Notizen aus dem gelernten formulierte. Ich fing damals an die Fahrtzeit für Hörbücher zu nutzen. Ich lernte effektiv und schneller zu lesen. Im Anschluss fing ich an Hörbücher beim Spaziergang mit dem Hund zu hören. Artikel im Internet die ich spannend fand, verschob ich in die *App Pocket,* um die Artikel dann zu lesen, wann ich Zeit habe, jedoch diese nicht verfallen zu lassen. So habe ich mich damit beschäftigt, wenn ich das nächste Mal im Zug saß oder im Vorzimmer beim Arzt wartete

Ich fing an mein Handy morgens auf den Flugmodus zu stellen bis ich die drei wichtigsten Tagesaufgaben abgearbeitet habe. Mein Essen habe ich immer im Voraus für drei Tage vorgekocht, damit ich nicht täglich dreimal zum Supermarkt laufen muss bzw. mir kein Fast Food hole. Ich buchte eine Putzfrau, damit ich nicht mit dem Wissen auf der Arbeit war, dass ich zu Hause noch einen Berg an Aufgaben zu erledigen habe. Da mein Stundenlohn höher war als der meiner hoch motivierten, mittlerweile befreundeten Putzfrau, war es einfach produktiver. Das Internet machte es möglich mir Medikamente, Einkäufe und Lottodienstleistungen online einzukaufen sowie sogar meine Wäsche durch einen Anbieter in der Region online zu organisieren. Natürlich habe ich dieses Buch nicht eingetippt! Ich habe Leute befragt, die Experten in diesem Gebiet sind und als renommierte Autoren arbeiten. Diese haben mir eine Sprachsoftware empfohlen, mit der ich in diesem Moment mein Buch spreche und so mühsame Zeit Aufwendungen einspare.

Was ich damit sagen möchte ist, dass ich zwar Verständnis dafür haben, wenn Menschen sagen, dass Sie keine Zeit hätten. Jedoch verstehe ich nicht, wenn jemand die falschen Prioritäten setzt und die eigene Weiterbildung vernachlässigt. Es gibt immer Möglichkeiten seine eigene Zeit effizienter zu gestalten. Wenn Sie die finanziellen Möglichkeiten haben und Vorstandsmitglied sind, dann kaufen Sie sich ein Laufband, stellen Sie sich dies in Ihr Büro und bearbeiten Ihre zu diktierender E-Mails auf dem einstündigen Spaziergang in Ihr Büro. Eine Stunde Spazierengehen substituiert 20-minütiges Joggen, dadurch gewinnen Sie Zeit sich abends mit einem neuen Thema zwecks Weiterbildung zu beschäftigen. Nehmen Sie sich immer Zeit Fachbücher oder Fachliteratur zu lesen und das gelernte in komprimierter Form schriftlich zu formulieren, um dann auf das Gelernte umzusetzen. Wer nicht liest ist nicht klüger, als jemand der nicht lesen kann.

Weiterbildung ist die Impfung gegen jegliche Form der Stagnation.

Die Google-Liste:

Oft werde ich verwundert angeguckt, wenn ich während eines Gespräches mein Handy heraushole und wie wild anfange zu tippen. Meist muss ich dieser Person erklären, dass ich dabei bin eine meiner zwei Listen auf dem Handy zu erweitern. Die eine Liste beinhaltet alle Themen, mit denen ich mich bei gegebener Zeit beschäftigen möchte. Beispielsweise steht derzeit beim Verfassen dieses Textes auf meiner Liste: *Bitcoins und Chatbots*. Immer dann, wenn ich eine Thematik extrem relevant finde bzw. Sie heute oder in der Zukunft einen Einfluss auf mein Geschäftsmodell haben könnte, füge ich dies meiner Liste hinzu.

Auf der zweiten Liste landen Themen bzw. Wörter, die ich nicht kenne, respektive wo mir die Definition nicht klar ist. Diese Wörter suche ich irgendwann bei Gelegenheit in einer Suchmaschine. Dies führt dazu, dass ich stetig und sukzessiv dazulerne und ich bei jedem neuen Trend entscheiden kann, ob ich mich weiter intensiv damit beschäftige.

Praxis-Tipp:

Auch hier getreu dem Motto Produktivität sollte ich mich dafür entscheiden, dass ein Thema für mein Geschäftsmodell zukünftig relevant sein könnte, suche ich mir primär eine Person, die Experte in dieser Thematik, um diese Person dann zu fragen welche Voraussetzungen erfüllt werden müssten, damit diese Thematik mein Unternehmen stärken kann. Erst danach nehme ich mir die Zeit mich intensiv eigenständig zu informieren. Stellen Sie ebenfalls nicht die Frage ob das Thema für Sie relevant sein könnte, sondern mit welchen Voraussetzungen es Ihr Unternehmen stärken könnte.

E-Mail Regeln:

Jeder von uns kennt es. Täglich hunderte neue E-Mails. Informationen, die für Sie irrelevant sind. Nachrichten bei denen Sie in BCC gesetzt werden. Inhalte mit denen Sie sich gar nicht beschäftigen und ein Postfach mit 1.000 unbeantworteten E-Mails nach einem Urlaub, bei dessen reinen Anblick jegliche Erholung verfliegt. E-Mails sind dafür da, Informationen effektiver zu übermitteln. Sie wurden entwickelt, um Telefonate produktiver zu gestalten und somit die Inhalte elektronisch schneller und zeitsparender zu übermitteln. E-Mails wurden geschaffen, um unsere tägliche Arbeit zu vereinfachen! Das Gegenteil ist passiert.

Beim Senden der Antwort Mail fliegt direkt eine neue E-Mail in Ihr Postfach, der Benachrichtigungshinweis informiert Sie über die neue E-Mail, worauf Sie das Verfassen eines Textes abrupt unterbrechen, um nach dem Inhalt der

Mai zu gucken. Nachdem Sie festgestellt haben, dass die E-Mail keine wichtige Aufgabe enthält, antworten Sie schnell, konzentrieren sich wieder auf das Verfassen eines Textes, bis erneut der Benachrichtigungston ertönt. Aber was ändern?

Die Benachrichtigungstöne bzw. die Benachrichtigungshinweise wurden unternehmensweit ausgeschaltet. E-Mails können erst ab 11:00 Uhr morgens eingesehen werden, weil der Server diese dann erst freigibt. Bei wichtigen oder dringenden Themen, bleibt das Telefon als Kommunikationsmittel zur Verfügung, unter Beachtung der vorherigen genannten produktiven Spielregeln.

Es gilt immer zuerst eine E-Mail anstatt das Telefon. Beim Telefon wird der angerufene Mitarbeiter aus seiner Arbeit herausgerissen. E-Mails haben den Vorteil, dass der Mitarbeiter selber entscheiden kann, wann er sich mit dem Thema auseinandersetzt. Diese bisherigen Regeln führten dazu, dass jeder Mitarbeiter die Zeit hat sich morgens um die wichtigen Aufgaben zu kümmern.

Im nächsten Schritt führten wir ein, dass BC und BCC Mails verboten werden. Wenn ein Mitarbeiter der Meinung ist, dass die Mail irrelevant für ihn ist, so teilt er es dem Absender mit. Dies führte dazu, dass der Absender sich im Vorwege Gedanken machen muss für wen die Inhalte seiner Mail relevant sind. Auch wurde eingeführt, dass die Inhalte der E-Mails nicht länger sein dürfen als zehn Zeilen Text und mit Absätzen bzw. Überschriften deklariert werden müssen. Das Thema ist im Betreff zu nennen, damit jeder Mitarbeiter die Möglichkeit, sich die Priorität für diese E

Mail eigenständig einzuordnen. Aufgaben und Informationen sind getrennt voneinander im Betreff zu kennzeichnen.

Extra-Tipp:

Führen Sie in jeder Mail die Abkürzung „KAN" am Ende Ihrer Mail ein, bei der Sie keine Antwort erhalten wollen. Zu oft erhalten wir Mails mit einem „ok" oder „check", was uns wieder aus der Arbeit herausreißt. „KAN" steht dabei für „Keine Antwort notwendig".

Probieren Sie es aus. Sie haben nichts zu verlieren. Im schlimmsten Fall haben Sie etwas dazugelernt und führen die bisherigen Spielregeln einfach fort. Im besten Fall gewinnen Sie eine Vielzahl an Produktivität in Ihrem Unternehmen.

Genießen Sie Ihr Leben:

Als letzten Tipp innerhalb dieses Kapitels möchte ich mitgeben, dass Sie Ihr Leben genießen sollen. Nutzen Sie die Chance Zeit für das zu investieren, was Sie wirklich glücklich macht. Nehmen Sie sich gerne mal ein Maßband und legen Sie dies ausgebreitet auf einen Tisch. Nun nehmen Sie eine Schere und schneiden das Maßband bei 86 cm ab. Die Zahl 86 steht in diesem Beispiel für das durchschnittliche Sterbealter bei Männern. Nun schneiden Sie das Maßband bei der Zahl ab, die für Ihr aktuelles Alter steht. Ich glaube ihnen wird schnell klar was ich damit suggerieren möchte. Ich habe mein Maßband in mein Büro gehängt. An jedem

Geburtstag schneide ich nun einen Zentimeter ab und erinnere mich daran, dass ich mein Leben sinnvoll nutzen möchte.

Nützliche Tools - Ihr Werkzeugkasten

Erecht24.de:

Mithilfe von Erecht24.de können Sie sich mit einem Generator ganz einfach ein Impressum erstellen.

Lizenzfreie Fotos:

Um keine Urheberrechte zu verletzen, können Sie sich bei Shouder Stock oder 9 Designs kostenlose Fotos oder Bilder downloaden und frei verwenden. Als Alternative können Sie Fotolia nutzen. Hier erhalten Sie lizenzfreie Bilder für wenige Euro pro Bild.

Zoiper:

Mit dieser App lassen sich Telefonate aufnehmen und speichern lassen.

Feedly:

Bei dieser App hinterlegen Sie alle Nachrichtenwebseiten. Meine Liste: Gründerszene, Deutsche Start Ups, Handelsblatt, T3N, Bild und Impulse. Sie müssen nun nicht täglich jede Webseite durchstöbern, sondern die App zeigt Ihnen alle neuen Artikel gesammelt in einer Startmaske an.

E-Mails:

Mit Klick Tipp können Sie sich nur kinderleicht E-Mails von Kunden und Interessenten verwalten, Sie können sogar Newsletter verschicken, die Kunden taggen, Kampagnen aufsetzen sowie im Gegensatz zu anderen Anbietern auch verhaltensbedingte Vorgaben auslösen lassen. So können Sie sich einen Funnel erstelen und mit Gutscheinen kombinieren.

Beispiel:

Kunde besucht Webseite und trägt E-Mail für kostenloses Seminar ein. Nach 24 Stunden erhält der Kunde eine Feedbackmail, antwortet er nicht erhält eine weitere Mail, antwortet er nun, dann erhält ein Angebot für einen Folgetermin, bucht er nicht senden wir ihm ein Gutschein-Code zu. Das alles können Sie komplett automatisieren.

Fivvr:

Auf Fivvr können Sie sich zu sehr preiswerten Angeboten Freelencer als Experten buchen. Zum Beispiel für Jingles oder Logos. Auch dieses Buchcover hat jemand fremdes auf der Webseite für mich für 20,00 Dollar angefertigt.

Omigli:

Durchsucht für Sie Foren nach Beiträgen zu von Ihnen vordefinierten Keywords.

Pablo:

Mit Pablo können Sie kinderleicht coole Zitate auf genialen Hintergründen anfertigen.

IFTTT:

Ebenfalls ein geniales Tool bei der Verwendung für Social Media. So sparen Sie sich extrem viel Zeit. Bei dem Tool können Sie wie bei Excel sogenannte „Wenn-Dann Formeln" hinterlegen. Also wenn Sie beispielsweise bei Facebook etwas posten, dann erkennt das Tool den Post und postet es ebenfalls bei Instagram.

Hootsuite:

Mit Hootsuite können Sie alle Social Media Kanäle und alle Anbieter in einem Tool verwalten. Sie können Posts vorplanen und das Timing für die Veröffentlichung festlegen, welche von Anbieter zu Anbieter unterschiedlich sein kann, Sie können alle Bewertungen und Kommentare in einem Tool sehen und erhalten ebenfalls alle Statistiken gesammelt zum Vergleichen.

Trello:

Trello ist ein webbasiertes Projektmanagementtool. Projektleiter können eine Kachel für ein neues Projekt eröffnen und bestimmen wer Gruppenmitglied wird. Alle können nun gleichzeitig in Echtzeit daran arbeiten. Das Tool funktioniert als Kanbaren-System. Das heißt, dass Sie die oberen Beschriftungen innerhalb der Kachel frei wählen können und anschließend Aufgaben als Unterkacheln definieren.

Die Unterkacheln können Mitgliedern zugeordnet werden, es kann bei jeder Kachel kommentiert werden und eine Frist gesetzt werden. Ein logischer Aufbau wäre zum Beispiel, die Aufgaben von links nach rechts zu schieben, bis die Aufgabe vollständig erledigt wurde. Auch dieses Buch habe ich komplett mit Trello geplant und organisiert.

Zapier:

Mit diesem Tool kann man Trello erweitern und weitere Befehle vordefinieren. Zum Beispiel: Immer wenn eine Karte fertig ist, soll dem Projektleiter eine Mail automatisiert geschickt werden.

Abmahn-Check:

Auf www.wbs-law.de können Sie Ihre Webseite auf Urheberrechtsverletzungen und weiteren Abmahnursachen kostenlos überprüfen lassen.

Survey Monkeys:

Mit diesem Tool können Sie extrem schnell Umfragen mit Kunden organisieren und auswerten lassen.

SEO (Suchmaschinenoptimierung):

Mit Linkbird, Seitwerk, Pagerangers oder weiteren bekannten Tools können Sie Ihre Webseite mit wenig Geld auf mögliches ungenutztes Potential bei der Verbesserung Ihrer Suchmaschinenergebnisse prüfen und so bei Änderung noch mehr Umsatz erzielen.

Jimdo:

Mit Jimdo können Sie für unter 120,00€ p.a eine eigene Webseite ganz ohne HTML bzw. ohne Programmierkenntnisse erstellen. Dieses Tool ist ebenfalls kinderleicht zu nutzen und funktioniert als eine Art Baukasten für Webseiten. Fotos, Texte und ein ganzes Design lassen sich innerhalb kürzester Zeit erstellen.

Dotomator:

Mit diesem Tool können Sie extrem clever Firmennamen generieren.

Crazy-Egg:

Dieses Tool zeigt Ihnen Ihr Webseitenauftritt, mit dem Klickverhalten Ihrer Kunden. Sie sehen auf Anhieb, durch Farbe gekennzeichnet, wo Ihre Kunden klicken und wo nicht. Dadurch erhalten Sie die Chance gute Artikel und relevanten Content noch besser zu platzieren, respektive um Conversion noch prominenter zu bespielen.

Awnser the Public:

Sie haben ja schon gelernt, was gute Überschriften in Artikeln ausmachen. Dieses Tool kann Sie darin unterstützen. Es zeigt Ihnen die genauen Suchanfragen von Usern bei Google, resultierend aus Ihren vordefinierten Keywords.

Zum Beispiel: „Wie finde ich einen guten Friseur". Zack haben Sie Ihre Überschrift mit dem höchsten Suchvolumen als Bloggerin für Haarprodukte.

Tulex:

Mit der Webseite von Tulex können Sie ebenfalls extreme clever Ihre Marke anmelden, Markenverletzungen überprüfen oder Gutachten dazu anfordern.

Design Mantic:

Mit diesem Tool können Sie sich ohne Grafikvorkenntnisse ein eigenes Logo erstellen und tausende von Vorlagen nutzen.

Dropscan:

Für jeden der viel unterwegs ist und seine Hauspost nicht verpassen will. Sie stellen einen Nachsendeantrag zu dem Unternehmen Dropscan und diese senden Ihnen dann täglich Ihre Post als eingescannte E-Mail.

Dragon Naturalle Speaking:

Eine geniale Sprachsoftware, mit welcher ich das ganze Buch eingesprochen habe, anstatt dies mühsam einzutippen. Seit dem kann ich nicht mehr ohne dieses Tool. Es kostet zwar mehrere hundert Euro, aber spart unglaublich viel Zeit. Keine Mail der Welt würde ich wieder zehn Minuten lang schriftlich beantworten, anstatt diese zwei Minuten einzusprechen.

Pocket:

Sie können spannende Artikel im Internet oder auf Sozialen Netzwerken in die Pocket-App verschieben. Diese App speichert diese dann, sodass Sie diese dann auch offline lesen können. So müssen Sie spannende Artikel nicht verwerfen, sondern können sich diese später bei Gelegenheit durchlesen. Auch lassen sich die Artikel in verschiebende Ordner strukturiert anlegen lassen oder auch Kommentare versehen.

Finanzielle Freiheit - Zeitmillionär werden

Regel-Nr-1:

Dies ist mit Abstand die allerwichtigste Regel! Lassen Sie sich nie Ratschläge über Finanzen geben, von Menschen, die ihnen nicht nachweisen können, dass Sie Finanzexperten sind. Warum sollten Sie sich von einem Vermögensberater bei einer Bank beraten lassen wie Sie am besten 100.000 € anlegen, wenn er selber nur 2.500 € netto verdient und keinerlei Vermögen aufweist? Im Fitness gibt es die goldene Regel: Höre auf niemanden, der schlechter aussieht als du. In der Finanzwelt könnte die goldene Regel lauten: Höre auf niemanden, der weniger hat als du. So oft haben mir Leute erzählt, dass Sie mit Aktien auf die Schnauze geflogen sind. Aber von wem haben Sie damals die Ratschläge erhalten? In den meisten Fällen waren es Freunde, Bekannte oder Arbeitskollegen. Lassen Sie sich nur Ratschläge von jemanden geben, von dem Sie wissen, dass er das geschafft hat, was Sie selber anstreben. Eine zweite Sache, welche aber auch zur Regel Nummer eins gehört. Unterschreibe niemals im Leben eine Bürgschaft.

Gleiches gilt natürlich und selbstverständlich ebenfalls für die Inhalte dieses Buches. Mit hoher Wahrscheinlichkeit sind in diesem Buch Tipps enthalten die Sie weiterbringen und manche, bei denen Sie fragen was das für ein Blödsinn ist. Ich behaupte das ist gut so! Vertrauen Sie niemanden blind, Sie sind für Ihr Business verantwortlich und müssen selber entscheiden welche Tipps Sie umsetzen. Vergessen Sie niemals den besten Rat ohne diesen selber in Ihrem Unternehmen zu testen.

Übrigens Bürgschaft. Wir in der Bundesrepublik Deutschland werden Bürger genannt. Erkennen Sie den Zusammenhang zur Bürgschaft?

Finanzielle Unwissenheit:

Ich hatte Ihnen schon im vorherigen Kapitel beigebracht was Geld überhaupt ist und dass viele Länder den Goldstandard aufgehoben haben, sodass Notenbanken unabhängig vom eigenen Goldbestand als Gegenwährung Geld nachdrucken können. Aber eigentlich verschiebt sich das Geld doch nur von A nach B oder? Die Armen arbeiten für niedrige Zinsen auf dem Sparbuch, eine Bank darf dieses Geld vom Sparbuch verleihen und generiert zusätzlich bei der Vergabe von Krediten sogenanntes Buchgeld. Mit dem Buchgeld darf die Bank nun nach dem Kreditwesengesetz das Zehnfache verleihen. Ist das nicht perfide? Buchgeld ist kein gesetzliches Zahlungsmittel! Haben Sie sich mal die Frage gestellt was passiert, wenn mehr Leute als 10 % Ihr

Geld bei der Bank ihr ganzes Geld abholen wollen? Richtig: Die Bank kann gar nicht das gesamte Geld an einem Tag auszahlen. Die Bank wäre pleite. Schon witzig, dass ein Flashmob eine Insolvenz einer Bank auslösen könnte.

Geld wird aus dem Nichts geschaffen und für Konsum ausgegeben, wovon der Start eine Steuer erhält um die Chance zu bekommen, die Schulden des Staates abzubauen. Aber das Gegenteil ist der Fall. Das Geld wird volkswirtschaftlich genutzt um in Börsen zu investieren, die künstlich aufgebläht sind. Börsenkurse explodieren, obwohl keine realen Warensysteme mehr dahinterstecken. Buchgeld wird niemals realem Geld entsprechen. Börsen werden immer irgendwann crashen.

In der Historie wurde uns gelehrt, dass alle sieben Jahre die Börse crasht, also auf die tatsächlichen Kurse zurückfallen. Menschen werden Ihr Buchgeld verlieren, können Ihre Kredite nicht mehr zurückzahlen und das Buchgeld wird aufgelöst.

Übrigens Geld:

Ein weiteres Problem der Politik ist, dass Bargeld verwendet werden kann um Käufe anonym zu tätigen. Ich gehe stark davon aus, dass das Bargeld irgendwann abgeschafft wird, damit der Staat die vollständige Kontrolle aller Warenströme erhält. Natürlich würde der Staat das nicht von heute auf morgen machen, sondern die Bevölkerung sukzessiv daran gewöhnen. Im ersten Moment wird die 1 und 2 Cent Münze aus den Geldmengen entfernt, mit Sicherheit als Begründung, dass die Produktion dieser Münzen teurer ist als der jeweilige Eigenwert. Weiterhin hätte dies den Vorteil, aus Sicht des Staates, dass die Unternehmen die Preise natürlich nicht um zwei Cent reduzieren würden, sondern erhöhen. Kostete das Produkt 1,99€, somit er es auf die weitere Stufe erhöhen, beispielsweise 1,19€. Danach würde das Kleingeld ganz abgeschafft werden, vorher schon der unsinnige 500€ Schein und irgendwann besteht nur noch Buchgeld.

Haben Sie sich mal die Frage gestellt, warum Europa unbedingt Griechenland retten wollte? Griechenland hat das Bruttoinlandsprodukt wie das Bundesland Hessen. Spielt dies also die primäre Rolle oder die Sachlage, dass Griechenland die einzige Anlaufstelle für Flugzeugträger im Militär ist? Komisch auch, dass Russland Interesse hatte Griechenland zu helfen oder? Glauben Sie nicht immer alles was in den Medien steht.

Sie sagen meine Aussagen sind vielleicht bescheuert? Ich sage nein. Das Ganze passierte doch erst vor 50 Jahren! Vor genau 50 Jahren war das Geld nichts mehr wert, die Inflation stieg ins unendliche. Denken Sie, dass dies nur einmal passieren kann?

Stellen Sie sich vor Sie seien die Bank. Ihr Kunde zahlt 1.000€ € ein und Sie vergeben 10.000 € als Buchgeld. Der Kunde kann nun nicht mehr zurückzahlen. Aber da es das Geld ja niemals real gegeben hat, wird behauptet, dass Sie als Banksystem relevant sind. Die Bank wird gerettet, aber die Schulden des Schuldners bleiben bestehen. Wer zahlt dann für die Schulden der Bank? Richtig die Steuerzahler.

In der Zeit in dem ich dieses Buch verfasse, wird so viel Geld innerhalb Europas verliehen wie noch nie zuvor. Können Sie sich an Ihren Betriebswirtschaftsgrundkurs erinnern? Vielleicht war es auch der von Volkswirtschaft. Mir wurde einmal beigebracht, dass der Vertrag von *Maastrecht* einmal regelte und bis heute verbindlich rechtlich einzuhalten ist, dass sich Staaten innerhalb der europäischen Gemeinschaft nur zu einem gewissen Prozentsatz neu verschulden dürfen. An diese gültige Gesetzeslage hält sich kein einziges Land! 2014 lag die Verschuldung ungefähr bei über 70 %, im Jahr 2017 derzeit bei 92 %. Wissen Sie was Frau Merkel dazu sagte?

Bundeskanzlerin Merkel fasste die Lage am 16.06.2012 mit den bemerkenswerten Worten zusammen: "Versprochen. Gebrochen. Nichts passiert."

Griechenland, Italien, Spanien und Frankreich, alle großen Staaten sind extrem hoch verschuldet. Das witzige dabei bzw. witzig ist es eigentlich nicht sondern eher schon schockierend, dass Geld verliehen wird, ohne 100-prozentige Sicherheiten dafür zu erhalten. Das bedeutet, wenn das Geld nicht zurückzahlbar ist, dass dies abgeschrieben werden muss und die Bank als systemrelevantes Geldinstitut von Steuergeldern gerettet werden muss.

50 % der deutschen haben kein Vermögen, aber ein Prozent aller Deutschen haben 33 % des Gesamtvermögens. 10 % der deutschen haben 66 % des Gesamtvermögens. Bricht man das Gesamtvermögen auf alle deutschen runter sowie ebenfalls alle Schulden, dann hätte jeder Deutsche

durchschnittlich 25.000 € Schulden und 60.000 € Vermögen. Würde man dies nun pro Bürger machen und die Summen voneinander abziehen könnte jeder deutsche Bürger statistisch gesehen mit 35.000 € neu anfangen. Aber das geht natürlich nicht, weil unser Land mehr Wert auf Demokratie anstatt Solidarität legt.

Wenn alle Reichen der Welt jedes Jahr 5 % Ihres Vermögens zahlen würden, bis Sie die 50 % Ihres Vermögens weggegeben hätten, dann wäre Deutschland schuldenfrei. Stattdessen erhalten die reichen jedes Jahr 5 % dafür, dass Sie Ihr Geld irgendwo parken, damit Banken dieses wiederum verleihen können.

In den USA wurde im Jahr 2016 eine Umfrage gemacht, in der hervorging, dass 50 % aller Bürger in den USA froh wären, wenn Sie den Lebensstandard der DDR hätten. Durchschnittlich gesehen gehen 40 % des Einkommens eines durchschnittlichen deutschen Bürgers an einen extrem reichen Bürger.

Zuletzt zum Thema Altersvorsorge. Sie wissen, dass Ihre Rente definitiv nicht reichen wird, sorgen trotzdem dafür nicht vor. Keine Angst, das habe ich jahrelang ebenfalls nicht getan, bis mir der Wert erst bewusstwurde. Ist Ihnen eigentlich klar, dass auf Ihrem Rentenbescheid, den Sie erstmalig ab dem 27. Lebensjahr erhalten, ganz unten mit einem Stern jedoch fett gekennzeichnet draufsteht, dass der Betrag brutto ist und noch versteuert werden muss? Weiterhin steht tatsächlich auf Ihrem Rentenbescheid, dass die Summe nicht reichen wird um Ihr Lebenshaltungskosten decken zu können.

Aber wie wurden diese extrem reichen so verdammt Vermögen? Eine mögliche Strategie werde ich Ihnen in diesem Kapitel näher legen.

Handy wichtiger als Kapitalanlage:

Eine Sache die ich in meinem Studium zum Diplom Bankbetriebswirt immer wieder festgestellt habe ist, dass sich Leute stundenlang damit auseinandersetzen verschiedene Tarife für Ihr neues Handy zu vergleichen. Geht es aber nun darum 5.000 € erfolgreich anzulegen, wird die erstbeste Wahl genommen. Zu oft wird hier nicht die gleiche Intensität für das Einholen von Informationen genutzt. Und dann wundert man sich acht Jahre später warum der Aktienfonds weniger Geld ausgibt als man eingezahlt habe.

Worin soll ich investieren?

Als erstes empfehle ich immer, dass Sie sich ein Tagesgeldkonto holen, auf dem Sie das drei bis vierfache Ihres Einkommens angespart haben. Danach empfehle ich immer eine Summe von 10-20.000 € anzusparen und an welche Sie innerhalb von zwei bis drei Monaten herankommen könnten. Danach sieht meine Empfehlung so aus, dass Sie 10-20 % Ihres Einkommens pro Monat sparen. Wenn Sie sich beispielsweise für 15 % Ihres Einkommens entscheiden, nutzen Sie 10 % um Ihr Vermögen aufzubauen und 5 % für Ihre Altersvorsorge. Sollten Sie noch Schulden habe ist es natürlich wichtig diese zu tilgen. Machen Sie jedoch nicht einen großen Fehler, indem Sie sich darauf konzentrieren, die kompletten 20 % Ihres Einkommens nur für Tilgung zu nutzen. Stattdessen tilgen Sie lieber 10 % Ihres Einkommens und sparen von 10 % Ihres Einkommens. Sollten Sie nun irgendwann schuldenfrei sein, kann ich Ihnen nur noch eine Empfehlung geben anstatt Ihr Geld für 0,2 % auf dem Sparbuch zulassen.

Investieren Sie in Ihre Bildung oder in die Bildung Ihrer Kinder! Dies wird mit Sicherheit die höchste Rendite werden, von der Sie je gehört haben.

Nutzen Sie Steuern:

Rein rechtlich darf ich Ihnen keine Steuerberatung anbieten, gebe ihn jedoch den Rat sich den besten Steuerberater zu holen den Sie kennen. Jeder sehr gute Steuerberater wird sein Honorar durch Einsparungen Ihrer Steuererklärung selber refinanzieren. Auch wenn es vielleicht nicht ganz moralisch ist, rechtlich ist es möglich, nutzen Sie alle Steuervorteile die Sie kriegen können. Warum sollten Sie nicht die deutsche Rechtsprechung und Steuerrechtslage nutzen, umso viel zu sparen wie Sie nur können. Denken Sie Sie sind der einzige?

Beispiel:

Volkswagen hat eine Holdingstruktur, sodass die Gewinne aller Tochtergesellschaften in eine sogenannte *Holding* laufen. Macht man das? Die Holding hat den Zweck, sich ausschließlich an anderen Unternehmen zu beteiligen. Normalerweise müsste das Unternehmen einer GmbH mit 15 % Körperschaftsteuer und zuzüglich Soli besteuert werden. Nun werden jedoch die Gewinne der Tochtergesellschaften nicht mit diesen Steuersätzen versteuert, weil die Gewinne nun an die Holding abgeführt werden. Da die Holding in einem Tiefsteuerland agiert und Ihren Hauptsitz hat, muss der Gewinn viel geringer versteuert werden. Selbst wenn die Holding in Deutschland den Hauptsitz hat und hier steuerpflichtig ist, kann das Geld der Holding wieder genutzt werden um extrem und fast steuerfrei Immobilien zu kaufen, die wiederum an andere Tochtergesellschaften der Holding vermietet werden.

Facebook ist eines der teuersten Unternehmen der Welt. Im Jahr 2014 hat das soziale Netzwerk fast 12,5 Milliarden Dollar umgesetzt und 2,9 Milliarden Dollar Gewinn erzielt. 2013 waren es 1,5 Milliarden Dollar - nur nicht in Deutschland. Die deutsche Tochter Facebook Germany GmbH in Hamburg hat für 2013 gerade mal einen Umsatz von 9,3 Millionen Euro ausgewiesen. Darauf zahlte Sie 220.000 Euro Steuern, ein Steuersatz von 33 Prozent. Also wo sind die ganzen Gewinne und Umsätze?

Warum Sie von der Bank verarscht werden?

Nehmen wir an, dass Sie sich eine renditestarke Anlage interessieren. Die Bank bietet Ihnen an, dass Sie Ihr Geld splitten sollten. 70 % in einen Investmentfonds und 30 % in sichere Anlagen wie zum Beispiel täglich verfügbaren Anlagen. Das witzige dabei ist, dass Sie für die Gesamtanlage, also 100 %, Bearbeitungsgebühren, jährliche Verwaltungsgebühren usw. zahlen müssen. Wenn Ihr Berater tatsächlich auf Ihrer Seite wäre, dann würden Sie die 30 % nicht in einer Summe anlegen, sondern separat auf dem Sparbuch verwalten und die 70 % als neue 100 % in Investmentfonds investieren. So würden Sie 30% der Gebühren sparen. Aber selbst mit einem Investmentfonds können Sie nicht reich werden. Dies scheitert schon an der Logik wie die Menschen denken, welche die Verantwortung für mehrere hunderte Millionen Euro Ihrer Gelder tragen, um das Ziel zu erreichen, 6% Rendite zu erzielen.

Sie müssen verstehen wie ein Investment Banker denkt, wenn er Entscheidungen treffen muss:

1. Könnte ich mein Job verlieren?
2. Passt es in die Regularien
3. Was kostet die Verwaltung?
4. Wie hoch ist die Rendite?

Tipp:

Wenn Sie tatsächlich mal bei einem Beratungsgespräch bei Ihrem Bankberater sind und Produkte wie Aktien, Fonds oder Zertifikate genannt werden, stellen Sie ihm folgende Frage um die Kompetenz sicherzustellen: „Was versteckt sich hinter dem *Markowitz Portfolio?"*

Ziel der Portfoliotheorie ist es, Handlungsanweisungen zur bestmöglichen Kombination von Anlagealternativen zur Bildung eines optimalen Portfolios zu geben. In diesem optimalen Portfolio werden die Präferenzen des Anlegers bezüglich des Risikos und des Ertrags sowie die Liquidität berücksichtigt. Dadurch soll das Risiko eines Wertpapierportfolios, ohne eine Verringerung der zu erwartenden Rendite, minimiert werden. Notwendige Voraussetzung hierbei ist, dass die Wertpapiere nicht vollständig korreliert sind.

Kann Ihr Berater diese Frage nicht beantworten, suchen Sie sich bitte umgehend einen wirklich Experten!

Investition in Immobilien:

Die Gründe warum die meisten Reichen in Immobilien investieren: Als erstes möchte ich Ihnen ein ganz einfaches Beispiel nennen. Nehmen wir an, dass Sie sich eine Wohneinheit für 50.000 € kaufen und diese vermieten. Ihr Mieter zahlt nun monatlich 500€ Miete, dass Darlehen für die Wohneinheit zahlen Sie mit 290 € monatlich zurück. Die restlichen 210 € legen Sie für spätere Renovierungen oder Modernisierung zurück. Auch, falls einmal die Wohnung zwei Monate nicht vermietet sein sollte, können Sie an die monatlichen gesparten 210 € herantreten. Nun zahlt Ihr Mieter Monat für Monat Ihr Darlehen ab. Bis? Bis die Wohneinheit komplett schuldenfrei ist. Nun haben Sie folgende Möglichkeiten.

1. Sie verkaufen die Wohneinheit, wahrscheinlich sogar mit bis zu 20 oder 30 % Wertsteigerung und haben somit ca. 70.000 € Vermögen. Haben Sie etwas dafür gespart?

2. Sie lassen die Wohnung weitervermietet und erhalten bis zu Ihrem Tode monatlich 500 €

Mit diesem Beispiel möchte ich zeigen, warum die Investitionen Immobilien so interessant ist. Gerne möchte ich Ihnen dieses Thema detailliert erklären.

Immobilien haben den Vorteil, dass Sie laufende Einnahmen durch Miete erhalten und zusätzlich bei einem Verkauf von Wertsteigerung profitieren können. Das gleiche gilt für Aktien. Aktien können im Wert fallen oder steigen, weiterhin und unabhängig davon steht Ihnen jährlich eine Rendite zu.

Beispielsweise kaufen Sie sich ein Auto für 30.000 €. Sie zahlen dieses Auto nun mit 400 € Monat zurück. Dieses Kapital ist totes Kapital. Deswegen sprechen wir hier von schlechten Schulden. Gute Schulden dagegen werden als Investitionen bezeichnet. Bei Investitionen gebe ich zwar auch eine Summe X aus, hatte aber erhalte laufende Einnahmen bzw. erhalte weiterhin die Chance auf Wertsteigerung.

Sie zahlen Ihr Auto mit 400 € Monat zurück, erhalten keine laufenden Einnahmen und auch keine Wertsteigerung. Im Gegenteil, Ihr Auto verliert sogar Kilometer für Kilometer an Wertverlust. Ich empfehle Ihnen eher sich für die 30.000 € Immobilien zu kaufen. Zum Beispiel hätten Sie das Geld aufteilen können und hätten somit jeweils 15.000 € Eigenkapital für eine Eigentumswohnung im Wert von 50.000 €, die nach 16 Jahren schuldenfrei wären. Anstatt nun ein Auto zu besitzen, welches nicht mehr 30.000 € wert ist, sondern 12.000, hätten Sie nun zwei Wohnungen im Wert von 140.000 € haben können, um ein Leben lang monatlich 1200 € Einnahmen erhalten können.

Vor 100.000 Jahren lag die Weltbevölkerung bei einer Million Menschen, vor 800 Jahren bei einer Milliarde Menschen, vor 50 Jahren bei drei Milliarden Menschen und jetzt 70 Milliarden Menschen. Im Jahr 2050 werden wir ganze zehn Milliarden Menschen sein, nicht nur der Nahrungsbedarf wird sich bis dahin verdoppeln, sondern ebenfalls die Nachfrage nach Wohnraum.

Sie hätten die Chance sich ein Haus im Wert von 300.000 € zu kaufen und dieses mit einer Rate von 600 € monatlich 30 Jahre lang ab zu zahlen. Als Hausbesitzer haben Sie trotzdem meistens nur ein Geldstrom, nämlich dem von Ihrem Arbeitgeber. Sollten Sie nun arbeitslos werden, erwerbslos oder ein Kind erwarten, kann Ihr freies verfügbares monatliches Einkommen schnell unter den Grenzbereich von null sacken. Ziemlich riskant oder? Vermieten Sie Immobilien können Sie alle Reparaturen und Kosten dafür steuerlich absetzen. Als Eigenheimbesitzer können Sie dahingehend nur die Materialien absetzen. Wenn ich ein Haus kaufe um dieses zu vermieten, kann ich das Haus ab schreiben. Sie als Eigenheimbesitzer können dies nicht. Sie erhalten keine laufenden Einnahmen, ich jedoch ja. Weiterhin zahlen Sie in Ihrem Beispiel mehrere 100 tausende von Euro Zinsen in Ihrem Leben, dafür, dass Sie ein Haus bauen können, bevor Sie das Vermögen dafür haben, ich erhalte jedoch Zinsen, nämlich die Rendite der monatlichen Miete.

Manche fragen mich immer wieder, warum ich empfehle Wohnungen zu kaufe, damit ich diese vermiete und selber ebenfalls zur Miete wohne? Ganz klar, wenn ich ein Haus kaufe ohne Kapital, dann zahle ich mehrere zehntausende Euro Zinsen. Wenn ich aber das Geld investiere um mir ein

Haus zu kaufen, dann steht es ja nicht mehr zur Verfügung, damit ich das Geld in Wohnungen investieren kann, damit ich mein Leben lang Einnahmen erhalte.

Ist es daher nicht viel sinnvoller in eine Eigentumswohnung zu ziehen mit einer monatlichen Miete, anstatt sich ein 300.000 € Haus zu kaufen für eine Rate in Höhe von 600 €, um das Geld immer wieder in neue Wohneinheiten zu investieren, damit sich diese innerhalb von 16 Jahren abbezahlen und Sie als Millionär in Rente gehen?

Und für die Kritiker, die immer wieder sagen was ist wenn das Objekt nicht vermietet wird? Zum einen halten Sie sich bitte an die goldene Regel welche Wohnungen Sie als Anfänger kaufen wollten. Zum anderen liegt der durchschnittliche Ausfall bei ca. 3 % in Deutschland, was wirklich mehr als gering ist. Haben Sie immer noch Zweifel, dann können Sie für eine Wohnung mit einer Miete von ca. 450 € pro Monat eine Mietausfallsicherung in Höhe von 30-40 € pro Monat vereinbaren. Berücksichtigen Sie hier jedoch die 3 % Regel, dann sind Sie mit der Mietausfallsicherung schlechter gestellt.

Nehmen wir an Sie haben drei Anlagemöglichkeiten mit einer freien Liquidität von einer Million Euro. Dieses Beispiel verdeutlicht meine Ansicht für die Vorteile als Investment in Wohneinheiten.

Beispiel 1:

Sie investieren eine Million Euro in ein Festzinspapier mit heute aktuellen Zinsen in Höhe von 1%.

1. Anlage Festzins:	
Investition:	1.000.000,00 €
Zinssatz:	1%
Ertrag:	10.000 €
Kest (Kapitalertrags-steuer):	2.500 €
Soli:	138 €
Reingewinn:	7.363 €
Jahresreingewinn:	7.363 €

Bei dieser Anlage haben Sie also jährlich 10.000€ Rendite und abzüglich der Kapitalertragssteuer und dem Solidaritätsaufschlag einen Reingewinn von 7.3636€ p.a.

Sie investieren eine Million Euro in Wohneinheiten, bei denen Sie die Wohnung vollständig **ohne** Aufnahme von Fremdkapital kaufen.

2. Anlage Immobilien:	
Investition:	1.000.000,00 €
Kauf WE Pro Stück:	75.000,00 €
Bestand:	13,33333333
Miete pro WE:	350,00 €
Mieten Gesamt:	4.550,00 €
/ Mietausfall 5%:	227,50 €
/ NK & Renovierung 10%:	455,00 €
/ Buchhaltung:	0,00 €
/ Rücklage Steuernachzahlung 15%:	682,50 €
Reingewinn pro Monat:	3.185,00 €
Reingewinn pro Jahr:	38.220,00 €

Bei dieser Anlage könnten Sie sich 13 Wohnungen kaufen a durchschnittlichem Kaufpreis von 75.000€ pro Wohnung. Bei angenommener Miete von 350,00€ pro Monat und abzüglich kalkulatorischer Kosten für Mietausfall, Nebenkosten und Renovierung, Buchhaltung als Dienstleistung und

Steuerrücklagen, bleiben Ihnen ein Reingewinn pro Jahr von 38.220€.

Sie sehen, dass Ihr Reingewinn schon vervielfältigt ist, obwohl Sie Dienstleistungen extern vergeben haben. Bei 13 Wohnungen schaffen Sie es auch diese eigens zu verwalten. Was passiert aber, wenn Sie Fremdkapital mit aufnehmen?

Beispiel 3:

3. Anlage Immobilien:

Investition:	1.000.000,00 €
Kauf WE Pro Stück:	75.000,00 €
EK pro WE:	20.000,00 €
Finanzierung pro Wohnung:	55.000,00 €
Zinssatz:	2%
Tilgung:	1,50%
Bestand:	50
Gesamtfinanzierung:	2.750.000,00 €
Miete pro WE:	350,00 €
Mieten Gesamt:	17.500,00 €
Zins & Tilgung pro Monat:	8.020,83 €
/ Mietausfall 5%:	875,00 €

/ NK & Rennovierung 5%:	875,00 €
/ Buchhaltung:	2.000,00 €
/ Rücklage Steuernachzahlung 15%:	1.500,00 €
Reingewinn pro Monat:	4.229,17 €
Reingewinn pro Jahr:	50.750,00 €
Immobilienvermögen nach 16 Jahren:	3.750.000,0(

Bei dieser Anlage könnten Sie sich 50 Wohnungen kaufen a durchschnittlichem Kaufpreis von 75.000€ pro Wohnung. Sie zahlen aus Ihren Mitteln 20.000€ pro Wohnung und nehmen 55.000€ pro Wohnung in Darlehen auf. Die Darlehen werden mit 2% p.a. verzinst und mit 1,5€ p.a. getilgt. Somit müssten Sie 2.750.000€ als Fremdkapital aufnehmen. Aber wo ist nun der Vorteil?

Bei angenommener Miete von 350,00€ pro Monat und abzüglich kalkulatorischer Kosten für Mietausfall, Nebenkosten und Renovierung, Buchhaltung als Dienstleistung und Steuerrücklagen, bleiben Ihnen ein Reingewinn pro Jahr von 50.750€. Nicht nur, dass Ihr Reingewinn pro Jahr viel höher ist, der Vorteil liegt darin, dass die Mieter Ihre Darlehen abbezahlen. Selbst wenn Sie hier unberücksichtigte Hausmeister und Wohnverwaltungskosten mit hineinrechnen, Sie erhalten jährlich mehr als wenn Sie dies vollständig eigens finanziert haben UND behalten nicht nur das Immobilienvermögen in Höhe von einer Million Euro im Beispiel 2, nein Sie unterhalten zusätzlich nach ca. 20 Jahren bei vollständiger Tilgung des Fremdkapitals ein Immobilienvermögen in Höhe von 3.750.000€. Auch können Sie nun in diesem Beispiel die Zinsen für die Darlehen in Ihrer Steuererklärung geltend machen.

Natürlich haben Sie nun keine Million frei zur Verfügung, aber stellen Sie doch gerne Ihre eigene Berechnung mit 100.000€ Investment auf. So fangen alle Vermögenden mal an.

Wie kann ich Wohnungen kaufen?

Um überhaupt von Ihrer Bank einen Kredit zu erhalten, benötigen Sie eine gute Bonität. Im Normalfall ist es so, dass die Bank zwischen 90 und 100 % vom Wert der Immobilie als Darlehen vergibt. Diese Summe nennt man Beleihung und orientiert sich am Beleihungswert, also der Wert der Immobilie, der nachhaltig bei einem Verkauf erzielt werden könnte. Nun fallen beim kaufen Nebenkosten an. Zum Beispiel Grunderwerbsteuer, Notarkosten und Grundbucheinträge. Durchschnittlich belaufen sich die Kosten auf zusätzliche 10-20 % des Immobilienpreises. Diese 10-20 % werden von der Bank nicht mit finanziert. Das bedeutet, dass wenn Sie sich eine Immobilie in Höhe von 100.000 € kaufen wollen mindestens 15.000 € als Eigenkapital benötigen.

Tipp:

Viele machen den Fehler, dass Sie der Bank 15.000 € geben und die Summe mit in die Finanzierung einfließen lassen. Ich dagegen versuche mit der Bank einen langfristigen Partner zu finden, um daher Mehrwerte zu erhalten. Zum Beispiel erhält die Bank, die mir das Darlehen gibt als Gegenzug immer die Hausrat und Gebäudeversicherung. Warum? Weil selbst der Immobilienfinanzierer der Bank eine Vielzahl an unterschiedlichen Zielen erreichen muss. Unter anderem halt auch die Sachversicherung.

Ein weiterer Tipp geht nun manchmal, aber danach sollten Sie suchen. Ich biete der Bank an das Eigenkapital auf einem Konto einzuzahlen, welches an die Bank verpfändet wird, so lange, bis die 15.000 € vom Darlehen getilgt wurden. In diesem Fall kann die Bank 120 % des Immobilienpreises inklusive Nebenkosten finanzieren, weil Sie ja den Betrag der 15.000 € als Sicherheit haben. Der Unterschied ist jedoch der, dass ich die 15.000 € in vier bis fünf Jahren wieder nutzen kann, um diese als neue Sicherheit für neue Immobilien zu nutzen, sobald das Darlehen von den 120% auf 90€ getilgt wurde.

Um überhaupt von der Bank Geld zu bekommen ist es wichtig ein einwandfreies finanzielles Zeugnis aufzuweisen. Jede Bank scored jeden Ihrer Kunden. Das bedeutet, dass jeder Kunde eine zugewiesene aktuelle Bonitätsstufe erhält. Beispielsweise von 0-12, 12 wäre die höchste Bonität und damit das geringste Risiko, dass die Bank Verluste generiert, null dagegen das höchste Ausfallrisiko.

Nun ermittelt ein Logarithmus täglich Ihre Konten und Ihr Zahlungsverhalten, umso eine Bonität anhand einer absoluten Zahl zu definieren, die genutzt wird um Ihre Finanzierung zu beurteilen. Nicht nur, dass die Bonität darüber entscheidet, ob Sie ein Darlehen bekommen oder nicht, sondern anhand der Bonität wird auch der Zinssatz entschieden.

Umso besser Ihre Bonität, umso einen besseren Zinssatz bekommen Sie. Wenn Sie dann noch anbieten, die Versicherungen beim Immobilienfinanzierer zu tätigen, können Sie noch mal bis zu 0,15 % Zinsnachlass erhalten. Also was ist wichtig für die Bonität? Natürlich ein regelmäßiges Einkommen. Weiterhin, dass Sie nicht am dritten eines Monats den Gesamtbetrag abheben, dass Sie regelmäßig sparen, dass nicht zu viele Raten bzw. Kredite von Ihrem Konto getilgt werden und das sogenannte U-Boot Verfahren vermeiden. Was ist das U-Boot Verfahren? Nun es ist so, dass Berater in regelmäßigen Abständen Listen mit aller Kunden erhalten, die Ihre eingeräumte Kreditlinie überschritten haben. Hier muss der Berater laut dem Kreditwesengesetz eine Stellungnahme aufgrund einer Einschätzung für den Ausfall verfassen. Die Stellungnahme wird vom Regionalleiter bzw. dem Filialleiter gelesen, also ist es dem Berater extrem unangenehm. Umso länger Sie Ihre eingeräumte Kreditlinie überschreiten, umso schlimmer wird dies für Ihre Bonität. Laut Kreditwesengesetz besitzen Sie die höchste Wahrscheinlichkeit des Ausfalls, wenn Sie 60 - 90 Tage überziehen. Vermeiden Sie also, dass Ihr Konto nur wenige Tage im Monat ein Überschuss aufweist und nutzen Sie gegebenenfalls lieber ein Kredit als Umschuldung, damit Ihr Girokonto ein dauerhaftes Guthaben aufweist.

Wichtiger-Experten-Tipp:

Wenn Sie sich Angebote für eine Finanzierung bei einer Bank einholen, achten Sie darauf bzw. weisen Sie den Berater darauf hin, die SCHUFA Anfrage bei der Finanzierungsberechnung zu deaktivieren! Ansonsten wird der SCHUFA jede Finanzierungsanfrage gesendet und diese interpretiert dies so, dass Sie keine Finanzierung aufgrund der Vielzahl an Anfragen erhalten haben, anstatt dies so zu interpretieren, als wären Sie ein Experte und würden vergleichen.

Welche Wohnungen soll ich kaufen?

Der wichtigste Faktor bei Wohneinheiten ist immer die Lage. Lage, Lage und nochmals Lage! Profis agieren sogar so, dass Sie heruntergekommene Wohnungen in guter Lage kaufen, diese renovieren und teuer verkaufen oder mit einer deutlich höheren Miete vermieten. Wonach gucken die Profis?

Nach Wohnungen, bei denen die höchste Nachfrage konstant besteht. Logisch oder? Wohnungen die immer vermietet werden können, haben einen Balkon, ein Fenster im Bad, sind zwischen 40-70 m² groß, meist in einem Haus mit wenigen Wohneinheiten, zwei bis vier Zimmer und vorhandener Einbauküche.

Diese Wohnungen sind dann für Rentner zu groß, aber für Familien zu klein.

Tipp:

Wenn Sie eine Immobilie kaufen, achten Sie immer auf vollständige Prüfung aller Aspekte:

1. Grundbuch Abteilung 1 und 2
2. Skizze der Wohnung
3. Wohnflächen Berechnung (Achtung bei Mauern)
4. Bilder
5. Mieter Liste
6. Jahres-Überschuss Berechnung pro Mieter
7. Aktuelle Mietrückstände
8. Nebenkosten Berechnung
9. Gesamt Jahresüberschuss der Immobilie
10. Kopie Mietverträge (Nebenkosten müssen umlegbar sein und steigen)
11. Renovierungsliste der letzten Jahre
12. Handwerkerliste
13. Auszug Lastenverzeichnis
14. Auflagen vom Amt
15. Lassen Sie sich eine Vollmacht für die Bauakte beim Amt geben
16. Kopie aller Dienstleister

Achtung bei Eigentumswohnungen:

Achten Sie bei Eigentumswohnungen auf die Teilungserklärung, auf die Garagennutzung bzw. die Garagenteilung und Kosten. Lassen Sie sich die letzten drei Protokolle der Einwohnerversammlung geben, den Wirtschaftsplan und das Rücklagenbildungskonto

Extra-Tipp:

Klingeln Sie ruhig bei allen potentiellen neuen Mietern und stellen sich als Gutachter vor. Fragen Sie die Mieter was gut läuft und was schlecht läuft bzw. warum ein Käufer dieses Objekt nicht kaufen sollte. Sie werden die wildesten Storys hören, oft jedoch auch wahnsinnig gute Tipps die Ihnen eine Kaufentscheidung erleichtern. Natürlich werden die meisten Mieter auch schlecht reden, vor allem, weil diese Angst vor Mieterhöhung haben. In diesem Fall fragen Sie: „Wenn alles so schlecht ist, wann ziehen Sie aus?" Auch können Sie sich bei dem neuen Hausmeister vorstellen, als neuer Chef und so ehrliche und gut nützliche Informationen erhalten. Als Gesamtalternative könnten Sie sich auch als Versicherungsmakler ausgeben, der das Haus bewertet. Sollte nichts davon helfen, geben Sie sich als potentieller Käufer zu identifizieren und geben dem Mieter 20-50 € dafür, dass er ihn ehrlich sagt, in welchem Zustand sich das Objekt befindet.

Welchen Mieter lasse ich in meiner Wohnung wohnen?

Nehmen Sie alle interessierten potentiellen Mieter in einer Liste auf und erfragen im ersten Moment die für Sie wichtigen Inhalte. Dies könnte zum Beispiel sein, ob der Mieter noch in der Probezeit ist, das derzeitige Nettogehalt und die Anzahl der Personen bzw. das Alter der Mieter.

Nun treffen Sie eine Vorauswahl und bitten die Mieter darum folgende Unterlagen einzureichen:

1. Mieter Fragebogen (finden Sie kostenlos im Internet)
   (Darin muss enthalten sein: Raucher? Musiker?)
2. Gehaltsnachweis
3. Schufa Auskunft
4. Vorvermieterbescheinigung
5. Lebenslauf
6. Führungszeugnis

Dabei geht es nicht immer nur um die Inhalte, sondern auch wie der potentielle Mieter diese bearbeitet. Reicht er diese alle gesammelt vollständig in einem Ordner sortiert ein oder übergibt er diese in einer wirren Reihenfolge in einer Klarsichtfolie oder einem Schuhkarton?

Bitte vergessen Sie nie im Mietvertrag eine vertraglich verbindlich festgelegte Mietsteigerung von zwei bis vier Prozent pro Jahr zu dokumentieren.

Was tun bei säumigen Mietern?

Als erstes empfinde ich es nicht schlimm wenn ein Mieter ein eine Position bzw. in eine Lebensphase rutscht, bei der er auf finanzielle Hilfe angewiesen ist. Was ich jedoch gar nicht mag, ist, wenn man meine Kontaktversuche einfach ignoriert. Daher empfehle ich auch immer zwei Herangehensweisen. Als erstes erlebe ich oft das Problem, dass es den Mietern einfach peinlich ist darüber mit dem Vermieter zu sprechen. Manche haben auch einen sogenannten Scharm oder Probleme Transferleistungen beim Arbeitsamt zu stellen. Ist der Mieter bereit mit mir darüber zu sprechen, so biete ich ihm meine Unterstützung an gemeinsam die Anträge auszufüllen. Das hat ebenfalls den Vorteil, dass ich verbindlich den Nachweis erhalte ob ich zukünftig meine Miete erhalte. Wenn es gar nicht anders geht, bin ich auch bereit auf eine Miete bzw. es kam auch schon mal vor, dass ich auf zwei Mieten verzichtet habe, die der Mieter dann in Raten zurückzahlen konnte. Dies ist aber wirklich die letzte Maßnahme. Sollte ein Mieter jedoch gar nicht reagieren, so setze ich die gesetzlichen Fristen um meine Rechte zu vertreten, nutze jedoch einen Trick, bevor ich die Räumungsklage veranlasse.

Dabei gehe ich einfach auf die Mieter zu und fange diesen vor seiner Wohnung ab. Ich sage ihm, dass ich morgen eine Räumungsklage veranlassen werde, die ich gerichtlich sowie durch ein Inkassounternehmen durchführen lassen werde. Ich biete dem Mieter letztmalig die Chance an, in bar von mir 500 € zu nehmen, wenn er innerhalb von 14 Tagen auszieht. Dies mache ich, weil ich aus Erfahrung sagen kann, dass Räumungsklagen nicht nur Zeit intensiv sind, sondern auch mit erheblichen Kosten verbunden sind, die Sie in den wenigsten Fällen wieder vom Mieter zurückerhalten. Jede Woche in dem der Mieter in Ihrer Wohneinheit wohnt und keine Miete zahlt, ist eine verlorene Woche. Daher biete ich lieber dem jetzigen Mieter diese Summe an, damit ich dafür so schnell wie möglich wieder einen solventen Mieter erhalte.

Kaufoptionen sind einmal wieder ein gutes Beispiel für bisheriges Binärdenken. Es gibt nicht nur den reinen Kauf, sondern sogenannte Kaufoptionen. Gleiches Modell gibt es auch bei Aktien. Bei Aktien können Sie eine Option kaufen, so dass Sie gegen eine Zahlung einer Gebühr die Möglichkeit offen halten, den Kauf später verbindlich auszulösen. Mit potentiellen Verkäufern können Sie gegebenenfalls ebenfalls Kaufoptionen verhandeln. Dies könnte so aussehen: Sie sagen dem Verkäufer, dass Sie noch Bedenkzeit brauchen, mit dem Preis jedoch einverstanden sind und deshalb um eine Kaufoption bitten. Für die Kaufoption bieten Sie dem Verkäufer beispielsweise 5.000 €. Das bedeutet nun, dass Sie sich das Recht für 5.000 € gekauft haben, die Option innerhalb eines vertraglich definierten Zeitintervalls auszuüben, also das Haus beispielsweise innerhalb von sechs Monaten zu kaufen. Der Verkäufer erhält also einen potentiellen Käufer, jedoch ebenfalls eine Gebühr falls dieser abspringt. Der Vorteil liegt nun darin, dass Sie nun sechs Monate im Beispiel Zeit haben das Objekt viel teurer weiterzuverkaufen. Haben Sie einen potentiellen Käufer gefunden, der zum Beispiel 30.000 € mehr ausgibt als der Verkäufer verlangt hat, dann lösen Sie die Kaufoption aus.

NLP - Neuro Linguistisches Programmieren:

Definition:

Um ein Unternehmen erfolgreich zu führen kann es Sinn machen sich mit *NLP* zu beschäftigen. Diese Abkürzung steht für null Neuro linguistisches Programmieren und ist eine sehr bekannte Kommunikationstechnik.

Diese Methode wurde 1978 vom *Matheprofessor Grindler* definiert.

Seine Hypothese war es, dass jede Verhaltensweise Emotionen auslöst.

So kann es zum Beispiel sein, dass die erste Zigarette in Ihrem Leben furchtbar schmeckt, aber die Emotion von Erwachsensein und Freiheit bei den auslöst. Deswegen rauchen Sie weiter, bis Sie sich daran gewöhnt haben.

Eine Grundregel in diesem Modell besagt, dass alles bzw. alle Verhaltensweisen abhängig vom Ziel sind. Wenn zum Beispiel ein junges Paar joggen gehen will, dann kann es sein, dass der Mann das Joggen mit Freude assoziiert, die Frau dagegen mit Anstrengung. Wem fällt nun das Ziel abnehmen zu wollen leichter?

Wichtig ist also immer herauszufinden welches Ziel formuliert wurde und welche Taten dem Ziel näherkommen.

Wenn Sie also Mitarbeiter besser machen wollen, müssen Sie zuerst wissen was diese motiviert bzw. welche konkreten Ziele die Mitarbeiter haben.

Grundprinzip der Menschheit:

Die Theorie besagt, dass der Mensch eigentlich nur zwei Dinge bzw. zwei Grundprinzipien befolgt.

1. Den Wunsch Glück zu erfahren und

2. das Verlangen Angst aus dem Weg zu gehen.

Grundsätzlich ist die Angst negativen Dingen aus dem Weg zu gehen immer größer als der Wunsch Glück zu erfahren.

Haben wir nun jedoch die Wahl zwischen zwei negativen Erfahrungen, entscheiden wir uns für das weniger schlechtere Übel.

Haben wir jedoch die Wahl zwischen zwei Erfahrungen Glück zu erhalten, entscheiden wir uns für das, was wir schneller erreichen werden.

Beispiel:

Nehmen wir einen durchschnittlichen Familienvater. Sein Ziel ist es die Familie zu ernähren, also ist dieses Ziel größer als die Vision Millionär zu werden. Da sein Ziel es nur ist, die Familie zu ernähren, wird er auch nie Multimillionär werden. Er konzentriert sich darauf der Angst aus dem Weg zu gehen, anstatt auf dem Wunsch Glück zu erfahren.

Nun natürlich können Sie Ihren gegenüber Fragen, dies wird nur dann problematisch, wenn er selber gar nicht sein Ziel kennt oder nicht darüber reden möchte. Viel wichtiger ist, auf die Kommunikation zu achten. Menschen lassen sich in verschiedene Sinnestypen einordnen. Wenn Sie dies verstanden haben, können Sie viel schneller und intensiver in die Köpfe Ihres Gegenübers eindringen, um ein intensives und authentisches Gespräch zu erreichen.

Sich auf den anderen einzustellen wird auch *Raport* genannt.

Nun gut es gibt verschiedene Sinnestypen:

1. Den visuellen Typ, also das Sehen
2. Den auditiven Typ, also das Hören
3. Den kinestetischen Typ, also das Fühlen
4. Den olfaktorischen Typ, also das Riechen
5. Den gustaroschen Typ, also das Schmecken

Jeder Mensch hat bestimmte Sinne und reagiert auf diese anders. Manche Menschen sind eher Typ A, manche Menschen eher Typ B und C, manche eher B, D und E.

Profis können diese Typen sogar anhand der Linsenreaktion im Auge erkennen. Diese Methode wird auch genutzt um Lügen zu entlarven. Anfänger können jedoch die Sprache nutzen. Wenn Sie zum Beispiel Ihren gegenüber darum bitten, dass er von seinem Urlaub erzählt, dieser nun Geschichten erzählt und Metaphern benutzt wie „da standen

wir nun", dann würde dies für einen visuellen Typ sprechen.

Weitere Beispiele zur Einordnung:

visuell	auditiv	kinästhetisch	ohne Hinweis
sehen	hören	fühlen	lernen
Blicke	Geräusche	Berührungen	Erinnerungen
klar	laut	warm	denken
Perspektive	zuhören	gehen	wissen
erscheinen	sagen	streicheln	verstehen
Übersicht	Klang	Spannung	wahrnehmen
vorhersehen	nachfragen	schreiben	nett sein

Nehmen wir an, dass Sie sich selber regelmäßig reflektieren und Ihnen fällt auf, dass Sie in letzter Zeit extrem oft am Arbeitsplatz ausrasten. Nun stellen Sie fest, dass Sie jedes Mal mit Ihrer Faust auf den Tisch hauen, wenn Sie sauer sind. Dieses Verhalten wollen Sie ändern. Sie nehmen sich ein Blatt Papier und skizzieren sich selbst, als Comic-Figur, wie Sie gerade wütend auf den Tisch hauen. Nun malen Sie im Hintergrund Leute die Sie beobachten und über Sie lachen, weil Ihr Verhalten so dämlich ist. Diese Skizze legen Sie nun auf Ihren Schreibtisch an die Position, wo Sie regelmäßig sauer werden und auf den Tisch hauen. Nun passiert folgendes:

Jedes Mal, wenn Sie auf den Tisch hauen, sind Sie die Skizze und werden mit dieser konfrontiert, auf welcher die Leute über Sie lachen, weil Ihr Verhalten gerade so lächerlich ist. Dies machen Sie so lange bis Ihr Gehirn diese Skizze mit der Emotion bzw. der Handlung des auf den Tisch Hauens assoziiert. Nun können Sie die Skizze entfernen. Das nächste Mal, wenn Sie auf den Tisch hauen, wird die Skizze automatisch vor Ihren Augen abgespielt und die Emotion gleichzeitig ausgelöst. Dadurch können Sie es schaffen, sich diese Angewohnheit abzugewöhnen.

Sozial-Akquise

Sollten Sie Single sein, können Sie ebenfalls Techniken aus dem NLP nutzen. Zum Beispiel ist wissenschaftlich bewiesen, dass man angenehmer wahrgenommen wird, wenn man das Verhalten des Gegenübers zeitverzögert adaptiert. Wenn dieser trinkt, trinken Sie kurz danach. Wenn sie eine Zigarette anzündet, machen Sie dies kurz danach ebenfalls. Dadurch wird suggeriert, dass sie sich ziemlich gleich sind und im Unterbewusstsein des Gegenübers Gleichheit erzeugt.

Geschaftsideen - Einige Beispiele

Vielleicht geht es Ihnen wie mir. Ich habe mich nie mit Geschäftsmodellen auseinandergesetzt. Schließlich wird uns in der Schule suggeriert, dass wir alle das gleiche lernen müssen, der mit den Einsen erhält die beste Ausbildung und jeder sollte studieren gehen. Mir wurde damals nicht erzählt, dass es auch die Möglichkeit gibt, sich selbständig zu machen, Unternehmen zu bauen, unabhängig ob alleine oder mit hunderten Mitarbeitern. Es ist die Distanz beim Denken zwischen diesen Paradigmen und jeder, der sich nicht damit beschäftigt hat, wird nie herausfinden, dass es ein leichtes ist, ein eigenes Unternehmen aufzubauen, dass es wenige Schritte bedarf um los zu legen, dass man nicht mehr als 5.000€ Startkapital benötigt und jede große Firma mit weniger als drei Mitarbeitern gegründet wurde. In einem anderen Kapitel habe ich Ihnen gesagt, Sie sollen Ihr Business auf etwas aufbauen was Sie lieben, damit Sie den

Spirit und die Vision haben, sich langfristig dafür zu motivieren und alles dafür geben werden. Alles was Sie dafür benötigen, ist es, die Augen aufzuhalten. Lernen Sie zu hinterfragen. Stoßen Sie auf ein Problem, notieren Sie es in Ihre Master Mappe und suchen Sie anschließend nach Lösungen. Hier möchte ich Ihnen einige Beispiele nennen, für Probleme, die ich selber erlebt habe und daraus Konzepte entwickelt habe, die ich umgesetzt oder an andere Unternehmen verkauft habe.

1. Therapergo:

Als ich in einer Sparkasse als Privatkundenberater tätig war, erkannte unser Vorstand, dass die durchschnittlichen Krankentage dem des Durschnittes anderer Kreditinstitute überstiegen. Die häufigsten Ursachen und Symptome von krankheitsbedingten Abwesenheiten waren Ursprungs von Rücken, Kopf- und Nackenschmerzen. So buchte das Unternehmen einen Ergotherapeuten, der wochenlang jeden einzelnen Arbeitsplatz mühsam mit dem jeweiligen Mitarbeiter ergonomisch eingerichtet hat. Dieser Prozess war nicht nur sehr Zeit-, sondern auch kostenintensiv. Daraus wurde *Therapergo* (heute anderer Name) entwickelt. Therapergo, der Name der Software, ist eine videobasierte Schritt für Schritt Anleitung, welche am Computer vom Mitarbeiter verwendet wird, um seinen Arbeitsplatz ergonomisch nach detaillierter Anleitung für ihn individuell einzurichten. Nun kauft das Unternehmen nur noch Log-In

Daten, welche dann an die Mitarbeiter weitergeben werden und diese setzten den Prozess dann eigens um.

2. Kredit Inspektor 24

Auch dieses Konzept wurde entwickelt als ich in einem Kreditinstitut tätig war. Als Finanzierungsberater für Immobilien fiel mir auf, dass wenige Kunden in der Lage sind die komplexen Darlehensverträge zu analysieren und für sich zu interpretieren. Es war Ihnen Schlicht egal, ob der Zins zwei oder vier Prozent betrug, ob eine Bearbeitungsgebühr fällig wurde, wie hoch die Besicherung vom Haus war, welche Zusatzverträge abgeschlossen werden mussten usw. Ihnen war nicht bewusst, dass ein Verhandeln mit dem Berater mehrere zehn tausend Euro sparen würde, wichtig war nur, dass diese die Finanzierung erhalten. Daraus entstand *Kredit Inspektor 24*. Hier wird nicht wie ein Kreditvermittler agiert, dass dem Kunden den besten Zins selektiert, sondern der Kunde lädt seinen Immobilienvertrag auf unserer Homepage hoch, wir leiten dies zum Prüfen voll automatisiert an einen Partner mit geeigneter Software für Big Data weiter und der Kunde erhält ein Finanzgutachtem. In diesem schildern wir plausibel, ob die Höhe der Zinssätze korrekt und marktüblich sind, ob versteckte Gebühren enthalten sind, wir übersetzen komplizierte Satzstrukturen in ein verständliches Kundendeutsch usw.

3. Die Otto App

In einer Zeit in der ich arbeitslos war und jedes Unternehmen mir eine Absage nach der anderen zugesandt hat beschloss ich mein Leben selber in die Hand zu nehmen. Ich sah eine Reportage über die hohen Kosten für Retouren bei Versandhändlern im Internet und dachte, dass ich eine Lösung hätte. Ich entwickelte ein Konzept, in dem Kunden mit einem Gutschein dafür belohnt werden Ihre Körper an fünf Punkten auszumessen. Diese Daten sollten dann in eine Software des Händlers eingespielt werden. Was nun passiert ist folgendes. Der Kunde ist im Internet am Shoppen, findet Bekleidung die ihm zusagt und die Software ermittelt individuell für den Kunden einen Vorschlag nach Daten für die vorhersehbare optimale Konfektionsgröße für den Kunden. Was daraus folgt ist, dass weniger Artikel zurück geschickt werden, weil diese nicht passen und das Unternehmen senkt langfristig die Retourquote. Dieses Konzept habe ich mehrfach an große Unternehmen geschickt, jedoch nie eine Antwort erhalten. So war ich auf der Suche nach passenden Personen im Unternehmen, die sich dafür interessieren würden. Ich fand heraus, dass die Mailstruktur der Otto Gruppe immer die gleiche war. Dies kann man leicht anhand der Presse Mitarbeiter ableiten. *VORNAME. NACHNAME@Otto.de* . Also schickte ich mein Konzept im Jahr 2014 an alle

Otto Vorstände und erhielt tatsächlich die Nachricht, dass das Konzept nicht umsetzbar sei und dass ich mich wie jeder andere am normalen Bewerbungsverfahren halten soll. Ein Witz oder?

Keine Empfehlung, keine Einladung und kein Job Angebot. Nun ja die Anekdote ist, das gleiche Konzept wurde Anfang 2016 umgesetzt und teuer eingekauft. Jetzt frage ich mich: Es gibt einen jungen motivierten Mann, der sich Gedanken über eines der größten Herausforderungen eines fremden Unternehmens macht, ohne dort angestellt zu sein, bietet sein Konzept kostenfrei nur für eine gute Stellenposition an und erhält eine Absage, nicht mal eine Einladung? Das Unternehmen hätte mit der Software Vorreiter im Internet sein können und mit Sicherheit hätte dieses auch einen neuen motivierten Mitarbeiter mit gleicher Vision erhalten. Die Kosten für die Besetzung meiner Person hätten sich schnell durch die App refinanzieren lassen, gerne hätte ich dem Unternehmen geholfen dieses umzusetzen. Damit möchte ich Ihnen zeigen, dass Sie nicht immer rechnen können Erfolg mit der erst besten Idee zu haben, denn die Entscheider sind nicht immer in der Lage zukünftige Strukturen zu erahnen und Ihre Vorstellung zu teilen. Bis heute wurde mir darauf übrigens nicht mehr geantwortet.

4. Schlüssel Post

Das folgende Problem kennen Sie alle. Sie kommen von der Arbeit nach Hause und im Briefkasten ist ein Hinweis darauf, dass ein Paket nicht zugestellt werden konnte. Dieses liegt nun in der nächsten Poststelle und kann am nächsten Tag abgeholt werden, an einer Uhrzeit, an der Sie ebenfalls wieder arbeiten müssen. Alternativ wurde es beim Nachbarn abgegeben, der nun nicht mehr zu Hause ist. Die Lösung: Einen fiktiven Paketshop, der in Großstädten etabliert wird und an dem die Kunden in einer abweichenden Lieferadresse die Pakete senden können Die Kunden erhalten daraufhin beim Eintreffen des Paketes eine Whatts App Nachricht und können die bestellte Waren 24 Stunden am Tag mit einem einfachen Passwort abholen. Weiterhin habe ich das Konzept leicht ergänzt. Kunden können Zweitschlüssel für Haus und Auto hinterlegen und wir bringen diesen bei Schlüsselverlust mittels Taxi gegen Passwort-Vorlage direkt zum Kunden. Nie mehr auf Pakete warten, aufgrund einem effektiven Paket- Drive-In für Autos und nie mehr hohe Kosten für den Schlüsseldienst.

5. KFZ Prüfungsservice

Eine Vermittlerplattform, auf der sich Kaufinteressenten von Autos professional, vorher von uns geprüfte, KFZ-Meister für Besichtigungen buchen können. Die pensionierten oder nicht mehr arbeitsfähigen Experten können sich ein Taschengeld dazu verdienen und der eigentliche Kunde wird auf einen Fehlkauf hingewiesen bzw. beim Handeln anhand von Checklisten des Experten unterstützt.

6. Hundegebell

Ein Gerät, welches zu Hause hingestellt wird und die Dauer, Anzahl und Höhe des Kleffens des Hundes analysiert und dem Herrschen in einer App auswertet. Dadurch können langfristige Nachbarstreitereien im Vorwege vermieden werden.

7. Lebensmittel Kennzeichnung:

Eine kleine Schablode mit Zahlen von 01 bis 31, die auf Lebensmitteln geklebt werden und anzeigen, wann das Lebensmittel geöffnet wurde. So erhält man ein besseres Verständnis dafür, ob etwas noch gut oder schlecht ist, ohne es direkt wegzuwerfen.

8. Einkauf App:

Einer meiner Lieblingsfavoriten. Dieses Konzept wurde bis heute weder umgesetzt, noch von einem Unternehmen gekauft. Sie sehen, nicht alles ist leicht umsetzbar, obwohl die Idee gut ist. Das Konzept: Eine App die Shop übergreifend alle Käufe erkannt, was Sie sich wo kaufen und das Produkt in der App sammelt. Oft kaufen wir in regelmäßigen Abständen das Gleiche, wie zum Beispiel: Parfum, Proteinpulver, Hygienemittel, Hundefutter usw. Jedes Mal muss der Kunde sich einzeln einloggen und den Bestellvorgang abwickeln. Die shopübergreifende App sammelt alle diese Produkte. Fehlt Ihnen eine oder mehrere Waren, markieren Sie die Artikel mit einem Wisch nach links, lösen die Bestellungen mit einem Knopf aus und unsere App leitet die Daten an die einzelnen Shops weiter. Leichter war Nachbestellen noch nie.

9. Männer Touren:

Eine Website, wo Reisen für Gruppen bis zu 20 Mann angeboten werden. Unter anderem finden Sie Brauereibesichtigungen, Fußballreisen und Paintball Wochenenden.

10. Ernährungsplan für ganze Familien:

Die überwiegenden Ernährungspläne sind für einzelne Familienmitglieder geschrieben, aber wie schwer es wird das durchzuziehen, wenn die Familie nicht mit macht weiß jeder. Also einen Ernährungs- und Koch Plan für ganze Familien.

11. Die Umleitungsapp:

Der Chef ist genervt, wenn Sie am Arbeitsplatz ans Handy gehen? Die App erkennt anhand vom GPS, dass Sie am Arbeitsplatz sind und leitet alle oder von Ihnen selektierte Anrufe auf Ihr eignes Firmentelefon weiter.

Was ich Ihnen deutlich machen will ist, dass jedes Problem eine Chance für Ihr Unternehmen sein kann.

Wochenplan - Fortschritt vorprogrammiert

Nach hunderten Interviews mit Unternehmern, Millionären und Entrepreneuren, konnte ich eine Gemeinsamkeit feststellen. Alle führen ein Tagebuch. Ich weiß was Sie nun denken, aber bitte tun Sie mir den Gefallen und probieren Sie es für einen Monat aus. Es geht nicht um das Kindertagebuch, in dem wir festgehalten haben in wen wir verliebt waren oder welcher Freund uns verraten hat. Es geht um ein Business Tagebuch. Ich selber nutze dieses Tool als

Rückblick und als Gedankenverstärker für die nächste Woche. Viele der Nutzer schreiben täglich auf was gut lief und was schlecht. Verstehen Sie mich nicht falsch, ich möchte keinem dieser wiedersprechen oder sagen, dass es nicht funktioniert, aber ich zeige Ihnen meinen Weg.

Für tägliche Aufgaben gibt es einen Tages-To-Do-Plan. In diesem halte ich die Top drei Tagesaufgaben fest, zuerst die wichtig sind und erst danach die Aufgaben die dringend sind. Der Wochenplaner dient mir die Aufgaben der kommenden Woche in die Tages-To-Do-Pläne einzutragen und dann diese am Wochenende zu überprüfen. Um sich in allen drei Bausteinen, wie in Kapital eins erklärt, stetig zu verbessern, gliedert sich der Wochenplan in die Bausteine: Persönlich und Business.

Neueste Studien beweisen, dass es 66 Tage einer täglichen Routine bedarf bis unser Gehirn neue neuronale Verbindungen aufbaut, die es uns ermöglichen, diese Routinen automatisch täglich abzuspielen. Verantwortlich dafür ist in der Neurologie der Präfrontale Cortex. Daher ist es essentiell, dass Sie sich die ersten 66 Tage einplanen und täglich daran erinnern. Danach bedarf es nur noch der wöchentlichen Planung.

Im Folgenden finden Sie ein Beispiel.

Wochenplan:

Datum:

Persönliches:

1. Habe ich mir diese Woche Zeit für meine persön-
    liche Entwicklung genommen?
    (Wenn Nein: Warum nicht? Was mache ich
    nächste Woche anders?)

2. Habe ich mich diese Woche gesund ernährt?
    (Wenn Nein: Warum nicht? Was mache ich
    nächste Woche anders?)

3. Habe ich diese Woche meine Sporteinheiten ein-
    gehalten?
    (Wenn Nein: Warum nicht? Was mache ich
    nächste Woche anders?)

4. Habe ich diese Woche meine Pausenzeiten einge-
    halten?
    (Wenn Nein: Warum nicht? Was mache ich
    nächste Woche anders?)

5. Habe ich diese Woche Zeit für meine Freunde und
    meiner Familie gefunden?
    (Wenn Nein: Warum nicht? Was mache ich
    nächste Woche anders?)

Business:

1. Habe ich diese Woche die Aufgaben des Unternehmers ausgeführt?
(Wenn Nein: Warum nicht? Was mache ich nächste Woche anders?)

2. Gab es diese Woche neue Probleme?
(Wenn Ja: Welche? Wie können diese in der Zukunft vermieden werden?)

3. War ich diese Woche eine gute Führungskraft?
(Wenn Nein: Warum nicht? Was mache ich nächste Woche anders?)

4. Habe ich mir diese Woche Zeit für die Unternehmensentwicklung genommen?
(Wenn Nein: Warum nicht? Was mache ich nächste Woche anders?)

5. Welche drei wichtigen Dinge muss ich nächste Woche machen?

6. Welche dringenden, aber unwichtigen Aufgaben musste ich erledigen?
(Wenn Ja: Welche? Wie können diese in der Zukunft vermieden werden?)

7. Habe ich diese Woche mit unseren Kunden ge-
    sprochen?
    (Wenn Nein: Warum nicht? Was mache ich
    nächste Woche anders?)

8. Wär mein Unternehmen diese Woche auch ohne
    mich ausgekommen?
    (Wenn Nein: Warum nicht? Was mache ich
    nächste Woche anders?)

9. Habe ich mir diese Woche Zeit genommen um
    mich mit Unternehmern auszutauschen?
    (Wenn Nein: Warum nicht? Was mache ich
    nächste Woche anders?)

Wie glücklich war ich diese Woche:

1—2—3—4—5—6—7—8—9—10

Ich bedanke mich vielmals dafür, dass Sie mein Buch vollständig gelesen haben. Nun geht es an die Umsetzung. Dafür wünsche ich Ihnen das beste Glück!!!!

Wenn Sie mir als Dank etwas zurückgeben wollen, dann haben Sie dafür sechs Möglichkeiten:

1. Sie sind von meiner Expertise überzeugt und möchten mich für ein Gutachten als Chance für die Verbesserung Ihrer Webseite buchen, mich als Coach engagieren, mich als Keynotespeaker auf einem Ihrer Events gewinnen oder generell mich als Berater verpflichten, dann senden Sie mir gerne eine E-Mail an:

   tom.illauer@gmx.de

   Wichtig dabei ist, dass Sie einen kurzen Text schreiben, warum Sie mit mir zusammenarbeiten wollen. Aufgrund der hohen Anzahl an Anfragen kann ich leider nicht mit jedem zusammenarbeiten, dafür bitte ich um Verständnis. Daher bitte ich Sie mich zu überzeugen, warum ich gerade Ihnen helfen soll.

2. Sie haben meine Tipps erfolgreich umgesetzt? Dann schreiben Sie mir doch einfach eine Mail an die obige Mailadresse, in der Sie die Maßnahmen

und den Erfolg beschreiben. Dies führt ausschließlich dazu, dass Sie mich für weitere Inhalte motivieren.

3. Sie empfehlen mein Buch an Freunde, Verwandte oder Arbeitskollegen weiter.

4. Sie haben die Tipps erfolgreich umgesetzt? Dann nehmen Sie einen Teil des Gewinnes, spenden Sie dies an eine Organisation (ich bevorzuge Tierheime) und schicken mir die Spendenbescheinigung. Im Anschluss erhalten Sie einen Rabatt für zukünftige Coachings mit meiner Person.

5. Sie folgen zukünftigen Inhalten auf meinem Podcast namens „GAFA News"

6. Sie senden mir eine Anfrage auf Xing um mit mir in Kontakt zu kommen.

Und zu guter Letzt: Viel Spaß beim Geld verdienen!!!

Ihr